JN099453

実践につながる
新しい子どもの理解と援助
——いま、ここに生きる子どもの育ちをみつめて

大浦賢治 編著

The new essence of
understanding and assisting
children

ミネルヴァ書房

はじめに

近年、科学技術の進歩や社会の変化に伴って子どもを取り巻く環境はかつてないほどに大きく様変わりしています。こうした流れの中で新しい時代に対応すべく2017年（平成29年）3月に保育所保育指針、幼稚園教育要領、幼保連携型認定こども園教育・保育要領が改訂（定）されました。そして、これに基づく新たな取り組みは既に翌2018年（平成30年）から始まっています。

今回の改訂（定）では、子どもへの関わりが保育所や幼稚園で同じものになるように配慮されており、それに合わせた演習科目「子どもの理解と援助」が新設されました。この科目に関しては「指定保育士養成施設の指定及び運営の基準について」の中で次の目標が掲げられています。

1. 保育実践において、実態に応じた子ども一人一人の心身の発達や学びを把握することの意義について理解する。
2. 子どもの体験や学びの過程において、子どもを理解する上での基本的な考え方を理解する。
3. 子どもを理解するための具体的な方法を理解する。
4. 子どもの理解に基づく保育士の援助や態度の基本について理解する。

この科目に関してはこれまでいくつかの書籍が既に出版されています。しかし、他書と読み比べていただければすぐに分かりますが、これらの類書ではたとえば「子どもの生活や遊び」などの項目に0歳から6歳までの子どもを順に割り振って説明するスタイルが主流であり、一人ひとりの子どものイメージが湧きにくいというきらいがありました。そこで私たちはこれを年齢ごとに解説していくスタイルに変えました。このたび、このような理由からこれまで発行された類書とは全く趣の異なるタイプのテキスト『実践につながる新しい子どもの理解と援助――いま、ここに生きる子どもの育ちをみつめて』を上梓いたしました。

本書の主な特色は以下の通りです。

1. 年齢ごとに発達のプロセスや子どもへの関わり方を解説しているので、あたかも目の前に子どもがいるかの如く一人ひとりをイメージしながら理解と援助の方法が学べる。

2. 「指定保育士養成施設の指定及び運営の基準について」に準拠した内容である。

3. 執筆者は学識経験豊富な保育士養成校の現職教師や保育現場の実践家である。

4. 基本的に大学、短大そして専門学校などの授業形態（演習科目１単位８回）に合わせて８章構成にしているが、その他の回数でも教師が授業をやりやすいように節の構成を配慮している。

5. 重要用語を赤字で表示しているので、ポイントがつかみやすい。

6. 平易な文章を心掛け、写真、イラスト、図表などの視覚的素材を適宜挿入することにより、初学者でも無理なく分かりやすい内容となっている。

7. 「特別な配慮を要する子どもへの理解と援助」に関しては、「発達障害児」と共に近年増加している「外国にルーツをもつ子ども」についての詳細な解説をしている。

8. 読み進むにつれて保育者としての自覚や責任感が培われていく。

9. 保育を学ぶ学生だけではなく、現場の保育者やご家庭で子育てに悩みを抱えている保護者にとっても有益な内容である。

10. 保育士試験科目「保育の心理学」の受験対策にも役立つ内容である。

日ごろから私たちは当たり前のように立ったり座ったり、走ったり歩いたり、道具を使いこなしたりしています。しかし、赤ちゃんにとっては全てが初めて尽くしです。そこで、本書では子ども理解において、自分の中の当たり前を一旦フラットにし、立ち位置を子どもの視点に置くことに意識して書かれています。このように本書には一人ひとりの子どものなかに「素晴らしい無限の可能性がある」ということをみなさまに気づいていただきたいという願いが込められています。

本書をお読みになれば、子どもに対して保育士や幼稚園教諭、保育教諭に求められる知識や技能が自然に身につきます。いま、目の前にいる子どもに対する支援が最大限まで深まるように様々な工夫がなされている本書を大いに活用なさることにより、みなさまが子どもにとって最善の理解者、そして最善の援助者となられることを心から応援いたします。

執筆者一同

目次

第5章　保育の観察と記録

第6章　発達障害児とその家族支援

第7章　外国にルーツをもつ子どもとその家族支援

第8章　保育における協働と連携の意義

第1章

子ども理解と援助の基本

自分の目の前にいる子どもを理解し、援助していくことは保育の基本です。しかしながら、近年の保育現場においては、ネグレクトなどの児童虐待や、保育者同士の協働の欠如が原因と考えられるさまざまな重大事故の発生など、子どもへの不適切な関わり方がしばしば問題となっています。保育者とは子どもに安心と安全を提供する存在であるはずなのに、なぜそのような問題が起きるのでしょうか。

そこでこの章ではその原因について考えるとともに、保育者の基本的な心構えについて学びます。そして、さらに子どもと共感することの大切さを確認しながら「子どもの理解と援助」についてその意義をみなさんと一緒に考えたいと思います。

おことわり

児童福祉法では「保育所」が正式名称であり、通称として「保育園」の表記が使用されています。しかし、一般的には保育所は公立、保育園は私立、また規模の大小によっても保育所と保育園の名称は使い分けをされています。そこで、本書では解説する場面や状況などに応じて両方の表記を用いています。

第1節
保育者が抱える２つの問題

学習のポイント
- ●保育者と子どもの関係性について考えましょう。
- ●現場の保育者が抱える２つの大きな問題を把握しましょう。

1　子どもに寄り添うことの大切さ

この章では子どもを理解することの意味やそのために大切なポイントを学習しますが、その前に身近にある簡単な事例を１つみてみましょう。

事例１－１　郵便ポストで待つ親子

以前、筆者は大阪のある大きな郵便局で働いていたことがあります。その郵便局には入り口の所に大きな赤いポストが備えつけられていて通りすがりの人がときおりハガキなどを入れていきます。

それは、ある冬の日の寒い午後のことでした。いつもの決まった時間にポストにたまった郵便物を取りに外に出たときのことです。ポストの前に小さな男の子とお父さんが２人立っていました。最初、何をしているのかわからなかったのですが、聞いてみると、「子どもがポストのなかがどうなっているのか知りたいというので、局員さんが郵便物を取りに来るのをずっと待っていました」とのこと。このお父さんは、外の風が冷たいなかを筆者が来るまで子どものためにずっと一緒に待っていたのでした。筆者がカギを開けてポストのなかをみせると、そのお父さんは「よかったなぁ。さぁ行こうか。ありがとうございました」と一礼してから男の子の手を引き、その場を立ち去りました。

そのとき筆者は「なんて優しいお父さんなんだろう」と思いました。季節は真冬でしたが、とても心が温まりました。父親が自分に寄り添ってくれたことで、その男の子もきっとポストのなかをみたこと以上に何か特別なものを感じていたに違いありません。大人でも誰か一緒にいてもらいたいという思いがあるものです。ましてや十分に心身が成熟していない小さな子どもならば、なおさらそういう気持ちが強いことでしょう。このことに関して日本の保育の礎を築いた倉橋惣三は次のように述べています。

子どもは心もちに生きている。その心もちを汲んでくれる人、その心もちに触れてくれる人だけが、子どもにとって、ありがたい人、うれしい人である。

子どもの心もちは、極めてかすかに、極めて短い。濃い心もち、久しい心もちは、誰でも見落とさない。かすかにして短き心もちを見落とさない人だけが、子どもと共にいる人である。

出所：倉橋惣三選集　第３巻　育ての心「こころもち」フレーベル館より文章を一部要約して抜粋

このようにどんなささいな状況であったとしても心から寄り添うことは、子どもを理解するうえでの基本だと考えられます。これに関して保育所保育指針第１章の２養護に関する基本的事項には、保育、養護、教育の関係について以下のように記されています。

保育における養護とは、子どもの生命の保持及び情緒の安定を図るために保育士等が行う援助や関わりであり、保育所における保育は、養護及び教育を一体的に行うことをその特性とするものである。保育所における保育全体を通じて、養護に関するねらい及び内容を踏まえた保育が展開されなければならない。

保育所は養護が中心で、幼稚園は教育が中心だとしばしば考えられがちですが、この２つはどちらも子どもにとって大切なことであり、子どもの居場所によって区別されることは適切ではありません。今後、保育所と幼稚園の立場やその果たす役割は益々近づいてくると考えられます。したがって、いっそうこの２つを念頭に置いた子どもへの関わり方が重要になってくるでしょう。ところが、子どもに安心と安全を与えるはずである保育現場において、最近見過ごすことのできない問題が指摘されています。それは保育者による「児童虐待」と「協働の欠如」という２つの問題です。以下の事例をみてみましょう。

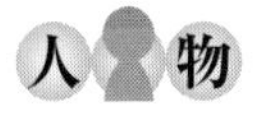

倉橋惣三
(1882-1955)
日本の幼児教育に大きな貢献をした。主な著書として『幼稚園真諦』、『育ての心』などがある。

コトバ

児童虐待の種類
身体的虐待、性的虐待、ネグレクト、心理的虐待の４つがある。

2　保育現場にまつわる２つの問題

1 施設内での児童虐待

事例１－２　保育者による体罰

山口県下関市の私立認可保育所で保育士が園児を叩くなどをした問題で、同園は 26 日、保育士 12 人が園の調査に対し、過去に体罰をしたと答えたことを明らかにした。（中略）ブロックで危険な遊び方をしていた園児を注意する際に、手が出たことがあったという。大声で園児を威圧するなどした保育士２人は退職を申し出た。

出所：読売新聞　（東京）朝刊　2019 年 8 月 27 日の記事を要約

こうした痛ましい事件はたびたびテレビや新聞などで報道されている通りであり、何もこの保育所だけに限った問題ではありません。**表１－１**は保育施設で発生したそのほかの虐待事例です。近年、児童虐待が大きな社会問題になっていますが、これは家庭のなかだけの話とは限らないわけです。この状況をみると子どもを守り育てるはずの保育者がなぜこうした問題を起こすのか、とても理解に苦しみます。一体、何が問題なのでしょうか。

表１－１　保育施設における児童虐待の具体例

気に入った園児にだけ給食のおかわりをあげる
食事の際、無理やり口につめこむ
嫌いな園児に「かわいくない。ムカつく」という
かんしゃくを起こす子をトイレに閉じ込める
業務用のタブレット端末で動画サイトを見せて放置している

出所：東京新聞　「東京すくすく」（2018.11.16）より抜粋

+α

保育士の不足の理由

保育士資格を有しながらその就業を希望しない理由として「就業時間が希望と合わない」、「責任の重さ・事故への不安」などが挙げられている。

保育者によるこのような虐待問題の背景には、人員が不足していること、給与に関する不満、そして職場内環境に問題があるなどさまざまな点が関係していると考えられています。しかし、それは虐待を正当化する理由にはなりません。自身の待遇にどのような不満があったとしても子どもをそのはけ口にしていいわけがありません。

確かに子どもに体罰をした保育者は、全員が何らかの悪意があってそのような問題を起こしたというわけではないでしょう。多くの人は子どものためを思ってしたことなのでしょう。しかし、その関わり方には明らかに大きな問題がありました。つまり、これらの保育者は子どものことを本当の意味で理解できていなかったのです。こうして考えると保育者を目指す人は、目の前にいる子どもと関わりをもつ前に、子どもをよく理解するための方法を学ぶことから始めなければならないことがわかります。

2 保育者同士の協働の欠如

そして、もう1つ見逃せない事柄として保育者同士が協力して働くこと、つまり協働の欠如が挙げられます。次の事例をみてみましょう。

事例1－3　保育現場での事故

内閣府は6日、全国の保育施設などで2018年の1年間に、乳幼児9人が死亡する事故があったと発表した。このうち8人がいずれも昼寝などの睡眠中に亡くなっており、内閣府は自治体を通じて各施設に注意を呼びかけている。全治30日以上の重大な負傷・病気は、前年より3割（398人）増えて1632人に上がった。

出所：読売新聞　(東京) 朝刊　2019年8月7日の記事より抜粋

表1－2は、保育現場における子どもの事故件数を表したものです。このように小さな子どもを預かる保育施設では日常的に不慮の事故がつきものです。こうした危険を未然に防ぐためには、職場の保育者がお互いに働く者同士で意思の疎通を十分にはかり、コミュニケーションを円滑にしていかなければなりません。さもなければ何かの行き違いによって思わぬ事故やトラブルの原因にもなりかねませんし、保護者からの信頼を失う原因にもなります。ときと場合によってはこれらの事例にみられるように子どもの生命に関わることもあるでしょう。

表1－2　保育現場における子どもの事故件数

認定こども園・幼稚園　等	
負傷等	1,293
(うち意識不明)	(10)
(うち骨折)	(1,011)
(うち火傷)	(7)
(うちその他)	(265)
死亡	6
事故報告件数	1,299

出所：令和2年6月26日 内閣府子ども・子育て本部 資料より筆者作成

+α
バーンアウト
燃え尽き症候群ともいう。心身の疲労が重なって仕事への意欲がなくなる症状のこと。

保育士が早期に退職するなど職員の不足が全国的にみられて協働の欠如は益々深刻になっていますが、保育者同士で協働することには、上に挙げた事例のほかにも次の2つの重要な理由があるのです。

その1つめは、健康なメンタルを維持するためです。ここで、公立小学校の先生にインタビューをした大浦（2012）の調査をみてみましょう。これは、特別支援教育に関して「学外からの支援者と教員との連携のあり方」について話し合ったときのやりとりを抜粋したものです。文中のBはインタビューを受けた教員、Iは筆者をそれぞれ表しています。この事例に出てくるB先生は特別支援教育について経験が豊富であり、それに関する専門的な勉強もこれまでされてきた方でした。

コトバ

特別支援教育コーディネーター
特別支援教育を円滑に推進するために関係機関や保護者との連絡調整などを行う担当者。

サポーター
特に決まった名称はないが、ここで使われている「サポーター」とは、学外から介入する大学生などのボランティアのことを指している。こうした人々は特別支援教育を充実させることを目的として、小・中学校から求められている。

事例1－4　小学校の先生に対するインタビュー

B：コーディネーターの集まりも定期的にあって情報交換しながら……。そしたら結構中学校って遅れているんですね。だから小学校の情報、「こんな風にしたらサポーターを取れるんですよ」とか……。ただ、一番ネックは校長ですね。校長の理解がないから進まない。こんな風にやりたい（サポーターを取ることなど）と相談するとマイナスになるらしい、減点されるらしい、何か力がないと思われるのですかね。

I：管理能力を問われるのですか。

B：そうです。そういうことで、なかなか思うように進まないところがある。

出所：大浦賢治「特別支援教育における教師と学習支援員の関係はどうあるべきか――障害者問題に関する質的研究」東京立正短期大学紀要より一部改変して抜粋

協働の重要性は文部科学省によっても「教員をめぐる現状」のなかで指摘されています。しかし、実際には仲間と連携してさまざまな問題に対処するというよりも、どちらかといえば事例1－4の下線部に示した通り、自分一人で何でもやれることを求められる傾向がこれまで教育現場には多くありました。確かに自分の仕事に責任をもって関わることは当然のことです。しかし、さまざまな困難が取り巻く現代社会において問題を一人で抱え込むことは非常に危険な側面があるのです。

たとえば次の**表1－3**をみてみましょう。

表1－3　精神疾患による病気休職者の推移（教育職員）

平成	26年度	27年度	28年度	29年度	30年度
全国（人）	5,045	5,009	4,891	5,077	5,212

出所：文部科学省「平成30年度公立学校教職員の人事行政状況調査について」から筆者作成

授業準備、生徒指導上の問題、保護者からのクレームなどが積み重なって精神疾患から病気休職する教員の数は、毎年約5,000人もいます。このことについて江澤（2013）は、過労やストレスの問題は個々の教員が一人で抱え込むことなく、教職員間の協力や、必要に応じて外部からの支援も得て、対応していくことが大切であると述べています。これからの時代は、一人で何でもできることが偉いのではなくて、チームの仲間と連携をもちながら業務を遂行することのほうがより重要です。これは、決して責任を誰かに転嫁するということではなくて、個人の力だけでは解決が困難な問題に対して集団の力でより大きな成果を上げることを目的とするものです。誰かの力に頼ることは、それだけ他者と上手に関わりがもてる能力が備わっているということであり、決して恥でも何でもないことをここで特に強調しておきたいと思います。

保育者同士の協働が必要な理由の２つめは、子どもを預かる施設において、かつて恐ろしい事件に巻き込まれた保育士（当時の名称は保母）が実際にいたからなのです。次の事例をみてみましょう。

保育士の名称

従来使用されてきた「保母」、「保父」という名称は、平成11年に「保育士」と変更され、さらに平成15年には国家資格となった。

事例1－5　甲山事件の場合

かつて、兵庫県西宮市に「甲山学園」という知的障害児施設がありました。今から約半世紀前の1974年3月のある日のことです。突然、2人の子どもが行方不明となり、その後日に施設内にあった浄化槽のなかから溺死体で発見されるという事件が発生しました。この施設は山のなかにあって外部からの侵入形跡などがなかったことから内部の犯行との見方が強まり、警察による捜査が始まります。そして、最終的にその事件当日にアリバイのなかった保育士の山田悦子さんが園児の証言だけによって殺人の罪に問われるという事態に発展しました。しかしその園児たちは元々知的障害があり、しかもその証言は事件からかなり時間が経過した後で取られたものでした。それにもかかわらず山田悦子さんは裁判にかけられてその後無罪と確定するまでに20年以上にわたって無実を訴え続けるという苦しい思いをされたのです。

出所：日本心理学会監修　内田伸子・板倉昭二編『高校生のための心理学講座』　誠信書房より一部を要約して抜粋

コトバ

冤罪（えんざい）
事実無根にもかかわらず犯罪者として取り扱われてしまうこと。

この事件の冤罪被害者である山田悦子さんは、こうして思いもよらない事件に巻き込まれて長年苦しまれました。その原因は、アリバイがなかったことと、知的障害のある園児の証言でした。しかし、もしも誰かと常に連携して協働することを心がけていたならば、このような恐ろしい事件に巻き込まれることはなかったかもしれません。以上の通りに協働することは、子どもの生命を守るということだけではなくて保育者が自分自身の身を守るという意味でとても重要なのです。

保育者は職場の仲間だけではなくて、さらに子どもの保護者や地域の人々と協力し合う必要もあります。特に核家族化、子育て支援など行政サービス情報の周知不足などによって、身近に相談相手のいない母親の孤立が引き金となって起こる児童虐待が大きな社会問題となっている今日の状況においては、子どもに関わるまわりの大人たちが連帯し、支えあい、助け合っていかなければなりません。そうすることによって健全な子どもの生活も守られるのです。そして、その中心的な役割を果たすことが保育者には期待されています。保育者が協働をいかに進めていくべきなのかということに関しては、本書の第8章でさらに詳しく学びます。

これまで現在の保育現場には多くの困難な問題が横たわっていることをみてきました。そこで、次の節では正しい子ども理解と援助のために保育者には一体何が求められているのかということをみていきます。

第2節
保育者に求められるもの

学習のポイント
●保育者として仕事をするうえでの心構えを学びましょう。
●保育者が子どもにとってどれほど重要な存在であるのかということを理解しましょう。

1　保育指針や教育要領などからみた子どもへの関わり

保育所、幼稚園、認定こども園の３つは管轄省庁や法体系が異なりますが、その活動がそれぞれ別々だと子どもが小学校に入ってからいろいろな不都合に遭遇することが考えられます。そこで、その主な内容はできるだけ同一にする方向で今回新たな改訂（定）がなされました。ここでは、まず2018年に施行された新しい保育所保育指針、幼稚園教育要領、そして幼保連携型認定こども園教育・保育要領から保育者に求められている専門性や役割などに関して、特に大切なポイントをみていきます。

保育所は厚生労働省、幼稚園は文部科学省、そして認定こども園は内閣府がそれぞれ管轄しており、法的な位置づけもこの３つは異なっている。

①職員の資質

職員の資質について、保育所保育指針第５章職員の資質向上には、次のように記されています。

> 子どもの最善の利益を考慮し、人権に配慮した保育を行うためには、職員一人一人の倫理観、人間性並びに保育所職員としての職務及び責任の理解と自覚が基盤となる。
> 各職員は、自己評価に基づく課題等を踏まえ、保育所内外の研修等を通じて、保育士・看護師・調理員・栄養士等、それぞれの職務内容に応じた専門性を高めるため、必要な知識及び技術の修得、維持及び向上に努めなければならない。

ここでは子どもも一人の立派な存在としてその人権が尊重されるべきことや、そのために子どもに関わる人は常に研鑽を継続することの必要性が説かれています。これらは保育者としての基本的な心構えといってよいでしょう。

②子どもへの関わり方

子どもへの関わり方について、幼稚園教育要領第１章総則には、次のように記されています。

教師は、幼児との信頼関係を十分に築き、幼児が身近な環境に主体的に関わり、環境との関わり方や意味に気付き、これらを取り込もうとして、試行錯誤したり、考えたりするようになる幼児期の教育における見方・考え方を生かし、幼児と共によりよい教育環境を創造するように努めるものとする。

ここでは子どもに寄り添う場合の注意点などが説かれています。保育者はどんなときでも子どもの主体性を育み、子どもにとって安心と安全の拠り所でなければなりません。それを忘れないようにしましょう。

3 小学校との連携

小学校との連携について、幼保連携型認定こども園教育・保育要領第１章総則には、次のように記されています。

幼保連携型認定こども園においては、その教育及び保育が、小学校以降の生活や学習の基盤の育成につながることに配慮し、乳幼児期にふさわしい生活を通して、創造的な思考や主体的な生活態度などの基礎を培うようにするものとする。

幼児教育・保育の無償化
令和元年 10 月から幼稚園、保育所、認定こども園等に通う３歳から５歳までのすべての子どもに対するその利用料が無償化された。

ここでは乳幼児期の教育や保育が小学校以降の教育の基礎であり、重視されていることがわかります。このほかに重要な事柄としては、発達に何らかの問題のある子どもと、外国にルーツをもつ家庭に関する記載もみられますが、これらの点については本書の第６章と第７章で詳しく学びます。

さらに、文部科学省の HP にある「魅力ある教員を求めて」のなかでは、以下の点も指摘されています。

いつの時代にも求められる資質能力
●教育者としての使命感
●人間の成長・発達についての深い理解
●幼児・児童・生徒に対する教育的愛情
●教科等に関する専門的知識
●広く豊かな教養
●これらに基づく実践的指導力

こうしてみると保育者は子どもの成長と幸せにとって欠かせない存在であることが改めて理解できます。保育者は常に子どもの最善の利益を第一として活動しなければなりません。では、具体的に何を目標としていけばいいのでしょうか。

この点に関しては生きる力の基礎を培うことを目的とした「育みたい資質・能力」において「知識及び技能の基礎」、「思考力、判断力、表現力等の基礎」そして「学びに向かう力、人間性等」の３つが挙げられています。さらに「幼児期の終わりまでに育ってほしい姿」では「健康な心と体」、「自立心」、「道徳性・規範意識の芽生え」など10の項目が示されています。なお、この10の項目は、保育内容である健康、人間関係、環境、言葉、表現の５つの領域において、子どもの資質や能力をどのように具体化していくべきであるかを表したものとされていますが、無藤（2019）が指摘している通り、これはあくまで活動に取り組むプロセスであって、それができること自体を表しているわけではありません。これらに関しては本書の第５章でさらに詳しく学びます。

生きる力
確かな学力、豊かな人間性、健康と体力の３つの要素からなる力のこと。

2　保育者としての覚悟

しかし、現実の保育現場ではさまざまな障害がつきものです。第１節でもみてきた通り、困難な状況が続いたことによって保育者の退職が相次ぐというニュースもよく聞きます。では、日常の活動のなかで保育者が行き詰ったとき、どうすればよいのでしょうか。この点に関して津守（1997）は、以下の３つを指摘しています。

- どんな子どもも、かならず自分から能動的になり、自分自身の生きがいを見出し、それぞれの子どもなりに他人と相互性をもって生活できるようになると確信すること。
- 一緒に保育する人びとが、互いに弱点はあっても、その人の苦労を察し、その人の認識と決断を尊重し、ともに考えること。
- 子どもを人間として育てることの実践と研究を不断に追求しつづけることは、社会に共通の課題であり、個々の保育者や家庭は孤立してあるのではないと自覚すること。

出所：津守真『保育者の地平』「第１章６保育者が停滞するとき」ミネルヴァ書房より一部要約して抜粋

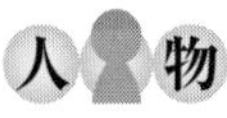

津守　真
（1926-2018）
保育学者であり、愛育養護学校校長であった。著書に『子ども学のはじまり』『保育の体験と思索』などがある。

これらは保育者が心から子どもの力を信じることや、保育者同士が互いに支えあっていくこと、すなわち職場内で協働すること、そしてさらに日々研鑽することの重要性を述べたものです。いずれも保育をしていくうえで大切なポイントですので、しっかりと心に留めておいてください。

3　子どもは掛け替えのない存在である

みなさんは、これまで「男らしさ」や「女らしさ」について考えたことがありますか。以前筆者が授業中に「何が男らしさで、何が女らしさだと思いますか」と尋ねたところ、「力強さ」とか「家庭的」とか人によってさまざまな答えが返ってきました。子どもたちをみても男の子はクルマのオモチャで遊んだり、女の子はお人形さんで遊んだりすることが多いようです。けれども、誰もが納得できるような男女の「らしさ」の定義をすることは難しそうです。

では、この「男らしさ」とか「女らしさ」とかは、生まれつきのものなのでしょうか。それとも育てられ方、つまり親からの「しつけ」によるものなのでしょうか。みなさんはどう思いますか。次の事例をみてみましょう。

ジェンダー
生物学的な性別に対して「料理は女性がやるもの」などのように男女の役割から生じてきた社会的、文化的な性別のこと。

事例１－６　女の子として育てられた男の子の話

1965 年にアメリカで一卵性双生児の男の子が生まれました。ブルースと名づけられた兄は、生後７か月で排尿するのに困難な症状があったため、大学付属の総合病院で包皮の切除手術を受けることになりました。しかし、たまたま本来手術を担当するはずの医師とは違って別の人が代理をすることになり、運悪くその手術が失敗してしまいました。

それから両親は、わが子の将来のことを考えてブルースが２歳になる前にマネー博士の勧めによって、性転換手術を受けさせることにしました。もちろん本人の承諾はありません。「男らしさ」や「女らしさ」に代表される男女の性差は生物学的な要因によるのではなく、生後まわりの環境から受ける文化的な要因によるものだと考えていたマネー博士にとって、兄が自分の性を自覚する以前に手術によってその性を変えてしまい双子の弟の育ちと比較してみることは、自分の考えの正しさを証明する絶好の機会でもありました。つまり、マネー博士は１人の子どもを自分の考えを検証するための実験台にしたのです。こうしてブルースには「ブレンダ」という可愛らしい女の子の名前が与えられました。では、それによってマネー博士の考えは証明されたのでしょうか。

ブレンダには肉体の女性化を促進する目的で女性ホルモンも

投与されて女の子として育てられました。しかし、ブレンダには自分の性に対して常に違和感があり、自分のことを「女の子」だと感じたことがなかったといいます。実際に幼いころからブレンダは男の子がやる遊び、たとえば男友だちと城をつくったり、軍隊ごっこをしたりすることなどが大好きでした。その後、自分は男の子であったことを父親から聞かされたブレンダは、生まれたときの性に戻ることを決意しました。つまり、マネー博士の考えは間違っていたのです。

出所：ジョン・コラピント『ブレンダと呼ばれた少年』無名舎　2000年（扶桑社　2005年）より要約

みなさんはLGBTという言葉をどこかで聞いたことがありますか。LとはLesbian（レズビアン：女性同性愛者）、GとはGay（ゲイ：男性同性愛者）、BとはBisexual（バイセクシャル：両性愛者）、TとはTransgender（トランスジェンダー：心と体の不一致者）のことを意味しており、こうした人々のことを性的少数者（セクシャルマイノリティ）といいます。LGBTのほかに「自分の性を決められない」、あるいは「決めたくない」という人もいます。こうした人々はこれまで差別や偏見の目でみられることが多く、なかにはいわれなき非難や中傷によって苦しむ人もいました。もちろんこの人たちに生存価値がないわけでは決してありません。

もしも男女の違いが生後の育てられ方、つまりしつけによって形成されるものであるならば、心と体の不一致に苦しむ性同一性障害というもののないことでしょう。事例1－6のブレンダの実例と考え合わせてみれば、兄弟姉妹の影響を若干受けることはあったとしても、「男らしさ」と「女らしさ」は生まれつきのものであると考えられます。みなさんが将来働く保育の現場でもLGBTの子どもときっと出会うことでしょう。みなさんなら、こうした子どもが目の前にいたとした場合、どのように接するのがいいと思いますか。この先を読む前に一度考えてみてください。

コトバ

トランスジェンダー
「乗り越える」という意味のラテン語「トランス」と「社会的性別」を意味する英語「ジェンダー」を合わせた言葉である。

児童福祉法第2条

全て国民は、児童が良好な環境において生まれ、かつ、社会のあらゆる分野において、児童の年齢及び発達の程度に応じて、その意見が尊重され、その最善の利益が優先して考慮され、心身ともに健やかに育成されるよう努めなければならない。

先ほどの答えは、「男らしさ」や「女らしさ」を押しつけるのではなくて、「その人（子）らしさ」を尊重するということ、つまり、これは「子どものありのままを受け止める」ということです。子どもはみな掛け替えのない存在なのです。次の節では、この「受け止める」ということについてさらに深く考えていきたいと思います。

●コラム● 乳幼児期は脳の成長にとって大切

厚生労働省の資料「海外の調査研究」によると、子どもの脳は生まれると同時に発達をしており、3歳までに質の高い保育を受けた子どもは、そうでない子どもと比較して知的能力や言語発達が高いことが指摘されています。人間の脳細胞はこの時期に活発に成長しますので、適切な関わり方がその子どもの将来に大きく影響すると考えられます。では、どのようにすればよいのでしょうか。

これに関して白木（2007）は乳幼児期から幼稚園児の時期に片方の目だけを長時間にわたって眼帯などで遮ることの危険性を指摘しています。片方の目だけみえて、もう片方の目がみえない状態にしておくと、みえているほうの目の視力は発達するが、遮ったほうの目は視力が発達しなくなるからです。これは外界からの刺激がないことにより視神経の発達が阻害されるためと考えられます。

こうしてみると、子どもには外的刺激を適度に与えることが重要だとわかります。最近ではスマートフォンが普及して子どもの身のまわりにあふれていますが、みなさんはスマホで検索して出てきたバラの花と、自分の目の前に実際に咲いているバラの花を見比べてどんな違い、利点や長所に気がつくでしょうか。

筆者が授業中に学生に聞いたときもいろいろな答えが返ってきました。たとえばスマホでバラの花をみる長所としては「年中綺麗に咲いたバラがみられる」、「時間と場所を選ばず検索できる」などがあり、実物のバラをみる長所としては「香りが楽しめる」「葉ざわりやトゲが刺さったときの痛みがわかる」などがありました。それぞれ長所がありますが、では脳に対して刺激がより多いのはどちらでしょうか。

そうです。実物のバラを目の前にしたほうがさまざまな刺激が脳に入ってきます。それは画像を通して伝わったものではなくて、まさに本物の感覚でもあります。こうして考えると脳の発達を促すという点からも乳幼児期には本物を子どもに与えることが大切だといえます。

第3節
子どもの理解と援助に必要なこと

学習のポイント

- 「受け止める」と「受け入れる」の違いを理解しましょう。
- 子どもを理解するうえで共感の大切さを確認しましょう。

1　主体性を育てることの重要性

近年、中高年のひきこもりが問題になっており、なかには高齢になった親が50代の子どもの生活を支える8050問題が話題になっています。そこに至った経緯は人さまざまですが、その主な原因の１つとして考えられるのが「主体性の欠如」です。たとえば有名大学に進学して有名企業に就職したからといって、必ずしもそれが主体性のある生き方とは限りません。小さいころから親のいう通りに生きてきて最後には自分自身を見失い、大人になってから「自分は何をしたらいいのかわからない」という人がいます。なぜそうなるのかといえば、主体性がないからなのです。では、主体性とは一体どういうことなのでしょうか。

主体性とは、自分がなす何らかの行動に対して、自分自身でそれを考え、行為し、そしてその結果の良し悪しにかかわらず自分で責任をもつということを意味しています。そして、これは大人になれば誰でも身につくというものでも、子どもが親や先生のいうことを聞くことによって身につくというものでもありません。ここでは主体性の意義を学ぶために次の事例をみてみましょう。

8050問題
その原因としては、ひきこもりのほかに精神疾患や障害などもあると考えられている。

事例１－７　幼稚園児のいたずら

幼稚園児のＡちゃんは、いたずら好きな男の子でした。ある日お帰りの準備の時間、先生が子どもたちのいる部屋に戻って来なくてお家になかなか帰れませんでした。そのとき先生は何かの用事で忙しかったらしいのです。しびれを切らしたＡちゃんは「ふっ」とあることを思いつきました。

それからＡちゃんは先生の机をクレヨンでグチャグチャに殴り書きして急いで先生のところまで駆けつけたかと思うと

「先生、大変だよ。誰かが先生の机に落書きしてたよ」といって先生に慌てたふりをして状況を説明しました。

急いで部屋に戻った先生は自分の机のありさまをみて真っ赤な顔をしています。Ａちゃんは、先生に同情するようなそぶりをみせながら、心のなかで「しめしめ、先生早く戻ってきた」とばかりにほくそ笑んでいます。

それから自分の席に戻ったＡちゃんはウキウキした気分でした。しかし、後ろから突然先生に叩かれてしまいました。誰がいたずらしたのか別の子どもから聞いてわかった先生が怒ったのでした。Ａちゃんは半泣きになって先生の机を雑巾でしぶしぶ拭く羽目になりました。

この事例を読んでみなさんはどう思いましたか。Ａちゃんはよくないことをしましたが、先生の対応の仕方はこれで問題なかったでしょうか。もしもあるとしたらどうすればよかったのでしょうか。

まず体罰をした点が問題として挙げられるでしょう。これは文部科学省からも厳しく禁止されています。以前には体罰が容認されていた時代もありました。しかし、なぜそれがいけないのかといえば、体罰をすることによって子どもの心と体にさまざまな悪い影響のあることが科学的にも明らかになったからなのです。教育的な効果よりも弊害のほうが大きいと考えられるからなのです。保育所や児童養護施設などで発生する虐待が問題になっていることはすでに第１節のところで述べた通りですが、この点に関して友田・藤澤（2019）は、「しつけ」と称してなされる暴行によって子どもの脳が変形してしまうことを指摘しています。

こうした体罰が行われる背景には「口でいっても聞かないし、直らないので痛みを与えて行動を変容させるため」という目的があるのでしょう。確かにそれによってその子どもは自分の行動を改めようとはするでしょう。しかしながら心のなかはどうでしょうか。きっと、恐怖心や大人に対する不信感がぬぐえないことでしょう。さらに、もし誰かにみられていなければ、たとえば防犯カメラに撮られていなければ「何をしても構わない」とその子どもは考えるようになるかもしれません。その子どもにとって、これが本当の意味での成長につながるでしょうか。こうした体罰は確かに即効性があるようにみえます。しかし、子どもの成長を考えた場合、子どもが自分なりに自己の行為を反省して自分から心がけを変えることのほうが大切ではないでしょうか。

コトバ

体罰
殴る、蹴るなどの暴行のほか、子どもが苦痛を訴えても長時間正座したまま授業を受けさせるなどの行為も含むとされている。

児童養護施設
都道府県知事が入所措置を決定する児童福祉法によって定められた児童福祉施設のこと。保護者のいない児童などを入所させて、子どもの自立を支援している。

このことに関連しますが、心理学の専門用語に外発的動機づけと内発的動機づけというものがあります。外発的動機づけとは、たとえば「オモチャを買ってあげるからテスト勉強しなさい」と親が子どもにいうように何かのご褒美で行動を促したり、「いうことを聞かないとお小遣いをあげませんよ」というように何かの罰で行動を抑制したりするように、子どもの行動を心の外側から変えようとする動機づけのことです。

これに対して子どもが好奇心から何かを勉強したり、自分が楽しいのでお絵かきをしたりするように自分の心の内側からなされる動機づけのことを内発的動機づけといいます。事例１－７で体罰をした先生は外発的にＡちゃんのしたことを否定し、行動を変えようとしたのでしょう。では、この事例のような場合、子どもに対してどのような関わり方をすればよかったのでしょうか。

鯨岡（2010）は、大人が子どもを育てるには信頼関係を軸にして子ども自身に育つ力が内側から湧き起こってくることを期待しながら支え、導くことが大切であり、決して一方的に何かを与えたり、させたりすることではないと述べています。信頼関係とは、「先生のいうことを何でも素直に聞く子どもだけを認める」という意味での大人の側からの一方的な都合によってある関係ではなくて、さまざまな考え方や個性をもつ子どもと先生の双方がお互いに心を通い合わせる関係のことです。

鯨岡（2010）は、さらに「受け止める」と「受け入れる」の区別をする必要性を強調しています。言葉はよく似ていますが、この２つには実は大きな違いがあります。受け止めるとは、子どもの思いをわかってあげるということです。たとえば、事例１－７でいえば、先生の机に落書きをしたのは「先生に早く戻ってきてほしかった」からなのでした。その思いを理解するということです。一方、受け入れるとは、子どもがなした行為を認めるということです。たとえば、「先生の机に落書きした

コトバ

ラポール

信頼関係のことを専門用語でラポールともいう。フランス語からきている。

けど、よく描けたね。別に構わないよ」といって済ませて黙認することです。しかし、それでは困りますね。したがって、大人である保育者は、Ａちゃんのように子どもが好ましくない行為をした場合に、そうせざるを得なかった子どもの心を理解する、「受け止める」とともにそうした行為は認めない、つまり「受け入れない」姿勢をもつことが大切なのです。

では、子どもが好ましくない行為をした場合、その子どもを叱らないほうがよいのでしょうか。子どもは「悪いこと」だと自分でもわかっていながらわざと大人がいる前でそれをすることがあります。それはなぜだと思いますか。その行為の裏側には「自分に構ってほしい」、「自分がここにいることに気がついてほしい」といった思いがあるからなのです。こうして考えると、子どもが何か好ましくない行為をしたときに叱らないこと、注意をしないことはむしろ子どもの存在を否定することになります。

したがって、子どもに対して叱ることや注意をすることは一概に否定されるべきことではありません。しかし、それによって子どもが自分自身の存在を否定されたかのように誤解しないような配慮が必要であると鯨岡（2010）は指摘しています。あくまでも否定しているのは「好ましくない行為」であって「子どもの存在それ自体」では決してないことをしっかりと伝えなければなりません。もしもそうしなければ、その子どもは自己に否定的になってしまう恐れもありますし、自己肯定感を高めることが難しくなることも考えられます。そうならないためにも子どもの育ちを「待つ」姿勢、すなわち忍耐が求められるわけです。事例１－２で紹介したような保育所や児童養護施設で子どもに心ない暴言や体罰をする保育者の多くは、このことが理解できていないために問題を起こしてしまったというわけなのです。

コトバ

自己肯定感
自分の価値や存在意義を自ら肯定できる感情のこと。

保育者は子どもにとって卒園後も一生にわたって影響を与える存在です。したがって保育者は、自分が主導して子どもの活動をコントロールするのではなくて、その専門性を発揮することにより子どもが主体となった活動を促していく必要があります。一人ひとりの子どもが保育者の指示通りに行動するということではなくて、自分で考えて行動できるような人間になるようにその成長を育んでいくことが大切です。

2　子ども理解のポイント

次に子どもをよりよく理解するためのコツをみていきましょう。

1 子どもの気質を理解する

事例１－８　犬を好む子、こわがる子

Ｂちゃんはこれから幼稚園に入る年齢ですが、とても好奇心が旺盛です。先日もお散歩の途中、大きな犬を連れた近所のおじさんと出会いました。Ｂちゃんは最初お母さんの後ろに隠れて様子をみていましたが、大人しそうな犬だったこともあり、だんだん前に出てきて犬に触ろうとします。おじさんはその様子をみて「普通の子なら大抵みなこわがってなかには泣き出す子もいるのに、この子は強いねぇ」と感心していました。

この例にみられるように、同じ犬をみてもそれに興味を示す子もいれば、こわがって泣き出す子もいます。そして、これは気質の違いによると考えられます。気質とは人が生まれる前から遺伝的な理由によって元々その人に備わっている性質のことをいいます。これと似ていますが、生まれた後にまわりの人や環境によって形成されるその人の性質のことを性格といいます。

トマスとチェスは気質について調査をしましたが、その結果から子どもを「扱いやすい子」「出だしの遅い子」「扱いにくい子」の３つに分類しました。事例１－８でいえば、たとえば、大きな犬をみても極度にこわがらず安定している子は扱いやすい子であり、最初はこわがっていても恐る恐るそれに慣れていく子は出だしの遅い子であり、すぐに泣き出したり、こわがったりしてまったく落ち着きのない子は扱いにくい子ということになります。そしてさらにこうした気質は生後２か月ほどで違いが明らかとなり、子どもが大きく成長した後もその状態を一定に維持するということがわかりました。したがって、子どもに接する場合にはまずその子どもがどのような気質を有しているのかということに注意をして、それに応じた接し方をしていく必要があります。

気質の種類
トマスとチェスは、「ニューヨーク縦断研究」を実施して活動性や順応性、反応の強さや機嫌など９つの気質の種類を見出した。

相互作用説
人間の発達は遺伝的要因と環境的要因が相互に関係し合って影響を及ぼすという考え方であり、ジェンセンなどが主張した。

2 各年齢における発達の特徴を理解する

事例１－９　どっちの棒が長いかな

次に示したものは発達心理学者であるピアジェが行った実験です（図１－１）。まず、長さが共に同じ棒ＡとＢを図①のように子どもの目の前において「この２つの棒はどちらがより長いですか、それとも長さはどちらとも同じですか」と聞くと、５歳ぐらいの子どもでも「長さはどちらも同じ」と答えます。

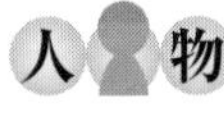

ピアジェ
Jean Piaget
(1896-1980)
認知発達心理学に大きな貢献をしたスイスの心理学者である。子どもの発達を大きく４つの段階に分けた。

しかし、たとえば**図②**のようにＡの棒を少し横にずらしてもう一度同じ質問をしてみると、今度は「Ａの棒のほうが長い」といったり、「Ｂの棒のほうが長い」といったりして答えが変わります。片方の棒を横にずらしても長さ自体は変わらないことが理解できるのは概ね７、８歳以降だと考えられています。

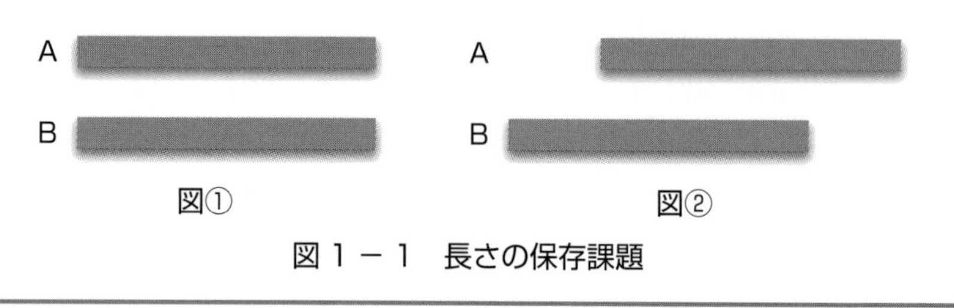

図１－１　長さの保存課題

このように子どものモノの見方と大人のモノの見方は同じとは限りません。したがって「どうしてこんな簡単なことがわからないの」などといって子どもを責めても子どもはわけもわからず困ってしまいます。子どもは誕生から就学までのたった数年の間に大きく変化します。そのため、その子どもの年齢における心身の特徴を十分に理解して発達段階に応じた関わり方をしていくことが大切です。子どもは誕生する前から聴覚などの感覚が発達しており、誕生後は爆発的な勢いで脳の神経細胞が活性化します。こうした流れを受けて子どもの物事を理解する能力も高まっていくわけですが、そこには順序性や連続性などがみられます。さらに子どもの心身の発達には環境の影響が大きいと考えられています。

こうした年齢ごとの子どもの特徴を理解しておくと発達上の問題に早く気がつきやすいという利点もあります。たとえば、概ね10か月以降の子どもは、大人が「ほら、あそこに大きなワンワンがいるよ。みてごらん」と指さしたときに、その犬に目を向けることができます。これを共同注意といいますが、１歳を過ぎてもそれがみられない場合、何らかの発達上の問題があるかも知れません。こうしたことは約10か月でこのことが可能になるという知識があらかじめあって気がつくことなのです。みなさんもこうした年齢ごとの発達上の特徴をおさえておきましょう。

共同注意

相手が指さしした対象へ自分の注意を向けたり、自分が興味をもっている対象を相手に理解させて自分の気持ちを相手と共有しようとする行為。詳細は第２章を参照のこと。

３ 性差の違いや個性に配慮する

事例１－６では「女の子として育てられた男の子の話」をしましたが、男女の脳にも性差があることが明らかにされています。内田（2017）は、観察を通して子どもの反応を２つのタイプに分けました。それは「物語型」と「図鑑型」です。それぞれどんな特徴があるのかといえば、「物語型」の場合は、人間関係に敏感で「おはよう」「こんにちは」などのあいさつや「きれいね」「おいしいね」など感情を表現する言葉から覚えていくのに対して、「図鑑型」の場合は、モノの名前をたくさん覚えるのが得意であるという特徴があります。物語型は女の子に多く、図鑑型は男の子に多いということもわかりました。男の子と女の子の得意分野も同じではありません。

一般的に男性は地図の読み取りなどが得意なのに対して、女性は言語発達が早く手先も器用な人が多いといわれています。男児の脳の発達が女児の脳の発達よりも遅い理由として、受胎後の18週目ごろから将来男子になる受精卵には男性ホルモンが分泌されて男性になるための準備が行われますが、この期間に成長ホルモンが抑制されるために男児は女児に比べて全体的に大脳や、身長、体重の成長が遅れることを内田(2017)は指摘しています。

このように「小さいからみな同じ」といって性差や個性さらに月齢の差のあることに配慮しないと、なかには自信をなくしてしまう子どもが出てくるかも知れません。みなさんも気をつけてください。

3　子ども援助のポイント

次に子どもをよりよく援助するためのコツをみていきましょう。

1 共感することの重要性

内田（2017）は、テレビの長時間使用による子どもの言葉の育ちに関する悪影響や、親子のコミュニケーションの欠如についての問題を提起しています。近ごろでは子どもの子守代わりにスマホなどをもたせたり、授乳中にメールをしている母親をみかけます。何らかの事情があるとはいえ、これではまったく心の通い合いがありません。子どもは寂しい思いをするばかりです。かねてからこうした子どもへの関わり方には疑問がもたれてきました。たとえば柳田（2009）もケータイによって母子関係が希薄化する弊害を早くから警告しています。

これとは別に、衛生面や栄養面で問題のない孤児院でも、保育者から子どもへの適切な働きかけや受容がなければしだいに知能の遅れなど発達上のさまざまな問題が生じることがわかっています。これを施設病（ホスピタリズム）といいますが、現代社会ではそれが施設に限らずごく身近にある問題として子どもたちの目の前に横たわっているのです。この問題は、身近にいる誰かと実際には心が離れてしまっているのにそのことに気がつきにくいという点にあります。ここで倉橋惣三の「廊下で」という文章を読んでみましょう。

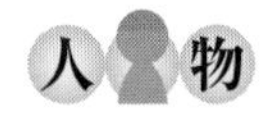

スピッツ
Rene Spitz
(1887-1974)
オーストリア出身の児童精神分析家であり、ホスピタリズムの研究を行った。著書に『母－子関係の成り立ち』などがある。

泣いている子がある。涙は拭いてやる。泣いてはいけないという。なぜ泣くのと尋ねる。弱虫ねえという。・・・・・随分いろいろのことはいいもし、してやりもするが、ただ一つしてやらないことがある。泣かずにいられない心もちへの共感である。

お世話になる先生、お手数をかける先生。それはありがたい先生である。しかしありがたい先生よりも、もっとほしいのはうれしい先生である。そのうれしい先生はその時々の心もちに共感してくれる先生である。

出所：倉橋惣三選集　第３巻　育ての心「廊下で」フレーベル館より文章を一部改変して抜粋

ここにある通り、子どもに限らず人々の間で必要なことの１つとして「共感」があります。共感とは他者の気持ちや考えとまったく同じように感じたり、賛同したりすることです。たとえば自分が困っているとき、苦しんでいるとき、悲しみに暮れているとき、また逆に喜びに溢れているときに、傍にいる誰かと心が触れ合い、心が通じ合うことです。悲しみや喜びを共に分かち合うことで人は生きる希望や意味を見出せるのです。

2 カウンセリングマインドの意義

子どもの理解と援助に関しては、1993年から実施されている「保育技術専門講座」のなかで保育者が基本的に身につけるものとしてカウンセリングマインドの重要性が指摘されています。これはアメリカの心理学者ロジャーズによる「来談者中心療法」を根源とするものであり、佐川・成瀬（2007）によれば、クライエント（相談をしに来た人）と向き合いカウンセリングをする際の心構え、基本的な心のありようという意味で使われています。しかし、この言葉それ自体はいわゆる和製英語であり、学術上の明確な定義はなされていません。

ロジャーズ
Carl Ransom Rogers
(1902-1987)
来談者中心療法を主唱したアメリカの心理学者であり、アメリカ心理療法家アカデミー会長として活躍した。

カウンセリングマインドには、一方的にクライエントに何かのお説教をしたり、ただ単に話を聞き流したりするのではなくて、カウンセラーのように受容的な態度に徹して心に抱えるさまざまな事柄に対して寄り添う姿勢が求められます。そして、その中心となるのがやはり他者との共感なのです。

カウンセリングマインドを実践するに当たっては、❶「相手の話に真摯に耳を傾ける」こと、❷「相手の話にときおり相槌をうつ」こと、❸「相手の言葉を別の言葉で言い換えたり、返したりする」ことなどの点が大切です。そうすることでクライエントは安心することができます。ぜひ、これを守ってください。しかし、ここでみなさんに注意してほしいことがあります。こういった一連の手順が共感なのでしょうか。みなさんはどう思いますか。

これはあくまでも「あなたの話をちゃんと聞いていますよ」という1つのマニュアル化された技法､極端にいえばジェスチャーなのであって、これ自体が共感なのではありません。共感とは、相手の苦しみ、悲しみ、そして喜びを「受け止める」ことから自然に湧き出てくる心の状態のことなのであり、そこのところを間違えないようにしないといけません。つまり、相手の心を理解することから自分の心に自然と芽生えてくるものが共感なのであり、そしてそれが相手に対する援助へ自ずとつながっていくのです。結局、大切なことは相手の心を思いやる保育者としての熱意なのです。

かつて、日本全国の中学校が荒れた時期にこのカウンセリングマインドが学校現場に導入されましたが、それにとどまらず保育の現場にも導入されるようになりました。それは、子育てに悩む保護者の対応にこのカウンセリングマインドが効果的だということがわかったからです。乳幼児に関わる保育者としては、苦しみや悩みを抱えて困っている子どもやその保護者に寄り添う姿勢をもつことが大切でしょう。

河上（1999）は、以前に校内暴力で学校が荒れたのは文部省（当時）がカウンセリングマインドによって生徒に接するように求めたからであり、結局それが学校崩壊につながったとしてこれに否定的な立場を取っています。確かにカウンセリングマインドによってすべての問題が解決するという万能薬のような期待をすることはできません。しかし、その学校荒廃の元々の原因は、大浦（2010）が指摘しているように、1970年代から1980年代にかけての教員側から子どもへの一方的な人権抑圧によるものであり、それは子どもの自由、主体性や個性を否定したことへの反動であった点を忘れてはなりません。そこでは教員による命令と子どもの服従の関係しかなく、子どもと教員の間に共感というものがほとんど存在しませんでした。暴力行為に及ばなかった子どもにしても教員を信頼していたというよりも、むしろ内申書で脅されて自分の進路を不利にされることを恐れたために、自分が「違う」と思ったことも口に出していえずに黙って我慢していただけの場合が多かったのです。その当時、多くの子どもたちから笑顔が消え、このころから不登校などの社会問題が増えていきました。そして大人になった今でもその当時の後遺症に苦しんでいる人々がいます。

スクールカウンセラー
学校生活での子どものさまざまな心の問題を解決するために相談面接などを行う専門職のこと。

本章の第１節では保育所内で発生した児童虐待の事例を紹介しましたが、これと根は同じであるといえます。子どもに体罰をした保育士の心のうちに子どもと共感し合う部分が少しでもあれば、決してあのようなことにはならなかったでしょう。おそらくこの人たちは、自分が子どものときに受けた教育を今の子どもたちにもしてしまったのでしょう。これを虐待の世代間連鎖といいます。しかし、前述したように目の前にいる子どもを自分たち大人の都合のいいように型にはめて「仕立て上げる」ことが保育なのでも教育なのでもありません。大浦（2019）が指摘しているように人間は何かの芸を仕込まれるために生まれてきたサーカスの動物ではないのです。そこには明らかに人間性が欠如しています。子どもに主体性が備わるように「～させる」のではなくて「～を促す」ことが保育の基本です。津守（1997）は、保育者とはどのような存在であるのかということに関して次のように述べています。

児童憲章

- 児童は、人として尊ばれる。
- 児童は、社会の一員として重んぜられる。
- 児童は、よい環境のなかで育てられる。

> 保育の実践の場で、人生の子ども時代にある者と、壮年期にある者とが出会う。そこには、個人の生涯だけでなく、社会の歴史、教育と福祉の歴史の全体、過去と未来とが含まれている。異質な文化背景の子ども、障害をもつ子ども、すべての子どもが含まれている。人間を育てることにおいてかわりはない。保育者の意識の地平は垂直にも水平にも遥か遠くにまで及んでいる。保育は職業としてあるだけでなく、人間の存在をかけた行為である。
>
> 出所：津守　真『保育者の地平』ミネルヴァ書房より

ここにある通り、みなさんも養護と教育が一体とした営みであるところの保育を通して、子どもにとって掛け替えのない存在になってください。では、次の第２章から具体的にどうすればよりよい保育を実践できるのか、順にみていきましょう。

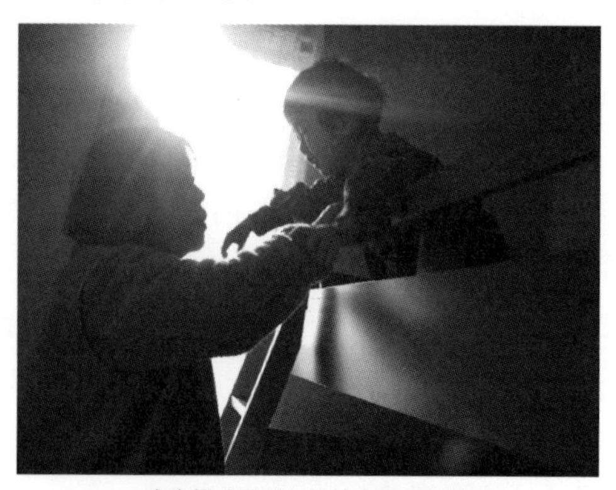

未来輝く子どもは社会のたから

演習課題

① 「受け止める」と「受け入れる」の例を自分で考えてみましょう。

② 保育者として大切なことをグループで話し合いましょう。

【引用・参考文献】

入江礼子・小原敏郎編著 『子どもの理解と援助　子ども理解の理論及び方法』 萌文書林 2019年

内田伸子 『子どもの見ている世界　誕生から6歳までの「子育て・親育ち」』 春秋社 2017年

江澤和雄 「教職員のメンタルヘルスの現状と課題」『レファレンス』63　2013年

大浦賢治 「ゼロトレランスかカウンセリングか」 早稲田大学大学院教育学研究科紀要別冊　17-2　2010年

大浦賢治 「特別支援教育における教師と学習支援員の関係はどうあるべきか――障害者問題に関する質的研究」東京立正短期大学紀要　2012年

大浦賢治編著 『実践につながる　新しい保育の心理学』 ミネルヴァ書房　2019年

大浦賢治 『事例で分かる保育士受験対策講座　保育の心理学』 日本教育クリエイト 2019年

大豆生田啓友・三谷大紀編 『最新保育資料集』 ミネルヴァ書房　2019年

河上亮一 『学校崩壊』 草思社　1999年

鯨岡　峻 『保育・主体として育てる営み』 ミネルヴァ書房　2010年

倉橋惣三 『倉橋惣三選集第3巻　育ての心　就学前の教育』 学術出版会　2008年

公益財団法人児童育成協会監修　清水益治・森　俊之編 『子どもの理解と援助』 中央法規出版　2019年

厚生労働省 「保育人材確保のための『魅力ある職場づくり』に向けて」 https://www.mhlw.go.jp/file/04-Houdouhappyou-11601000-Shokugyouanteikyoku-Soumuka/0000057898.pdf（2020年4月30日アクセス）

厚生労働省 「保育をめぐる現状　海外の調査研究」 https://www.mhlw.go.jp/file/05-Shingikai-12601000-Seisakutoukatsukan-Sanjikanshitsu_Shakaihoshoutantou/02siryou.pdf#search（2020年10月8日アクセス）

佐川寛子・成瀬美恵子 『これだけは知っておきたい　保育者のためのカウンセリングマインド入門』 チャイルド本社　2007年

汐見稔幸・無藤　隆監修 『平成30年施行　保育所保育指針 幼稚園教育要領 幼保連携型認定こども園教育・保育要領解説とポイント』 ミネルヴァ書房　2018年

ジョン・コラピント　村井智之訳 『ブレンダと呼ばれた少年』 無名舎　2000年（扶桑社 2005年）

白木邦彦 「乳幼児に眼帯は禁物」 毎日新聞2007年4月23日　大阪朝刊

https://www.hosp.med.osaka-cu.ac.jp/public/mnp/me-04.html(2020年10月8日アクセス)
高嶋景子・砂上史子編著 『子ども理解と援助』 ミネルヴァ書房 2019年
津守 真 『保育者の地平 私的体験から普遍に向けて』 ミネルヴァ書房 1997年
東京新聞 東京すくすく
https://sukusuku.tokyo-np.co.jp/hoiku/8501/（2020年4月27日アクセス）
友田明美・藤澤玲子 『虐待が脳を変える 脳科学者からのメッセージ』 新曜社 2018年
内閣府 幼児教育・保育の無償化
https://www8.cao.go.jp/shoushi/shinseido/musyouka/index.html（2020年7月25日アクセス）
内閣府子ども・子育て本部 「平成30年教育・保育施設等における事故報告集計」の公表及び事故防止対策について
https://www8.cao.go.jp/shoushi/shinseido/outline/pdf/h30-jiko_taisaku.pdf#search（2020年5月3日アクセス）
日本心理学会監修 内田伸子・板倉昭二編 『高校生のための心理学講座 こころの不思議を解き明かそう』 誠信書房 2016年
日高庸晴監修 法務省人権擁護局 多様な性について考えよう
http://www.moj.go.jp/JINKEN/LGBT/index.html（2020年3月20日アクセス）
無藤 隆・堀越紀香・丹羽さがの・古賀松香編著 『子どもの理解と援助』 光生館 2019年
文部科学省 「魅力ある教員を求めて」
https://www.mext.go.jp/a_menu/shotou/miryoku/__icsFiles/afieldfile/2016/11/18/1222327_001.pdf（2020年4月23日アクセス）
文部科学省 「平成30年度公立学校教職員の人事行政状況調査について」
https://www.mext.go.jp/content/20191224-mxt_zaimu-000003245_10102.pdf（2020年10月7日アクセス）
文部科学省 「確かな学力」
https://www.mext.go.jp/a_menu/shotou/gakuryoku/korekara.htm（2020年4月29日アクセス）
文部科学省 「教員をめぐる現状」
https://www.mext.go.jp/b_menu/shingi/chukyo/chukyo0/toushin/attach/1337000.htm（2020年7月21日アクセス）
柳田邦男 『生きなおす力』 新潮社 2009年
読売新聞（東京）朝刊 2019年8月7日
読売新聞（東京）朝刊 2019年8月27日

第2章

0歳から1歳児の理解と援助

乳児期の発達過程を私たちはどのようにとらえるべきでしょうか。

生まれたばかりの「ヒト」の赤ちゃんは、ほかの高等哺乳類と異なり歩行までに1年以上かかるなど、大人に頼らなければ生きていけません。では、私たち大人が、単にお世話をしてあげれば、赤ちゃんは心身ともに健やかに育っていくのでしょうか。よくいわれる「子どもが育つ」という意味について鯨岡(2001) は、「子どもに内在する力によって子ども自ら『育つ』という面と、大人の『育てる』働きかけによって『育てられる』面とが解きほぐし難く絡み合い、しかも、そこには常に『育てる—育てられる』の錯綜した行動的、感情的関係が伴われている」ものであり、保育するとは「育てる」ことの実践にほかならないと述べています。

この章では、心身の発達の基盤が形成されるうえで極めて重要な時期において、「育てる」とはどういうことか一緒に探求していきたいと思います。

第1節
0歳児の育ち

学習のポイント
●誕生してから生後1年までの育ちの特徴について身体面と情緒面に注目して学びます。
●それぞれの育ちが促されるための関わり方や育ちをみつめる視点を学びます。

1　0歳児前半の育ちの理解と関わり

A. ポルトマン（1961）は、ヒトの新生児（生後４週間）の状態を二次的就巣性（あと１年は胎内にいるような状態）と説明し、生理的早産と説明しています。ヒトの赤ちゃんがほかの哺乳動物のような離巣性になるには生後１年かかります。でも、もう１年お母さんのおなかのなかで過ごしていると、脳が大きくなり産道を通れなくなってしまいます。そのため生理的早産で生まれてきますが、赤ちゃんは決して受動的で無力な存在ではなく、能動的で主体的にヒトやモノに関わろうとする能力をもっていることが昨今の研究から明らかになってきています。

生まれたばかりの赤ちゃんは、随意運動（自分の意志で思うように体を動かすこと）ができません。出生間もない時期は、脳の機能が未成熟のため、自発的な意思が育っておらず、原始反射（大脳皮質や意思と関係のない行動で反応とは区別している）がみられます。この原始反射とよばれるものには、口唇探索反射（こうしんたんさくはんしゃ）、吸啜反射（きゅうてつはんしゃ）、模倣反射、バビンスキー反射、モロー反射、把握反射、歩行反射などがありますが、これらは大脳皮質が発達し、徐々に自分の意思で身体を動かすことができるようになっていくことにともない、生後６か月ごろまでには消失していきます。

では、乳児はどのようにまわりの世界を感じ取っているのでしょうか。五感（視覚、聴覚、触覚、味覚、臭覚）のなかで最も早い段階で発達するのは聴覚です。赤ちゃんは、お母さんのおなかのなかにいるときから音に反応している（岡本ら、2004）ようです。ですから、乳児は大きな音にびっくりして泣き、ヒトが話す声にも敏感で声色や言葉のトーンを聴き分けることもできます。逆に、感覚機能のなかで最もゆっくり発達するのは視覚と考えられています。新生児の視力は0.03～0.05程度であることがわかっています。これはちょうど乳児がお母さん、養育者に抱っこされたときに顔がみえる（30cm先の対象にピントを合わせ

A. ポルトマン
Adolf Portman
（1897-1982）
スイスの生物学者。動物界の広い範囲にわたる比較形態学、発生学、行動学の分野での研究をもとに、人間学の生物学も展開した。

コトバ

就巣性（巣に座っているもの）
妊娠期間が短く一度に多く生まれる。体毛が生えておらず、感覚機能や運動機能の発達が未熟な状態で生まれてくる生物（ネズミなどの齧歯類、イタチの類）を指す。出生直後はすぐに行動や反応ができないため、一定期間は親の保護を受けて自分の陣地のなかで過ごす必要がある（下等哺乳動物）。

る）距離です。その後、視力は生後半年で0.2、１歳で0.4になり、1.0程度まで発達するのは３～４歳ごろです。そのため、色を見分ける能力も弱く、１歳ごろにかけて徐々に色覚能力も改善されていきます（高橋，2019）。

ここからは、生後６か月ごろまでの発達過程をとらえながら乳児の関わり方を考えてみましょう。

体の発達には順序性があり、頭部から下肢へ、体の中心部から末梢へと発達が進んでいきます。新生児は全体に体が柔らかく、自分の首で頭を支えることもできず、首がぐらぐらしている（「首がすわっていない」という）ので、抱くときは頭を支えながら横抱きにする必要があります。しかし、赤ちゃんは首がすわっていなくても、仰向けのままじっと寝ているわけではありません。生後２か月くらいになると寝ている状態で首を左右に動かしたり、手・足も頻繁に動かすようになります。

乳児が自分で体の向きや視界を変えることができず、仰向けで寝ている時期は、オルゴールメリーのような音が出て、カラフルな色をした動くモノがみえる位置にあると、やがて目でモノを追うようになります。これを追視といいます。また、顔の横でガラガラを振ると音のするほうに顔を向けます。３か月が過ぎるころには首がすわるので、自力で頭をしっかり支えることができるようになれば縦抱きができるようになります。

●育ちをみつめる視点１－①：首がすわったよ

赤ちゃんにとって、横抱きから縦抱きに変わることはどんな意味をもたらすのでしょうか。

みなさんは今、椅子に座って講義を受けていると思いますが、今だけ真上をみてみてください。何がみえますか。室内で真上にみえるのは天井ですよね。つまり、縦抱きをしてもらうことで、赤ちゃんの視界は天井の色だけがぼんやりみえていただけの世界から一変し、色彩豊かな世界に変わるのです。それゆえに新しい世界を知った赤ちゃんは、生理的欲求ばかりではなく、自分のことを構ってほしくて泣くのです。縦抱きをして、いろいろなモノをみる機会をつくってあげることで外界からの刺激によって脳の発達が促されます。このとき、泣けば必ず応答してくれる大人の存在があることで、ヒトと関わることの喜びを知り、この積み重ねが他者と関わる力の基礎を培っていくことにつながります。ということで、答えはズバリ視界の拡大です。

その後、早ければ５か月を過ぎると、寝返り（仰向けからくるりと回転してうつぶせになる）をするようになります。のちに寝返りが上手になるとコロコロ全身を回転させながら移動もします。

コトバ

離巣性（巣立つもの）
生まれたときから自立している哺乳類（ウマ、ウシの類）を指し、妊娠期間が長く１回に少ない数の子どもを出産し、発達した感覚機能や運動能力をもって、姿や行動が親によく似た状態で生まれてくる（高等哺乳動物）。

口唇探索反射
口唇に指か乳首がふれるとそれを求めるかのように首を回し、口唇を突き出し効果的にお乳を吸うことができる。

吸啜反射
口唇に何かがふれるとそれを舌で包んで吸い込むような吸飲運動をリズミカルに行う。

模倣反射
新生児の目の前で舌を出してみせると、もぞもぞしながら目の前の人のまねをして舌を出す。

バビンスキー反射
新生児の足裏の外縁をこすると足の親指がそり、ほかの指が開く。

モロー反射
新生児を抱き、頭を支えている手を少し後ろに下げたり、上半身が急に傾いたとき、両手を大きく広げて空を掴むような動作をする。

把握反射

新生児の手掌（しゅしょう）にかるい刺激を与えると、ものをぎゅっと握るような行動をする。

歩行反射

新生児の両腕を手で支え、床に足をふれさせると歩行のような動作をする。

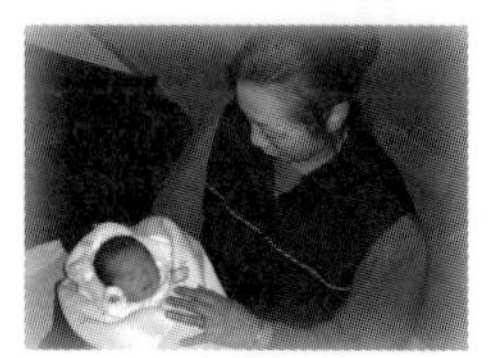

新生児

コトバ

グライダーポーズ

両手を広げ、両足・両手を上下に動かし、まるで飛行機が飛んでいるようなポーズである。背筋の強化につながる。

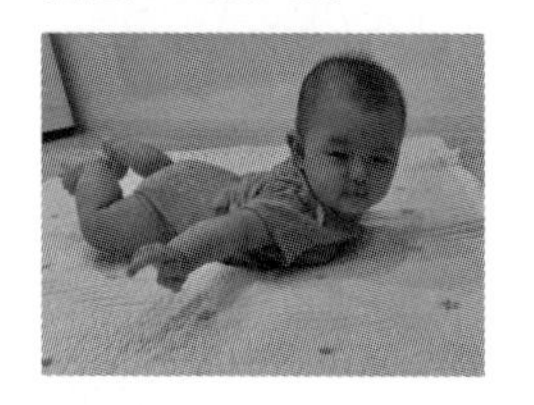

発達

保育の営み（保育所保育指針）では、発達とは何かができるようになることではなく、新たな能力を獲得していく過程のこととしてとらえる。

●育ちをみつめる視点１－②：寝返りができたよ

赤ちゃんにとって寝返りができるようになることはどのような意味をもたらすのでしょうか。

寝返りができると腹ばいになり、頭をもち上げて遠くまで見通せるようになります。つまり、寝返りは、抱っこをしてもらうのを待つしかなかった赤ちゃんにとって、自力で視界を変えることができるようになったことを意味しています。生きる力の意欲の源が増えたといえます。乳児の目線の先（目でとらえやすい位置）に、ぬいぐるみや色彩豊かなおもちゃなど乳児が触ってみたいと思うようなモノを置いてみましょう。赤ちゃんが「何だろう」と興味をもてば、それに近づきたいという意欲が湧き、前に進もうとします。お腹を軸にして両手・両足を上下に動かし、グライダーポーズが出現します。したがって、腹ばいになってグライダーポーズが何回もみられるようになったら、前進したい気持ちの現れととらえましょう。モノに興味をもち、欲しそうな姿が現れたとき、すぐにそのモノを目の前に引き寄せたりもたせてあげたりするのではなく、乳児が自ら掴もうとする気持ちを尊重し、手を伸ばそうとする距離間を図ることが大事です。これは、自らモノに関わろうとする意欲を育てる働きかけを意味します。

子どもの育ちは各々の時期が訪れれば自然に発達していくものではなく、大人が子どもの姿に応じた働きかけをし、子どももその働きかけに応じることで心身ともに成長・発達していきます。子どもの発達を見通した働きかけを大人がしなければ、その時期にみられるであろうハイハイも歩行も突然その姿が出現するのではありません。

さらに、5、6か月を過ぎると自力でお座りもできるようになります。

●育ちをみつめる視点１－③：お座りもできるよ

お座りができるとどんなよいことが起こるのでしょうか。

自力で座れるということは、手で自分の体を支える必要がありませんので、両手を自由に使うことができます。安定して座ることができれば目の前のモノに手を伸ばし、掴んで、たとえば音の出るおもちゃを振って楽しむこともできます。この時期は、わし掴み（手全体）でモノを掴みますので、赤ちゃんが掴みやすいモノ、持続してもてる重さのモノなど、赤ちゃんの手指の機能の発達に応じたおもちゃ選びが重要です。

嬉しいな！

２　０歳児後半の育ちの理解と関わり

ここでは、生後６か月過ぎから１歳になるまでの身体機能の育ちに焦点を当てて関わり方を考えていきましょう。７か月ごろになると手にもったモノを右手から左手へともち替えることもできるようになり、８か月ごろには、両手にもったモノを、たとえば積み木を打ち合わせて音を楽しむ姿がみられます。自らモノに関わろうとする意欲が育ってくると、今度は自分で確かめてみたくなります。つまり、手に掴んだモノを舐めたり、噛んでみたり、振ったり、転がしたりする行為は、不思議だと感じたり、何だろうと確かめている姿といえます。この好奇心が身体機能を促進します。お目当てのモノに少しでも近づきたいという気持ちから手の力と足の親指で床を蹴り、ずりばい（腹ばいのハイハイ）で前進するようになります。

やがて８か月を過ぎるとお腹をもち上げ、両手のひらと膝を使って移動するハイハイ（四つばい）ができるようになります。さらにハイハイにはもう１つ高ばいとよばれるものがあります。11、12 か月ごろになると膝を床につけずにピンと伸ばします。これは、お尻を高くもち上げて斜面を登るとき、急いで移動するときにみられます。

●育ちをみつめる視点１－④：ハイハイで移動しちゃうよ

ハイハイは、乳児にとってどのような意味をもたらすのでしょうか。

ハイハイは乳児にとってどこへでも自由に動き回れる最大の移動手段を手に入れたことになります。ボールを転がせば喜んで追いかけます。後の歩行の発達を促しますので、ハイハイが楽しめる遊びおよび環境の工夫が必要となります。

10 か月を過ぎるとつかまり立ちの姿もみられるようになります。一度立ち上がることができると何にでもつかまって立ち上がろうとするので、強度のないモノにつかまれば共倒れとなり危険です。モノの素材や配置にも留意する必要があります。

●育ちをみつめる視点１－⑤：立っちもできるよ

つかまり立ちは、乳児にとってどのような意味をもたらすのでしょうか。

もうおわかりですね。今まで床をハイハイしていた乳児の視界は、みなさんの足元の高さでした。ところが、つかまり立ちによって視界の高さが変わります。部屋の奥まで見渡し、机の上のモノを取ることができるなど、乳児にとって新たな発見がたくさん増えます。

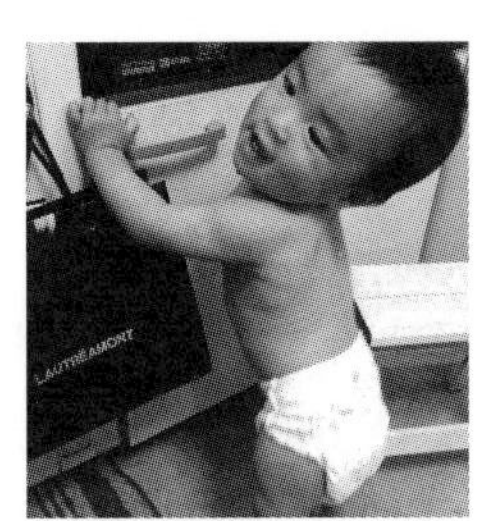

どこにでもつかまって
立っちゃうよ！

+α

協応動作

２つ以上の器官が連動して機能すること。この場合、目でとらえたモノを手で掴むことができる行為を指し、目と手の動きが連動して機能するようになったことを意味する。

パラシュート反応

原始反射が消える代わりにパラシュート反応が出現する。乳児をうつぶせにして両脇を支えた状態で胴体をもち上げ、突然前方に降ろそうとすると両手で身体を支えようとして腕を伸ばし両手をパラシュートのように開く反応のこと。７、８か月ごろから出現する。

うしろばい

７、８か月ごろになると移動できるようになるが、最初のうちは足の親指で床を一生懸命蹴れば蹴るほど後ろに下がっていく。これは足よりも手のほうが先に発達するので、足の力よりも突っ張る腕の力のほうが強いためである。

●育ちをみつめる視点１－⑥：次はどうしようかな

ハイハイの時期は動き回れるように広々とした空間をつくってきました。つかまり立ちをするようになったら今度は部分的に狭める空間もつくりたいものです。なぜだかわかりますか。

たとえば、つかまり立ちをしたら向こうの机の上にぬいぐるみを発見したとしましょう。ぬいぐるみを手に入れるには、一旦床に下りてハイハイで移動し、再びその机につかまり立ちをしなければなりません。しかし、乳児が最初につかまり立ちをしている場所からぬいぐるみの載っている机が、手を伸ばせば届きそうな場所であったらどうでしょう。「あっちの机につかまれば立ったまま移動できる！」という気持ちが生じ、もう一方の手を伸ばしてみようという意欲が湧き起こります。一瞬片手になっても自分の体を支えることが体感できれば、伝い歩きの始まりです。でも、明らかに届きそうもない距離では伝い歩きの発想にはなりません。乳児の歩行は、練習して歩けるようにするものではありませんから、伝い歩きの体験ができる工夫も必要です。身体機能の発達は脳とつながり、脳は心とつながっています。言葉で表現しない乳児の気持ちは、表情とともに手や身体の動きから読み取る必要があります。乳児が自ら行動を起こしたくなる関わり方をしていくことで、これまでみてきた身体機能が育っていくのだという視点をもつことが重要です。

どこでもつかまっちゃうよ！

３　０歳児の心と言葉の育ちを促す関わり

正常に生まれ出た赤ちゃんは、お母さんのお腹から出たとたんオギャーと産声をあげます。これはまるで「ぼく（私）ここにいるよー」という赤ちゃんの意思表示のようです。赤ちゃんの思いを受け止めながら赤ちゃんの発信に応えるように関わることで、生命の保持だけでなく情緒が安定し、クーイング、微笑、喃語（なんご）を発声するようになり、情動交流が実感できます。５、６か月には喃語が活発になり、９か月ごろになるとジャーゴンが出現します。これが１歳を過ぎるころには言葉となって発するようになっていくのです。川田（2019）がいっているように、子どもは他者や外界の対象との関係のなかで育ちます。それゆえ、このような姿の出現のためには子どもが自ら「伝えたい」、「聞いてほしい」という気持ちを抱く関わり方、すなわち応答的な関わりの質が重要です。

コトバ

クーイング
授乳によってお腹が満たされたときなど機嫌のよいときに「アー」「ウー」といった舌を使わずに発生する声のこと。

微笑
生後間もないころ、まどろんでいるときなどに笑っているようにみえる「生理的微笑」から、応答的な関わりのなかで１か月過ぎると「社会的微笑（外部による刺激に反応して微笑する）」へと変化していく。

喃語
機嫌のよいときに発する「アーアー」といった音声のこと。５か月過ぎから大人の話しかけに応えるように発する。応答することで喃語でのやりとりが盛んになる。

ジャーゴン
何を話しているのか聞き取ることはできず、無意味な音声の集まりであるが、抑揚がありイントネーションやアクセントが大人とそっくりなのでまるでお喋りをしているかのように聞こえる。

初語
１歳ごろに初めて発する意味のある言葉のことを指す。

そこで､応答的な関わりに焦点を当てて心の育ちをみていきましょう。みなさんは愛着形成という言葉を聞いたことはありますか。愛着はボウルビィ（1969）が愛着理論のなかでアタッチメントとよび提唱したのが始まりです。このアタッチメント理論が最も重要とするところは、遠藤（2016）も述べているように、何かあった際に安全基地として確実につながることができるという主観的確信をもち、子どもがそれに支えられて新しいことにチャレンジし、自律性を獲得していくことにあります。それゆえ、大人の応答的な関わりがアタッチメントの質、他者と関わる力の基礎に大きく影響を与え、愛着形成に左右するのです。生後３か月を過ぎると、乳児にとって特別な他者がわかるようになってきます。

事例２－１　お母さんがいいの！

７か月になった愛ちゃんがお母さんと祖父母の家に遊びに来ていたときのことです。お昼寝から目覚めたとき、お母さんがいなくて大泣きです。お母さんは寝ている間に買い物に出かけていました。おばあちゃんが抱っこしようとしても嫌がり、お母さんが帰ってくるまで泣き続けました。以前は平気で抱かれていたのになぜでしょう。

愛ちゃんは帰宅したお母さんに抱っこをしてもらうと泣き止みましたが、抱っこからおりません。しばらくの間、お母さんの胸に顔をくっつけて、おばあちゃんのほうをみないようにしていました。その後、落ち着くと今度はチラッとおばあちゃんのほうをみています。しかし、おばあちゃんと目が合うと再び泣くのです。泣くならみなければいいのに、この姿は数回繰り返されました。これが、よくいわれている人見知りです。人見知りは７か月ごろから出現する行為で、愛着が形成されている人と、それ以外の人の区別ができるようになり、さらに特定の人との情緒の結びつきが強くなると、見知らぬ人に対して恐怖や不安を抱きその人を避けようとして大泣きしたり、抵抗したりします。

事例２－１でみられる姿は、愛ちゃんとお母さんとの間にしっかりと愛着が形成されているゆえです。おばあちゃんの顔をちらちらみる行為は初対面の人ではなく、愛ちゃんの記憶のなかでなんとなく気になる存在として確かめているのでしょう。このとき、何が起こっても必ず守ってくれるお母さんに抱かれている（安全基地）からこそ、こわくても確かめてみようという気持ちになれるのです。逆に愛着形成のある特定の

コトバ

応答的な関わり
言葉に限らず子どもの表現（表情、行動、しぐさなど）から気持ちを読み取り、子どもの気持ちや発達段階に沿った関わり、子どもの思いに応えていくこと。

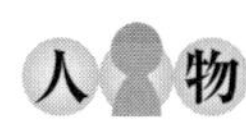

ボウルビィ
John Bowlby
（1907-1990）
イギリスの児童精神医学者。乳幼児期に愛情深い母親あるいは母親に変わる人間との関わりをもつことが、後の人格形成に大きな影響を与えることを主張した。

コトバ

アタッチメント
アタッチメントは、不安や危機感を得た状況のとき、特定の人にくっつく（子どもが安心できる人にしがみつく行為）、あるいはくっついてもらう（抱きしめてもらう）ことでネガティブな情動を制御し、安心感、情緒の安定を回復、維持しようとする心理行動と結びついた情動のコントロールのことである。

大人がいない乳児は、自分のことを構ってくれるヒトなら誰にでも喜んで抱っこされます。

ところで、やまだ（1987）は、生後9、10か月ごろに「乳児の生活全般にわたって革命的といってよいほどの大変化がおこる」と述べています。次の事例2－2のゆう君の革命は何だと思いますか。探ってみましょう。

やまだようこ
（1948-）
日本で最初に三項関係という概念を使用した。

事例2－2　ゆう君の革命

10か月になったゆう君はベビーカーに乗ってお母さんとお散歩するのが日課です。毎日犬の散歩で同じ人に会うたびに、お母さんは「わんわんよ、かわいいね」「わんわんに今日も会えたね」などとゆう君に犬の存在を伝えています。今日もいつもの犬が飼い主と一緒に向こうからやってきました。すると、お母さんより先にゆう君が犬を指さして「あー、あー」（喃語）と大きな声で訴えました。お母さんはびっくり。「ゆう君、わんわんだね」「今日はゆう君がママに教えてくれたね、ありがとう」とお母さんがいうと、ゆう君は両足をゆらゆらさせながら満足気な表情をしました。

この事例で注視したい点は、「お母さんより先にゆう君が犬を指さし」「大きな声で訴え」「満足気な表情」の部分です。

●育ちをみつめる視点１－⑦：指さしと共同注意（三項関係の成立）

指さしには、ゆう君のどんな思いが込められているのでしょうか。

ゆう君はお母さんの語りの繰り返しにより、しだいに「わんわん」という対象物を認識していきます。ある日ゆう君自らが犬に向かって指さしと発声をしたことで、ゆう君とお母さんは一緒に同じモノ（犬）に注目（共同注意）しました。それまでのゆう君は、お母さんが犬を指さして「わんわんはあっちよ」といってもお母さんの指さすほうへすぐに視線を向けることはできませんでした。しばらくは声掛けしているお母さんの顔をみているのです。つまり、お母さんをみるのが精一杯、モノが気になればそのモノしか目に入らないという状態です。ゆう君の指さしは、この二項関係からモノを介して他者と世界を共有、あるいは他者を通して世界を認識していく三項関係が成立した姿なのです。お母さんの指さしの意味を理解し、ゆう君が対象物に指さしした行為は、モノと言葉を一致させることができたことになりますから、言葉を獲得していく

三項関係
<自己－対象物－他者>という三角形の構造でコミュニケーションが行われる事態を意味する。ヒトにおけるシンボルや言語機能の認知的基盤であると考えられている。

ための重要なステップでもあります。

●育ちをみつめる視点１－⑧：共感から言葉は生まれる

ゆう君はどんな気持ちで、大声で訴えたのでしょうか。

思わず指さしをしながら発声しているゆう君の行為を契機に、お母さんもゆう君のみている犬に目を向けます。さらにお母さんは「今日はゆう君がママに教えてくれたね、ありがとう」と応答しています。このお母さんの応答的な関わりがゆう君の気持ちを満たしました。ゆう君が訴えた行為は、「僕、犬がわかるよ！」とお母さんに伝えたい、犬をみつけることができた喜びを共感してほしい、という気持ちの表れです。つまり、一緒に同じモノをみることで、お母さんと世界を共有したいという気持ちが芽生えた瞬間なのです。

この事例からわかるように、三項関係の成立は言葉の出現と大きく関わっています。話すという行為は、伝えたい、と思う他者がいることが前提です。つまり、愛着が形成されている他者の存在があるからこそ自分のことをわかってほしい、一緒に共感したいという気持ちが湧くのです。したがって、言葉は共感から生まれてくるといっても過言ではないでしょう。この一連の行為から、乳児にとって９、10か月は革命的な大変化が起こる時期ととらえられています。

コトバ

共同注意

相手の視線や指さす方向を追って、相手の注目しているモノに自分も視線を向けること。乳児は手段として指さしと発声で意思表示をする。このとき、「わんわんね」などと言葉を添えながら共有することで言葉の獲得にもつながる。

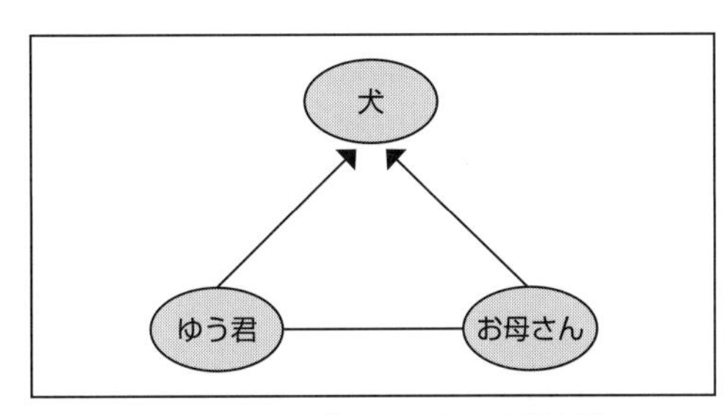

図２－１　指さしと三項関係

出所：筆者作成

４　ヒトとの関わりと生きる意欲を育む０歳児の食事

身体機能の発達および心の育ちと睡眠、食事、排泄の自立などの生活習慣を獲得していく過程は、密接に関わり合っています。ここでは０歳児にとって「食べる」とはどういう意味なのか探ってみましょう。

① 授乳（乳汁（にゅうじゅう））

授乳には時間になったら与える時間制授乳と赤ちゃんが泣いて空腹を訴えたときに与える自立制授乳があります。個人差はあるものの、生後３か月ごろまではほぼ３時間ごとの授乳になりますので、結果的には同じようになります。でも、初めての母親業で育児書を頼りに3時間間隔を守ろうとし、30分前に泣いてほしがる赤ちゃんを一生懸命なだめる母親も少なからずいます。これが一日に何回もあり、さらに毎日続けばどちらにとってもストレスがたまる一方となり、虐待の引き金にもなりかねません。親子共に心地よく過ごすには、時間ではなく訴えたときに応えることで赤ちゃんは生理的充足感と安心感を得ることが重要です。赤ちゃんの微笑む表情が増えれば母親も穏やかな気持ちでわが子に接することができます。ゆえに、授乳は生命保持のためだけではなく、双方にとって絆を深める作業であり、乳児の情緒の安定をはかる大事な関わりの1つです。

乳汁栄養には母乳栄養、人工栄養、混合栄養がありますが、できれば母乳で育てたいと願っている母親がほとんどです。しかし、それが難しい場合もあります。大事なことは栄養そのもののことではなく授乳の仕方にあります。母乳はお母さんに密着しているので抱きかかえれば安心して勝手に飲んでくれます。でも、お母さんがテレビに夢中になりながら与えていたらどうでしょうか。赤ちゃんはお母さんの意識が自分に向いていないことをしっかり感じ取ります。一方で、哺乳瓶を使用する人工乳では、必然的に乳児が吸いやすいように傾き加減を調整しながら与えることになるので、赤ちゃんに意識が向きます。何が大事なのか、もうわかりますね。産休明け(生後57日目から)から入園してくる乳児も、母乳を与えるときと同じように保育者が胸に抱きかかえ、応答的な関わりをしながら授乳をすることで、保育者と乳児との間に愛着が形成されていきます。

児童虐待の加害者

令和元年8月1日に厚生労働省から公表された平成30年度の児童相談所による児童虐待相談対応件数（速報値）は15万9850件であり、過去最多を更新している。同時に発表された子ども虐待による死亡事例の検証結果によると、死亡した子どもの年齢は0歳が最も多く（53.8%）、うち月齢0か月が50%であった。この加害者の割合は実母が55.1%と最も多く、動機は「泣き止まないことにいら立ったため」「保護を怠ったことによる死亡」が高い割合を占めている。

2 離乳食～幼児食へ

歯が生え始めて唾液の分泌が多くなってくる5、6か月ごろから離乳食を開始し、1歳から1歳半ごろに完了（幼児食）を目指します。それまで乳汁栄養のみであった乳児は、離乳食でさまざまな味、食感を体験するのです。開始初期のころは、食べる量よりも初めての味に慣れることが目的です。

離乳食

乳汁から幼児食へと移行するための食事である。成長とともに乳汁だけでは不足する栄養を補うことと、乳汁以外の味に慣れること、固形物を噛んで食べることができるようにしていくなどが目的である。

●育ちをみつめる視点1－⑨：初めて出会うモノは、得体の知れない物体

得体の知れない物体でも、口を開けるのはなぜでしょうか。

事例2－3　口を開けないたっ君

8か月のたっ君は、最近食べることが楽しみになってきたようで、何でも口を開けてくれるようになりました。今日はたっ

君の大好きなはるか先生がお休みのため、主任先生が担当です。でも主任先生がたっ君の大好きな食べ物を口に入れようとしても、たっ君は主任先生をじーっとみているだけで口を開けようとはしません。スプーンを口元に近づけるとさらにきゅっと口を閉じ、顔を背け、泣き出しました。

さて、みなさんは7、8か月ごろに出現する姿を覚えていますか。たっ君のこの姿は人見知りによるものです。

では、みなさん想像してください。大好きなお菓子を見知らぬ人から密封されていない状態でもらっても食べますか。気にしない方もいるかもしれませんが、大半の方は安全という確信がなければ口にしないのではないでしょうか。では、このお菓子がただ紙に包まれているだけのものであっても、信頼している人からもらったのでしたらどうでしょうか。

大半の方が相手を通して物事の良し悪しを判断します。これは乳児であっても同じです。たっ君が主任先生に対して口を開けなかったのは、見慣れない人が食べさせようとしたからにほかなりません。たっ君にとって初めてみるモノ・食べるモノは得体の知れない物体です。それにもかかわらず口を開けるのは、たっ君が絶大なる信頼を寄せているはるか先生が口に運んでくれるからなのです。もちろん、口に入れても味が気に入らなければ吐き出しますが、大好きな人と一緒だから食事が楽しい時間・空間になるのです。

さらに、10か月ごろになると手で掴んで食べようとする姿が現れます。このとき、大人の都合（行儀が悪い、汚い、汚れるなど）で手づかみ食べを禁止させるとどうなるでしょうか。

食べさせてもらっていても食事の主役はあくまでも子どもです。手づかみ食べの行為は、自分の欲しいモノをみつけることができ、自ら手を伸ばし自分に取り込もうとしている姿です。それは、手指の機能が少しずつ発達してきたのと同時に、自分で触りたい、掴みたいという意欲の現れです。このときに大人の都合で禁止させてしまえば、当然意欲はしぼんでしまいます。欲しいという思いは子どもの生きたいという意欲であり、手づかみ食べはその表現です。いい換えれば、子どもがやりたい、触ってみたい、知りたいと思ったときに、思う存分実行できる

手づかみ食べしちゃうもん♪

+α

手づかみ食べの大切さ

手づかみ食べは、目と手と口の協調運動である。目でとらえたものを認知し、手で掴むことによって、大きさ、形、硬さ、熱い、冷たいなどを確かめながら、感覚の体験を積み重ねることができる重要な役割となる。また、掴む過程で把握の力加減（たとえば豆腐をぎゅっと掴めばつぶれて口に運ぶことができないなどの体験）も学んでいく。摂食機能の発達過程においても、この協調運動によって道具が上手に使えるようになっていく。

環境が生きる力の基礎を培い、心と体の育ちにつながります。ここに環境を通して行う保育といわれるゆえんがあります。

以上のことから、「食べる」行為は単に栄養を取り込むことではなく、一緒に食べたい他者がいることで、子どもが自らモノやヒトに関わろうとする力を育てる場であります。食べることを通して隣に座って食べている友だちの存在にも気づいていき、他児と交わる役割も果たします。したがって、食事に関しては、ほかの基本的生活習慣（睡眠、排泄、着脱、衛生は一人ひとりのリズムで行う）と異なり、食べさせる必要がなくなっても一人で営むものではないことを、保育者は念頭に置いておく必要があります。

第2節
1歳児の育ち

学習のポイント
- ここでは1歳から2歳ごろまでの発達の特徴について学びます。
- 自我が芽生えるこの時期の心の育ちをみつめる視点、関わり方を学びます。

1　1歳児の育ちの理解と関わり

1歳半ごろには歩行が確立します。歩けるようになった子どもは、自由に動き回りたくてしかたがありません。大人が手をつないで歩こうとするとその手を振り払うほどです。また、突然、好奇心が芽生えたときには急に進行方向を変えます。興味の対象物しか目に入っていませんから、対象物までの間に障害物があっても一直線に進もうとします。子どもは、立体視力や動体視力の未熟さだけでなく、対象とするものを一旦注視するとほかの情報が入りにくくなるトンネルビジョンという特徴があります。

動き回れるようになると、大人が用意したおもちゃだけでなく、身の回りにあるものは何でも触り、わざと落としてみたり、開けることができる扉や引き出しからは中身を全部出したりします（探索行動）。このような行動を、モンテッソーリは子どもの特性としてとらえ、「子どもは積極的に外界を吸収しようとする探究者ゆえ、じっとしていることができず、自分に合った活動を探し求めているのだ」といっています。それゆえ、モンテッソーリが「子どもは環境での経験によってこそ十分に発達できる」と述べているように、大人は子どもの自由な自己活動を保障する必要があります。この探索行動を通して心も身体機能も育っていきます。

●育ちをみつめる視点2－①：子どもは本物志向！

ごまかしは子どもにとってどのような影響を与えるのでしょうか。

事例2－4　「だまされないもん！」

1歳3か月の唯ちゃんが最近はまっている遊びは、ティッシュを引っ張り出すことです。お母さんが唯ちゃんの手が届く所にうっかり置き忘れていると、全部をなかから引っ張り出してし

コトバ

探索行動
探索行動が現れるのは、安全基地となる愛着形成ができている大人の存在があるからである。いい換えれば、安全基地があるからこそ安心して自由に探索行動ができるのである。

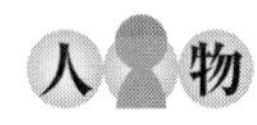

モンテッソーリ
Montessori,M.
（1870-1952）
女医で知的障害児の教育に実績をもつ。1907年にローマで「子どもの家」を開設して以来、一貫して子どもの成長を援助する教育を説き、自らも実践した。子どもは内面に正しい発育の計画をもっており、それに従って自分をつくり上げていく存在であると考え、それを実現するために自由な活動の必要性を提言した。

まいます。そこで、みかけは同じように出てくるよう、お母さんはティッシュをたたみ直して、唯ちゃん専用に置いておきました。ところがこれには途中でやめてしまい、その後見向きもしませんでした。

なぜ、唯ちゃんは再度箱に収めたティッシュでは遊ばなかったのでしょうか。唯ちゃんは、1枚抜き取ったはずのティッシュが瞬時に再び現れるのが不思議でたまらないのです。抜いても抜いても現れるティッシュに魅了され、出てこなくなるまで夢中で抜き続け、終わったときには達成感を味わっています。では、お母さんが再度同じように収めたティッシュはどうでしょうか。1歳の子どもを侮ってはいけません。瞬時にティッシュが現れないことを全身で感じとり、偽物だと見破ります。本物と同じ体感が得られないものは子どもでも面白くないのです。

このように、大人からみればただのいたずらや無駄に思えることも、子どもにとっては立派な遊びであり、学びの過程なのです。子どもが自ら「これ何だろう」と興味・発見したことを好きなように試すことができれば、その過程で壊れたり、ぐちゃぐちゃになったり、あるいは思わぬものができ上がったりします。この自発的な探索活動を通して非認知能力が育っていきます。このようにとらえれば、似たようなものでごまかすことは子どもの育つ権利を保障していないことになります。

非認知能力
IQなどで数値化される認知能力に対して、意欲、協調性、粘り強さ、忍耐力、自制心、創造性、コミュニケーション能力といった測定できない能力のこと。OECDでは社会情動的スキルと言い表されている。平成30年度より施行されている保育所保育指針、幼稚園教育要領には非認知能力に関わる内容が多く盛り込まれている。

2　心を育む基本的生活習慣の獲得

1「食べる」は人格形成の土台

離乳が完了に近づくと大人と近いメニューになってきますが、食べる機能は完成しているわけではありません。そのため咀嚼（そしゃく）や摂食機能の発達を促すような食べ物、調理方法、食具を子どもの発達段階に合わせて考えていく必要があります。しかし、先述した通り単に栄養を取り込むことが目的ではなく、子どもが自ら食べたいという意欲を育てることが最優先です。そのため食べたいという意欲が高まる食環境を整えることも保育者の重要な役割となります。

たとえば、冨山・鬼頭（2018）が観察調査を行ったC保育園（以下C園）では、「乳児のときから本物を使わせる」ことにこだわっています。C園ではガラス製のコップを使い、落とせば割れることがわかれば自ら大事に扱うようになります。食具は、すくった食べ物がまっすぐ口のなかに入りやすい設計になっているステンレス製のスプーンと、最後まできれいにすくいやすい設計になっている器を使わせることで、食べ散らかすことはほとんどありません。発達段階に合った食具は扱いやすく、子どもたちにどうやったらこぼさずに全部口のなかに運べるのかを体得させ、保育者の介助は最小限におさえられていました。一人でできた達成感や満足感は、次の食への意欲につながるだけでなく、保育者が無理に寝かしつけなくても、安心して自分の布団に自ら向かわせます。

C園の１歳児クラスの食事場面

このように、園では食の体験を広げながらモノやヒトに感謝し、一人でできた達成感、全部食べ切った満足感など、心が同時に育まれていく関わり方が求められます。苦手な食べ物も克服することが目的ではなく、子どもが自ら食べてみようとチャレンジしていく気持ちを育てることが大事です。この時期の「食べる」は人格形成の基礎を培うあらゆることにつながっています。

②「排泄の自立」は心のコントロールの始まり

１歳を過ぎると神経系統の発達も進み、大脳皮質の機能が整ってくると膀胱に尿がたまった刺激が伝達され、尿意を自覚することができるようになります。膀胱にたまる量の増加にともない、尿意を抑制する機能も発達することで排尿間隔が徐々に長くなっていきます。個人差はあるものの、１歳半ごろから排尿の調整ができるようになります。したがって、園では夏ごろに１歳半を過ぎる子どもたちはトイレトレーニングを始めます。

＜おしっこがしたい→トイレに行かなくちゃ＞と思ってから、遊びを中断してトイレに行く行動を起こすには、気持ちの切り替えが必要です。このことは、単にトイレで排尿ができたということではなく、心のコントロールが自分でできるようになったことを意味します。つまり、排泄の自立は、理性で行動するにはほど遠い年齢の子どもにとって目覚ましい心の育ちといえます。

近年は、紙おむつの普及によりトイレトレーニングの開始時期が遅くなっている傾向がありますが、主役は誰でしょうか。トイレトレーニングは、大人の都合ではなく、子どもの心の育ちを保護者と共有しながら進めていくことが肝要です。

コトバ

トイレトレーニング
おむつ交換のときにおむつが濡れていないことが多くなってきた子どもは、オマルや便器に座らせるとタイミングよく排尿できることがある。トイレで排尿することが心地よいと感じることが排泄の自立につながる。夏は、薄着で洗濯物も乾きやすいので開始時期に適している。

3　1歳児の意思表明

1歳を過ぎるとはっきり意思表明ができるようになります。近藤（2017）は、人間は自分が意味を感じたことに主体的になる存在であり、主体性を尊重されることにより自分で自分を変えていくことができると表現しています。さらに、この主体性は、自分は「受け止められている」「わかってもらっている」「愛されている」という実感をもつことで支えられているといっています。このことから、「イヤ！」は単なるわがままではなく、自分の思いを主張する1つの表現ととらえることができます。

田中ら（1982）は、1歳前半に典型的にみられる「〜するんだ」という主張を絶対に譲らない姿の駄々こねと、1歳後半にみられる駄々こねを区別しています。1歳後半になると一旦は激しく自分の要求を主張しますが、その後「〜ではない、〜だ」と自分の気持ちを立て直し切り替えることができるようになります。ただし、いつも切り替えができるのではなく、これには応答的な関わりが鍵となります。神田（1997）は、周囲に向けられるだけの心の余裕と認識能力の育ちおよび、選択できるだけの選択肢が子どものなかに育っていることを前提としたうえで、周囲の状況を認識して気持ちを切り替え、自分の要求が実現する方途を探れるようにする関わり方の必要性を述べています。駄々こねは子どもの大事な発達の現れですから、我慢の強要や子どもの気持ちを抑え込むような関わり方をして主体性の芽を摘み取ってしまうことがないようにしましょう。

もちろん、子どもが思いきり自己表現できるためには、安心できる場所、自分のことを守ってくれる他者の存在を実感できていることが不可欠です。自分が駄々をこねても必ず応えてくれる他者がいるからこそ、大人の反応をうかがいながら自分のやれることを探り、選択肢を広げながら選択する能力を養っていくのです。その証に信頼を寄せている大人がいないところで駄々こねはみられません。初めての場所でいつもと異なる姿がみられると「借りてきた猫みたいにおとなしい」という表現をすることがありますが、子どもの心理を考えれば当然のことでしょう。

自我意識の芽生え

自我は生まれながらにして意識されるのではなく、出生後の発達の過程において形成される。周囲の人やものとのやりとりを通して、自他を区別していく。この区別されたものの主体として自己が獲得されていく。自我意識はこの「主体としての自己」の核心部分である。主体としての自己は、欲求（自我意識）、境界（自他を空間的に区別する）、連続性（時間の流れのなかで自己は連続している）という側面をもち、身体の獲得が自我の芽生えに大きく関連していると考えられる（阿部和子、2011）。

4　1歳児の生活と遊びの理解

この年齢は「遊び食べ」という言葉があるように、手づかみ食べをしながら指先で感触を味わっているなど、どこからどこまでが生活でここからが遊びというような区別はありません。生活そのものが遊びとなります。ではこの場合の遊びとはどのようなことを意味するのでしょうか。勅使（1999）は遊びを、❶年齢に応じて楽しみ面白さを追求する活動、❷自主的、自発的で自由な活動、❸身体的諸機能、諸能力の発達を促す活動、❹人と人とを結ぶ活動の４つに分類しています。そして、これらの遊びによって知的諸能力が発達していくと述べています。

遊び＝生活として上記のようにとらえた場合、乳児の生活は理性や義務で歯磨きをする、手を洗うのではありません。手が汚れて気持ち悪いと感じるから手を洗い、面白そうだから歯を磨きます。また、身体機能および諸機能を総動員させて活動したからお腹が空き、食べたいから椅子に座ります。他児がもっているモノが欲しくなり、どうやって手に入れるか考えることでモノを介して他児とつながっていきます。したがって、子どもの生活は自ら心を動かしていく活動ととらえることができます。

このように過ごすなかで徐々にモノの属性に合わせて動作（対象的行為）ができるようになっていくとともに、１歳半ごろになると、目の前の大人の行動を即時模倣するのではなく、しばらく時間を空けてから別の場所で模倣する姿がみられるようになります。これは延滞模倣とよばれ、一度みたものを頭のなかに記憶してイメージを残しておく必要があるため、表象の発達の１つと考えられています。目の前にいないヒトの「ふり」や目の前にないモノを体験のイメージ（表象）と結びつけて別のモノで「つもり」遊びをするようになります。

たとえば、カップに砂を入れてひっくり返したモノを子どもがケーキに見立ててどうぞと差し出すことや、保育者が「ケーキだよ」と差し出すと嬉しそうに食べるまねをする姿がみられます。どうして子どもは、このように「今・ここ」にないものをイメージし、考えたり伝えたりできるのでしょうか。これは、すでにケーキを食べておいしかったという実体験があり、頭のなかにそれをイメージとしてもっているからにほかなりません。ここではケーキはおいしい食べ物だというイメージをつくり出したことで、ケーキの形に似た砂が象徴となっています。

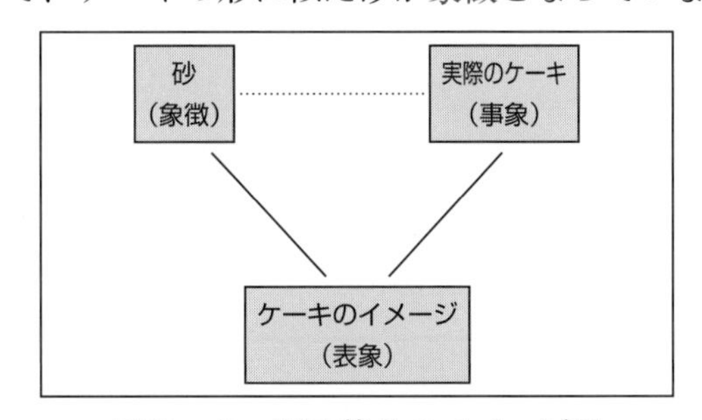

図２－２　置き換えのイメージ図

出所：本郷一夫編著　『発達心理学』　建帛社　2007 年より参照し著者作成

象徴機能

今ここにない指示物（意味されるもの）を頭のなかで「イメージ化（表象）」し、そのイメージを言葉・モノ・動作（意味するもの）などで代表させること（本郷、2007）。この機能の獲得は、現実の事物や事象を代理するものに変換して自分の内面で取り扱うことができる能力が備わったことを意味し、その後の認知発達や言語の発達を進めていくうえで非常に重要な機能と考えられている。

このように遊びのなかで体験したことを再現し、イメージの共有ができるようになると、他児とのごっこ遊びに発展していきます。したがってこの年齢では、子どもが表象を使う遊びを展開できるように、日々の生活のなかでさまざまな体験をさせ、再現できるだけの環境を用意することが保育者の重要な役割になります。もちろん、子どもが表象を使う遊びを楽しむには、保育者が一人ひとりの子どもの気持ちを受容・共感し、応答的な関わりをしていくことが不可欠です。生活のなかで、自分のやりたいことが自由にでき、堪能できる時間・空間が保障され、その過程において自分をまるごと受け止め守ってくれる大人の存在があることで、鯨岡（2013）の言葉を借りるなら「自己肯定感の根」が育まれていきます。

●育ちをみつめる視点２－②：どきどき・わくわくいっぱいしたいな！

どきどき・わくわく体験の積み重ねは、何を育んでいくのでしょうか。

事例２－５　同じケーキをもらったよ

砂場では２歳３か月の翔君と１歳 10 か月の杏ちゃんが、保育者にケーキをつくってもらい楽しんでいます。翔君は手のひらにケーキを載せてもらうと食べるまねをし、食べ終わった証にケーキをぐしゃっと潰してから捨て、再び保育者にケーキを載せてもらうという遊びを繰り返しています。杏ちゃんは、保育者が砂場のへりに並べてくれるケーキがどんどん増えていくのを嬉しそうに眺めながら、翔君の行為をちらちらみています。

保育者は、杏ちゃんが翔君の遊びに興味を示し出したことをキャッチし、杏ちゃんの気持ちの高まりを見計らって「杏ちゃんも手にケーキを載せてあげようか？」と声をかけました。杏ちゃんは両手のひらをくっつけて保育者に差し出します。保育者がそうっとカップをもち上げる間、神妙な表情で注視し、自分の両手にケーキができあがると「わぁ～」と歓声をあげました。手のひらにうまくケーキが載ったことが嬉しくてしばらく眺めていました。が、壊れないようにじっと立っていたため、わくわく感が緊張感に変わっていき、直立不動のまま固まってしまいました。そこで、保育者の手のひらにそっと載せ替えて一緒に食べることで喜び合いました。

年少であるほど月齢の差が育ちの差に大きく現れます。翔君と杏ちゃんの姿から同じ砂遊びでも楽しみ方が異なるのがおわかりでしょう。この事例から、他児に自ら関心が向くような保育者の働きかけが基盤にあることも読み取れたでしょうか。直接他児とのやりとりがなく、保育者と遊んでいる場面であっても、他児を意識させる働きかけが大事です。このことで杏ちゃんのなかに、まねして新しいことにもチャレンジしてみようという意欲が生じます。＜やってみたい→やってみる＞は、思い通りにできてもできなくても一緒に喜び、悲しい気持ちも共感してくれる保育者の存在が重要です。

これまでみてきたように子どもの育ちにおいて、生活と遊びは切り離して考えるものではなく、生活に根ざした遊びであることが大切です。これが「遊びを通して保育する」といわれるゆえんです。

第3節
生活と遊びの一体的な0、1歳児の保育

学習のポイント

●保育所保育指針に明記されている「生活や遊びを通して総合的に保育する」の意味を学びます。
●0、1歳児が主体となる保育のとらえ方を学びます。

1　乳児保育における養護と教育の視点

保育所保育指針には、保育所の特性として養護と教育を一体的に行うことが明記されています。保育における養護とは、子どもの「生命の保持及び情緒の安定」をはかるための働きかけで、教育とは「発達の援助」を指します。これは何も特別なことではありません。一人の人間として尊重するならば、当然のこととしてその子どもの尊厳は守られなければなりません。そして、このことは、その命を守り、情緒の安定を図り、発達が促される体験を積み重ねることができるように、子どもを援助する保育に自ずとつながるのではないでしょうか。また、これは保育を必要とする「子どもの最善の利益」を考慮することでもあります。現在（いま）を生きようとする子どもの姿・内面を読み取り、子どもの育ちを見通した援助を行うことで、資質・能力は育まれていきます。

特に、心身の発達の基盤が形成されるうえで極めて重要な時期とされる乳児から2歳児までの保育は、現場において「乳児保育」とよばれ、一生続く学びの出発点として位置づけられています。「乳児保育」では、人間の一生において大事な役割を果たすといわれている非認知能力の基礎を育てることを重視しています（→第2節参照）。発達が未熟・未分化の状態であっても、子どもが自ら生きようとする力を発揮できる生活や遊び、すなわち、子どもが主体的に環境に関わることができる保育を考えることが重要です。ここでいう生活は養護の側面をもちます。生命の保持と情緒が安定した生活は、安全基地が得られた環境であり、心置きなく探索活動ができます。また、ここでいう遊びは教育の側面をもちます。心が動いた遊び（活動）や活動に没頭できる環境は、さらに興味や関心を広げます。またそれは、遊びのなかで試行錯誤しながら、保育の目標に掲げられている「望ましい未来をつくり出す力の基礎」を育みます。つまり、先述した生活＝遊びととらえることは、身体的・社会的・

コトバ

子どもの最善の利益
「子どもの最善の利益」は、1989年に国際連合が採択し、1994年に日本政府が批准した児童の権利に関する条約（通称「子どもの権利条約」）の第3条第1項に定められている。

子どもの権利条約
「子どもの最善の利益」の実現を目指したものとして最初の条約であり、憲法に次ぐ国法の1つとして効力をもつ。子どもの権利条約では以下の4つの柱が示されている。
1. 生きる権利
2. 育つ権利
3. 守られる権利
4. 参加する権利

精神的発達の基盤を培うことにつながり、養護と教育を一体的に展開していくことを意味します（図２－３）。それゆえ、養護と教育は切り離して考えるものではないことを念頭に置いて、保育する必要があります。

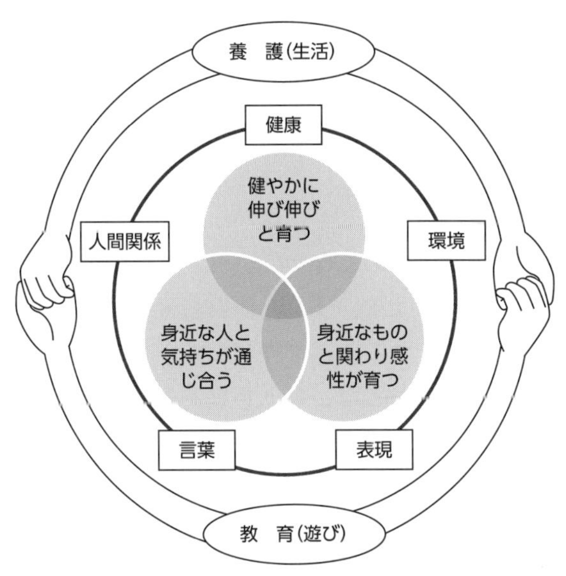

図２－３　一体的な養護（生活）と教育（遊び）のとらえ方の図
出所：厚生労働省社会保障審議会児童部会保育専門委員会 「保育所保育指針の改定に関する議論のとりまとめ」 2017年より参照し筆者作成

２　０、１歳児が集団のなかで育つ意味

０、１歳児にとっては、とりわけ大人の援助が重要です。では、大人の援助さえあれば乳児はヒトとして育っていくのでしょうか。いうまでもなく、将来、社会のなかで一人の人間として生きていくためには、他者と関わる力を培うことが必要です。第１節で述べてきたように、他者と関わる力を育むには特定の大人との愛着形成が前提です。しかし、大人との関係のなかだけで人格形成の基礎が培われるわけではありません。愛着形成のある大人の存在を基盤にすることで他児と関わろうとする意欲が育まれ、他児と交わる世界を広げていくことができます。

子ども集団のなかで過ごす園では、特定の保育者を基盤とし、他児にも興味をもつようになります。誰かが泣いていると這（は）って近づく、他児がもっているモノが欲しくなり取ってしまうなどの行為はヒトに興味を示した現れです。給食の準備中、誰かがスプーンで机を叩いて笑っていれば、面白そうだなと感じまねして机を叩く子が現れ、気づけば連鎖反応してみんなでスプーンの打楽器奏者となっていることがあります。これは、お互いに顔を見合って、「一緒が楽しい」を体感している姿であり、まさに心が響き合っている瞬間といえるでしょう。大人ではなく、自分と似たような子どもの存在に気づき、他児と関わる楽しさを体感していくなかで、自らヒトに関わろうとするようになっていきます。

もちろん自分の思いがいつも通るわけではありませんから、子ども同士で思いのぶつかり合いが生じます。このぶつかり合いが大事です。大人対子ども間では、自己主張の駄々こねをして思いが通らない場合もあることを知ることはできますが、同じようなレベルで思いをぶつけ合う体験ができるのは子ども対子どもにほかなりません。共に泣く、笑い合うことを繰り返し体験していくなかで、自分と他児は違う考えや感情をもっていることに気づきます。また、他児も自分と同じような気持ちをもち、同じような考えをすることも理解していきます。このように体験を共有する（間主観性）ことで、ヒトとヒトとの間に共感が生まれ、ヒトとヒトがつながっていきます。

間主観性
相互主観性ともいわれる。諸個人が互いを主体として承認しつつ１つの世界を共有しているような事態のこと。フッサールなど現象学派を中心に研究された。

事例２－６　言葉を交わさなくても世界を共有してるよ！

おやつを食べた後、どの子どもも好きな遊びをみつけて楽しんでいます。そんななか、同じ月齢（１歳８～９か月）のマユちゃん、ミイちゃん、リナちゃんの三人は手をつないで部屋のなかをぐるぐると回り始めました。保育者が「あら、お散歩ですか？」と声をかけると三人とも一層嬉しそうに保育者の前を通り過ぎていきます。２周ほど回ったころ、アヤちゃんが近づいて一番左端にいるリナちゃんの手を掴みました。リナちゃんが引っ張られたので三人は止まります。リナちゃんはアヤちゃんの掴んだ手を払い、アヤちゃんの手をつなぎます。二人が手をつなぎ合う間、マユちゃんとミイちゃんはつながったままじっと待っています。アヤちゃんがつながったのを確認し、今度は四人でのお散歩が始まりました。この間、四人は一言も言葉を発していません。でも、「入れて」「いいよ」と発しているような間がみられました。

この事例では、いきなり腕を引っ張られ遊びが中断されたにもかかわらず、誰一人怒るような気配はみられません。この年齢なら、リナちゃんがアヤちゃんの手を払ったとき、三人でそのまま出発しても不思議ではありません。しかし、マユちゃんとミイちゃんは何が起こったのか見届けています。リナちゃんは腕をいきなり掴まれたことに怒るどころか、アヤちゃんと手をつなぎ直しています。アヤちゃんとリナちゃんが手をしっかりつなぎ終わるとお互い顔を見合わせ、一番右端のマユちゃんが一歩リードして歩き始めたのが合図のように、四人のお散歩がスタートしました。

さて、四人がこのように世界を共有できたのはなぜでしょうか。１歳８、９か月ごろでは、自分の思いを言葉で表現し合うには至りません。しかし、保育者の関与がまったくないにもかかわらず、四人は互いに相手を思いやり、待つことで１つの世界がつくられていきます。この関係はこの１回の場面で急に出来上がるものではありません。この姿に至るまでには、保育者のどのような働きかけがあったのか、そして、子どもたちの姿にはどのような過程があったと考えられるでしょうか。話し合ってみてください。

３　遊びを通して発達していくことの理解

子どもたちは、言葉のやりとりがなくても身体を使って気持ちを表現しています。このとき、キーポイントになるのが事例２－６でみられた「間」です。

さて、「間」にはどのような意味が込められるのでしょうか。「間」は、コミュニケーションをはかるうえで大事な役割を担っています。ところが昨今、この「間」をうまくつくることができない人が増えているような気がします。「空気を読めない人」、「よく空気を読んでね」などという言葉を耳にして久しいと思われますが、これはその場の空気を感じ取ったうえで発言や行動をするという意味です。空気を読むためには、空気を感じ取るだけの「間」が必要になります。みなさんは相手に空気を感じてもらえるだけの「間」を与えていますか。空気を感じ取る時間も人によって差があるでしょう。その時間を待ってあげているでしょうか。

近年はLINEというツールがコミュニケーションの重要手段となっている傾向があります。LINEでは既読になっているにもかかわらず、すぐに返信がこない、無視されたなどという問題が取り上げられていましたが、ここでは「間」は必要がないのでしょうか。顔がみえていない分、返信がこないと不安になることもあるでしょう。しかし、顔がみえていないからこそ慎重に自分の思いをつづろうと思えば、返信するまでに考える時間が必要になります。お互いに相手のことを思いやり、理解しようと思えば待つ間も不安にはならないでしょう。言葉も文字もコミュニケーションの道具の１つでしかありません。道具を操るヒトにとって重要なことは、使うタイミング、すなわち「間」ではないでしょうか。

このように大人でも容易ではない「間」を使って、事例２－６の子どもたちはやりとりを楽しんでいました。では、子どもたちはどのようにして「間」を学び取っていくのでしょうか。遊びを通してみていきましょう。

１ 他者と伝え合うことを体験するはじめての遊び

生後８か月を過ぎると物の永続性の理解が成立してきます。たとえば、転がしていた小さなボールにハンカチを被せてみえなくしても、自分でハンカチを外してボールを取ります。

やがて、10 か月ごろに表象機能が発達してくると「いないいないばぁ」遊びが楽しめるようになります。

もちろん、この遊びは愛着関係のある大人と行うのが前提です。この時期は、大人と一体化した喜びの高揚感を感じてはしゃぐレベル（相手の気持ちとしてとらえていない）だった状態から脱し、相手と自分が分離しはじめるころ（心理科学研究会、2004）でもあります。

「いないいないばぁ」遊びでは、一瞬顔がみえなくなり再び現れるまでの間、乳児は大好きな先生がこのなかに隠れているはず、大好きな先生はどんな顔をして現れるのだろうと、どきどき、わくわくしながら待ちます。保育者も、どのくらいのタイミングで顔を出すとよいのか考えます。ここに「間」が生じます。保育者はこの「間」を乳児の気持ちに合わせます。つまり、二人が心を向かい合わせることで「間」を共有しているのです。この「間」の部分に「いないいないばぁ」遊びの魅力と重要性が凝縮されています。この「間」は、相手の発信を待つ間ですから、繰り返し遊ぶことで、一方的に発信しているだけでは伝え合えず楽しむことができない事柄を体感していくことになります。このように、互いの心を向き合わせて楽しむ「いないいないばぁ」は他者と向き合い伝え合うという構造を体得していく重要な遊びだといえます。

ところで、みなさんは対話と会話の違いがわかりますか。会話とは、二人または二人以上の人が集まって話をすることで、井戸端会議のような取り留めのない話も含まれます。一方で、対話は相互伝達（乾、1972）を指します。乾（1972）は、対話をすることで「相手と自分にとっての共通の問題の意味がお互いのものになっていく」と述べ、伝え合うことを「ＡからＢをくぐってＡへ」という往復運動であると表現しています。０、１歳児では、この対話の芽を育んでいく時期として、他者

コトバ

物の永続性の理解
目の前にモノがみえなくなっても、そこに存在していることを理解していること。

表象機能
目の前にないものを頭のなかでイメージする力のこと。

対話
対話は、対ヒトのみに限らず、対モノにもあてはめることができる。たとえば、子どもがダンゴムシに夢中になりいつまでも観察している姿や、１つのモノに対して「これなんだろう」とじっくり探求している姿は、自らモノに心を向けてモノと対話している姿といえる。心が動いたモノ・コトとの対話が思う存分できることを保障することが保育者の役目であり、これが幼稚園教育要領で明記されている「主体的・対話的で深い学び」につながる。

と心を向き合わせ伝え合うような遊びを意識的に取り入れていくようにしましょう。

２ 他者と向き合うことの楽しさを体感する代表的な遊び

歩行がしっかりしてくると、保育者に「まてまて～」といわれながら追いかけられる遊びを好みます。まだ走っているとはいえないような足取りでも追いかけられると喜びます。保育者に追いかけられ、「○○ちゃんつかまえた～」といいながらぎゅっと抱きしめられるのがとても嬉しいのです。この遊びは歩行が安定して走れるようになると、子ども自身が間（距離）をつくって楽しむようになります。

事例２－７　つかまっちゃった！

１歳児クラスでは少しずつ走れるようになってきた子どもたちが増え、まてまて遊びを楽しむようになってきました。今日も保育者が追いかける役になり、みんなははしゃぎながら四方に散っていきます。保育者一人で四方に広がった子どもたちを同時に捕まえることはできませんので、ぎゅっとしてもらうのは順番になります。最初に捕まったのはヨタヨタ歩きのハル君。保育者は、次は誰を捕まえようかとみんなの姿を見回します。

この遊びに慣れてくると単に逃げるのではなく、保育者が今どこにいるのか振り返って確かめるようになります。ミクちゃんが保育者から一番離れたところで笑ってみています。ヒロ君もミクちゃんの近くにいたのですが、ハル君が捕まったのをみて保育者のほうに戻ってきました。まだ、あまり走ることができないマイちゃんは、すぐそばの所で逃げずに佇んでいます。そこで保育者は「今度はマイちゃんの所に行こうかな」といいながらゆっくり近寄っていき、マイちゃんをぎゅっとしました。マイちゃんは早くぎゅっとしてほしくて保育者が来るのを待っていたのです。ヒロ君は行ったり来たりして、自分で保育者との距離間をはかって楽しんでいるので、最後に捕まえることにしました。

この事例から、「まてまて遊び」が単なる追いかけっこではないことが読み取れるでしょうか。この遊びは、「追いかける」と「逃げる」の役割分担が自然に出来上がります。子どもたちは、後ろから大好きな保育者が追いかけて来てくれるから「逃げる」役を楽しむことができるのです。それゆえ、あとどれくらいで保育者が自分の所に来てくれるのか、

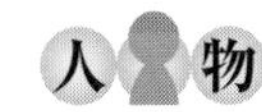

乾　孝
（1911-1994）
心理学者、法政大学名誉教授。戦前、城戸幡太郎によって結成された保育問題研究会（研究者と現場の保育者との共同研究会）が余儀なく中絶となった後、1953年に再建し、東京保育問題研究会の中心となって活動した。
1960年前後、東京保育問題研究会では「つたえあい保育」を展開している。同時期、1962年に法政大学の心理学研究者のメンバーとの『伝えあいの心理学』と題された書が出版された。乾は伝えあいという対話的な発達理論を展開している。

必ず振り返って確かめます。遊びとしての面白さがわかってくると、ヒロ君のように捕まりそうな所まで近づいたり離れたりして自ら相手との距離（間）をつくって楽しむようになります。この姿からヒロ君の心情が読み取れるでしょうか。保育者から遠い場所にいては、保育者の意識は他児に向いてしまい面白くありません。逆に捕まった途端この遊びは終了です。どちらになっても長く保育者との遊びを楽しむことはできません。ヒロ君は保育者に捕まえてもらいたいけれども捕まってしまえばそれで遊びが終わることを理解しているからこそ、行ったり来たりしているのです。つまり、これは相手とのやりとりを楽しんでいる姿にほかなりません。数日後、保育者はヒロ君の内面を読み取りながら「追いかける」役になってもらうことを提案し、遊びを発展させています。

この事例からわかるように、役割が自然と生まれる「まてまて遊び」は、発信者と受信者という役割を体験しながら他者と向き合うことの楽しさを体感していくことになります。したがって、どの子も役割交替をしてどちらの役も楽しめるように遊びを展開する工夫が重要です。

このように、遊びにはさまざまな発達を促す要素が含まれています。本郷（2007）は発達的視点から遊びをとらえた場合、発達した力を遊びのなかで発揮する「結果としての遊び」と、遊びを通して発達が促される「手段としての遊び」の２つに分類しています。とりわけ後者は特別な遊びを用意することではなく、日常生活のあらゆる場面で発達が促される遊び、すなわち先述したとおり生活に根ざした遊びを意味しています。保育者は、それぞれの遊びがもつ意味と促される発達との結びつきを考慮しながら保育する必要があります。

４　０、１歳児が主体的になれる保育

最後に、大人の援助がなくては生きていけない０、１歳児が主体となる保育とは、どのようにとらえるとよいのか一緒に考えましょう。

いうまでもなく、保育者は子どもを主体に置くことが前提です。これは、子ども自身がヒトとしての世界を自分で広げていくことを意味しています。乳児は、ミルクを飲ませてもらい、おむつを替えてもらうなど「～してもらう」場面が多く、学生のみなさんからすればこれを「やってあげる」ととらえる向きがあるかもしれません。しかし、「やってあげる」という気持ちを抱いている場合、主体は誰になっているでしょうか。

たとえば、「保育者はＡちゃんにミルクを飲ませてあげた」ととらえた場合、主体は保育者です。一方で「Ａちゃんは保育者にミルクを飲

ませてもらった」は、Ａちゃんが主体となります。行為そのものの表現の仕方に大差はないかもしれません。しかし、保育者が自分中心に物事をとらえて行為することと、子ども側から物事をとらえて行為する場合では、子どもへの関わり方に違いが現れます。この場合、授乳の行為に付随する子どもへの援助に違いが生じるということです。

保育者は子ども自身が感じ取った意味を、ときには代弁しながら子ども自身が表現できるようになっていく援助をすることが求められます。これは先回りをしてお膳立てすることとは違います。自ら感じ取ったことをありのまま表現することが保障されていれば、子どもは自らヒトやモノに関わり活動します。このときに注意したいことは、活発に行動しているばかりが主体性ではないということです。一人歩きができるようになっても、動き回らずにはいられない子どもばかりとは限りません。なかには、お気に入りのおもちゃを１つ握ったまま座り込んで、動き回っている他児をみているだけの子どももいます。このように座り込んであまり動かない子どもは、一見、意欲が低い子どもとみてとれます。

では、このような子どもは主体性がないのでしょうか。たとえば、お気に入りのおもちゃを握っただけで動こうとしない姿は、「みんなは○○しているけれど僕は何をしようかな」、「もっと面白いことないかな」とまわりを観察しながら次のやりたいことを探している姿ととらえてはどうでしょうか。逆にいつも動き回り主体的に動いているようにみえる子どものなかには、もしかしたら何をすればよいのかわからず、気持ちが散漫であれもこれもと触っているだけなのかもしれません。この場合、特定のモノ、コトに心が向いていない姿といえます。特定のモノ、コトに心が向いていないときは、主体的にモノ、コトに関わっているとはいえません。

このように、見方が変われば自ずと子どもへの働きかけも変わります。表出された姿のみで意欲が低い子どもととらえた場合、保育者はその子どもが意欲的に動くようにさまざまな働きかけをすることでしょう。しかし、内面を注意深く読み取り、今は子どもが一生懸命模索している時間ととらえた場合、保育者は無理に興味をもたせようとする働きかけはしないでしょう。子どもが自分でみつけるまで待ちます。あるいは、一緒に考え自分でみつけることができるような働きかけをします。これが子どもを主体とする援助であり、子どもの主体性を引き出す保育となります。

事例２－８　だってやりたいもん！

保育者のそばで２歳前後の女の子三人が砂遊びをしています。保育者は砂を丸く固めてつくったお団子を並べます。三人は保育者のまねをしますが、なかなかお団子にはならないので、保育者のお団子が並んでいくのを楽しんでいます。そこへ、ルナちゃんがきて保育者の後ろから抱きつき、お団子を指さして保育者の顔を覗き込みました。保育者がルナちゃんにもお団子を渡すと、嬉しそうに受け取ったルナちゃんは、立ち上がってそのお団子を投げ捨てました。お団子が壊れて砂が飛び散るのを面白がっています。保育者は、ルナちゃんにあげるお団子と並べるお団子を交互につくることにしました。もらったお団子を投げ捨てる行為を繰り返すルナちゃんは、そのスピードがどんどん速くなっていきます。とうとう待ちきれなくなり、並んでいるお団子を手のひらで一気にパシッと叩きつぶしました。三人の子が「だめ！」と怒ります。ルナちゃんは「だめー、いやー」（だめといわれるのが嫌という意味）といい返します。保育者は、「あら～、ルナちゃん壊しちゃうの？」といいながら、ルナちゃん用と三人の子たち用とわけてお団子を並べることにしました。

上記の場面で保育者は、ルナちゃんに一言も注意や非難の言葉を発していません。表面だけみれば、ルナちゃんがみんなの大事なお団子をわざと壊して楽しんでいる姿ともとれます。このようにとらえますと、ルナちゃんは保育者に「ダメでしょ！　みんながせっかく遊んでいるのに～」と注意され、不満しか残らないでしょう。まわりの子どもたちは、ルナちゃんがどういう子なのか、保育者の関わりから認識していきます。そのため非難される場面が繰り返されると、ルナちゃんのイメージはクラスで意地悪する子という負の悪循環を生み出します。しかし、この事例の保育者は、ルナちゃんがお団子の壊れる様を楽しんでいると読み取りました。

この事例のように、どの子どもも妨げられることなくやりたいことを保障されていることで、主体性が引き出されていきます。子どもは、同じ場面であってもその日の気分によって同じ反応をするとは限らず、保育にこれが正解というパターンはありません。同じモノ、コトでも一人ひとりの異なる思いを保育者は読み取り、自身の保育を常にとらえ直すことが子ども主体の保育をつくっていくことになります。

●コラム●　保護者支援って、実は誰のためにあるの？

みなさん、保護者支援は誰のためのどのような支援だと思いますか。

保護者支援について学生に上記の質問をした際、保護者の気持ちに寄り添いながら、子育ての悩みや相談に応じることととらえている学生がほとんどでした。もちろん、間違いではありませんがこのことがすべてではありません。支援という言葉を使うと、一般的には何かを「してあげる」ととらえる傾向がみられます。保育の場においても親のニーズに合わせての長時間保育等、利便性の高いサービスを拡大することが主な支援であったりしますが、保育者と保護者が一方向的な関係のなかで、子どもは健やかに育っていくでしょうか。

学生の大半は、保護者とうまく関わるための力を身につけたいということでしたので、その理由についてアンケート調査を行いました。結果は、「子どもの発達によくないとわかっていても、どこまで口を出していいのか難しい」、「改善してほしくて伝えても、保護者側の改善がみられず伝わらなかったら困る」、「こっちが問題と思っていることを保護者は問題と思っていないときの伝え方が難しい」、という内容が主でした。これらは、保護者を支えるつもりであっても明らかに「教えてあげる」という姿勢です。みなさんが保護者の立場でしたら、このような姿勢の保育者とともに、子育てをしようという気持ちになるでしょうか。

大豆生田（2016）は保護者支援において、一方向的に「する／される」という支援や「教える／教えられる」というような援助、いわゆる単なる「支援」「援助」とは区別し、「支援」よりも「連携」や「協働」として保護者支援をとらえ直していくことを提言しています。つまり、保育者と保護者はパートナーシップなのです。

そこで、鬼頭（2020）は一方向的な「支援」から「協働」へととらえ直すに当たり、乳児保育の視点からとらえ直しが有効と考え、試みました。その結果、保護者と保育士は「パートナーになること」ととらえることができただけでなく、「互いに育ち合うこと」という答えを学生たち自身が導き出すことができました。

では、改めて考えてみましょう。保護者支援は、誰のために行うのでしょうか。子どもが健やかに成長・発達を遂げるには、子どもの発達する権利や生きる権利を保障することが必然です。そのためには、養育者自身も情緒が安定していなければ、子どものために最善の利益を考えることは容易なことではないでしょう。

これまでみてきたように、大人の関わりが子どもの人格形成の基礎に大きく影響していきます。したがって、常に保護者が温かいまなざしでわが子に応答的な関わりができるように支えていくことが、保護者支援の意義です。つまり、保護者を支援するということは、子どもの最善の利益を考え、子どもの権利を保障するということなのです。それゆえ、保育者と保護者は、子どもを真んなかにおいて対等な関係ととらえることが必要です。これを基盤とし、保育の専門性から子どもの内面を理解することで、保育者は保護者と協働しながら子どもを育てていくことができるのです。保護者支援は目先のことにとらわれず、その支援はどこに直結していくものなのかを見失わないように取り組むことが肝要です。

演習課題

① 乳児保育に関するねらい及び内容のなかで心身の発達を促す身近な教材の１つに絵本が挙げられています。絵本を通して促される発達にはどのようなものがあるのか考え、０、１歳児の子どもと楽しめる絵本を調べてみましょう。

② 表象を使う遊びを考え、みんなで実践し合ってみましょう。

【引用・参考文献】

A. ポルトマン　高木正孝訳 『人間はどこまで動物か——新しい人間像のために』 岩波書店 1961 年

阿部和子編著 『改訂　乳児保育の基本』 萌文書林 2019 年

乾　孝 『乾孝幼児教育論集』 風媒社 1972 年

遠藤利彦 「第７章 子どもの社会性発達と子育て・保育の役割」 秋田喜代美監修 『あらゆる学問は保育につながる』 東京大学出版会 2016 年

大豆生田啓友 「第２章 家庭との連携と保育」 日本保育学会編 『保育講座５　保育を支えるネットワーク　支援と連携』 東京大学出版会 2016 年

岡本依子・菅野幸恵・塚田-城みちる 『エピソードで学ぶ乳幼児の発達心理学』 新曜社 2004 年

片山忠次『子どもの育ちを助ける　モンテッソーリの幼児教育思想』法律文化社　2000年
川田　学『乳児期における自己発達の原基的機制――客体的自己の起源と三項関係の蝶番効果』ナカニシヤ出版　2014年
川田　学『保育的発達論のはじまり』ひとなる書房　2019年
神田英雄『０歳から３歳　保育・子育てと発達研究をむすぶ』草土文化　1997年
鬼頭弥生「学生の保護者支援に対する捉え方の変容における教育方法のあり方に関する一考察――『乳児保育』の授業を通して」日本乳幼児文教学会　令和出版社監修『乳幼児文教研究』第１号　2020年
鯨岡　峻・鯨岡和子『保育を支える発達心理学』ミネルヴァ書房　2001年
鯨岡　峻『子どもの心の育ちをエピソードで描く――自己肯定感を育てる保育のために』ミネルヴァ書房　2013年
厚生労働省「保育所保育指針解説」汐見稔幸・無藤　隆監修『保育所保育指針・幼稚園教育要領・幼保連携型認定こども園教育・保育要領解説とポイント』ミネルヴァ書房　2018年
厚生労働省「子ども虐待による死亡事例等の検証結果等について（第15次報告)、平成30年度の児童相談所での児童虐待相談対応件数」
https://www.mhlw.go.jp/stf/houdou/0000190801_00001.html（2020年3月31日アクセス）
近藤直子『子どものかわいさに出あう』クリエイツかもがわ　2017年
John Bowlby『Attachment and Loss』(1969)　黒田実郎・大羽　奏・岡田洋子訳『母子関係の理論Ⅰ愛着行動』岩崎学術出版社　1977年
心理科学研究会編『育ちあう乳幼児心理学』有斐閣　2004年
高橋　翠「見る」秋田喜代美監修『乳幼児の発達と保育――食べる・眠る・遊ぶ・繋がる』朝倉書店　2019年
田中昌人・田中杉恵『子どもの発達と診断――２ 乳児期後半』大月書店　1982年
勅使千鶴『子どもの発達とあそびの指導』ひとなる書房　1999年
冨山幹子・鬼頭弥生「乳児期における発達の道筋と遊びの環境」同朋大学社会福祉学部編『同朋福祉』第25号　2018年
本郷一夫編著『発達心理学――保育・教育に活かす子どもの理解』建帛社　2007年
森上史郎・柏女霊峰編『保育用語辞典第６版』ミネルヴァ書房　2011年
やまだようこ『ことばの前のことば』新曜社　1987年
渡辺はま「第６章 ヒトの初期発達と環境」秋田喜代美監修『あらゆる学問は保育につながる』東京大学出版会　2016年

第3章

2歳から3歳児の理解と援助

1歳時に自我の芽生えを経験した子どもたちは、2歳で身の回りのものにはすべて名前がついていることに気づき、言葉を使った会話をできるようになります。3歳では子ども同士で言葉を使ってやりとりを行い、楽しみを共有できる友だち集団をつくっていきます。

自分なりの思いをもつようになり、激しい自己主張をする子どもに対して、対応の仕方に悩む保育者や保護者もいます。しかし、そこで子どもの気持ちを受け止めて関わることで、4、5歳に向けて大きく成長していくことができます。この章では2、3歳児の発達について理解し、それに沿った環境づくりや関わりについて学びます。

第1節
2歳児の育ち

学習のポイント

●2歳児は言葉を使い、自己主張をしていきます。その背景にある思いと成長を理解します。
●身の回りのことを理解し、自分でできることが増えていく子どもへの関わり方を学びます。

1　自分に気づく2歳児

① 自己主張は自我の表れ

インターネットで2歳児について検索すると、こんな言葉が出てきます。「魔の二歳児」「イヤイヤ期」「第一反抗期」「わがまま」。それだけ子育て世帯は2歳児の対応に手を焼いているようです。実際2歳児は、1歳児にまして自己主張がはっきりしてきます。着替えや歯磨きに手間取っているのを手伝おうと手を出すと、激しく抵抗して怒ることもあります。筆者が出会った子どものなかには名前をよばれただけで「やだー」と答える子どももいました。では、なぜ世のなかの2歳児は、こんなに自己主張をするのでしょうか。

1つには子どもの自我の拡大があります。1歳児のころに芽生えた自我はさらに広がり、言葉の獲得によって身の回りで起きていることを知り、「自分はこれがしたい」ということを明確に考えられるようになります。「ほんのちょっと前までは歩けなかった自分が、歩けるようになり、言葉を話せるようになり、スプーンなども自分でもてるようになったんだ。大人がやっていることは何でも自分にもできるはず」と思っているのでしょうか。子どものチャレンジ精神には迷いがありません。

しかし、大人の目線からすると、危なかったり、やり方が不十分だったり、時間がかかったりと、どうしても子どものできていない部分がみえてきます。「できるに違いない」と思っている子どもと、「できていない」と思っている大人との間に意識のずれがあり、そして力の勝る大人による介入が入ります。それらに対して子どもが訴える手段が「イヤイヤ」なのです。子どもが拒絶するということは、自分が何をしたいのかを認識できているということです。わがままになったと思わず、自分がしたいことを表現できるほどに自我が成長したととらえましょう。

コトバ

第一反抗期
2、3歳ごろの子どもの行動は、大人の目からみると反抗的でわがままであるように映る。しかし、その行動には子どもの自我の芽生えが反映されている。
この時期には、不必要に子どもの自己主張を否定せず応答的に関わることで、子どもは自分の意識を自覚していき、自我の発達につながる。

２ 応答的な関わり

２歳児ごろにみられる子どものイヤイヤは、子どもが自分で何かをしたいと思った自我の成長だといいました。この自我を周囲の大人は潰してはいけません。せっかく子どもが「これをやりたい！」という意志を示したのに、大人に認めてもらえないことが続けば、やがて子どもは自分の意志を示すことを諦めてしまいます。

大事なことは芽生えた自我を保育者や親がおさえることではなく、子どもが正しい自我の表明の仕方が身につけられるように援助していくことです。そのために大事なのは身近な大人の応答的な関わりです。そういうと「そんなことしたらわがままにならないか」と聞かれることがありますが、応答的な関わりとは子どものあらゆる要求をのむという意味ではありません。

応答的な関わりとは、こういった子どもの声を取るに足らないものだとみなさずに、大人が向き合うということです。子どもの要求をそのまま叶えることもあるでしょうが、叶わないものもあります。社会のルールをあまり知らない２歳児ですから、「スーパーで会計前のお菓子を食べたい」などといった困った要求もあります。要求が叶わないならなぜ叶えられないのか、できる限り子どもにわかりやすい言葉で説明することもあります。代替案を提案することもあるでしょう。

そうすることで子どもは、「大人が自分を話し合いの相手として認めてくれた」と感じることができます。

コトバ

自我

１歳半ごろから「自分でしたい」「自分のもの」などの主張をし始め、自我が芽生えるとされるが、２歳児ではその自我の拡大がみられる。

言葉を用いて要求ができるようになるほか、「こっちがいい」などの選択、「もっと」などの追加の要求、目的意識をもった行動をするなど、より複雑な意思表示をするようになっていく。

事例３－１　おむつ当てごっこ

２歳４か月のＩ子はトイレでの排泄ができるようになったけれど、おむつを外すことは嫌がります。

「相変わらずおむつはしていますが、ほとんどぬれることはありません。自分から『Ｉ子おしっこ、行く』と保育者に告げ、自分でおむつをはずし、トイレで排泄してくるのです。終わると「先生、して（おむつ）」と自分からおむつの上に横になり待っています。一日に７～８回、このようなことを繰り返し、まさにＩ子の遊びになりました。

―中略―

Ｉ子と保育者のおむつ当てごっこは“今に飽きる”という前提をもちながら全面的に受け入れ、要求に応じておむつ当て役を演じ続けて２週間あまりが過ぎました。

「応答的な関わり」と「甘やかし」

本文で要求を「認めてもらえないことが続けばやがて子どもは自分の意志を示すことを諦めてしまいます」と述べた。
その逆に、子どもの思いを先回りして、子どもが要求する前に何でもやってしまう大人がいる。たとえば、子どもが欲しいともいってないものを次から次へとあげたり、「やって」といわれないことを代わりにやってあげたりすることである。これもやはり「応答的な関わり」とよぶことはできない。
子どもの発信に対して大人が対応するのが「応答的な関わり」であり、子どもを無視して大人が何でもやってしまうのは「甘やかし」といえる。

ある朝、Ｉ子と一緒に排泄にきたＹ子が、自分でさっさとパンツをはき園庭へ遊びに行きました。それをみたＩ子が、おむつをしないで自分の衣類箱からパンツをみつけて履き始めました。おむつを準備して待機していた私はあぜんとして、「Ｉちゃん、おむつしてあげる」「いや！」「どうして？」「いや！」そういってＹ子の後を追うように園庭に行ってしまいました。
それ以来、「おむつして」がピタッとなくなり、保育者とのおむつ当てごっこは終わりました。」

出所：小川博久『年齢別保育実践シリーズ２　２歳児の遊びが育つ』フレーベル館　1990年

ここでは保育者はＩ子がすでにおむつが必要ないとわかりつつ、彼女の要求に応じておむつを履かせています。やがて彼女は友だちの姿をみて、自分の意志でパンツを履いたのです。もしも保育者が「Ｉ子はおむつは不要な状態だからパンツを履かなければならない」と考え、彼女の要求を拒否していたらどうだったでしょうか。それでもＩ子はいずれパンツを履くようにはなったでしょう。しかし、その場合Ｉ子にとってのパンツは、保育者にいわれたから仕方なく履くものになっていたでしょう。このオムツ当てごっこは、Ｉ子にとって自分の気持ちを受け止めてもらえる応答的な関わりだったのです。
このように子どもたちは自分の気持ちに気づいてそれを表明するようになり、気持ちを受け止めてもらうことで大人とは違う一人の人間としての自分の存在を確認していくのです。

2　言葉と行動の理解

①　言葉を使ったやりとりの育ち

２歳児は自我が育つとともに、自分の気持ちを伝える手段である言葉を身につけていきます。１歳児のころにようやく出始めた言葉は、２歳になるとどんどん豊かになっていきます。「わんわん」などの一語文から、「わんわんいるよ」「ぎゅーにゅーちょーだい」などの二語文になります。やがてそこに修飾語が増え、三語文、四語文、そして「ユウちゃん、パパと、いっしょ、あかの、ひこうき、のりたい」といった多語文へと変化していきます。
また、このころは語彙（ごい）も増えます。身の回りのものには名前がついていることを理解し「これなに？」「これは？」「なあに？」などと盛んに質問します。一日に10単語以上を獲得することもあり、２歳で300語、２歳半ばには500語、そして３歳には1000語程度を使えるようになります。このような急速な語彙の獲得は、語彙爆発とよばれています。子どもは同じ質問を何度も繰り返すこともあります。これは自分の思った通りであることを確認して安心したい場合や、物事の境目を確認したい場合もあります。たとえば、あの公園に生えているピンクの花は「さくら」だと知っていても、こっちの公園に生えているピンクの花も同様にさくらでいいのか確認したくて、「これなに」と聞くようなことがあります。こういう質問に「さっきもいったでしょ」と不機嫌になったりせず、その都度答えてあげましょう。

２歳児の終わりごろには「何して遊んだの」などと聞かれても答えることができます。時系列がバラバラだったり、途中で別の話になってしまったりと完璧でない部分もありますが、会話らしいやりとりが一通りできるようになります。

２ 言葉とともに豊かになる行動

身の回りの物事に名前がつくことで、他者の行動への理解も深まっていきます。夕方に保護者が自分と遊んでくれなくなって、なんだか狭い場所で何かをつくっている行為には「おりょうり」という名があると気づきます。園がお休みの日に家族で車に乗る行為は「おでかけ」です。そうやって身近なもの１つひとつに名前がつき意味がわかってくると、模倣遊びも変化していきます。これまではお料理をつくるまねをしてそれっきりだった子どもが、「おりょうりするからまっててね」と声をかけ、ままごと道具でお料理をつくり、お皿に盛りつけて「ごはんどうぞ」といって運んでくる、というように一連の流れをともなったごっこ遊びへと変化します。

人間関係にも変化がみられます。１歳までは自分の世話をする大人との関わりがほとんどだったのですが、２歳ごろになると身の回りに自分と同じぐらいの体の大きさで、同じように遊んでいる友だちがいることを意識しはじめます。お互いの言葉や行動をまねする相互模倣も盛んになります（松山・釆澤、2020）。何かの行動をすると相手も何かを返してくれるというやりとりの面白さを知り、二人遊びなど子ども同士で関わる場面が増えてくるのです。とはいえ、まだ友だち同士で言葉だけで気持ちを十分に伝えられるわけではありません。必要に応じて保育士が、子どもの気持ちを代弁したりして子ども同士のコミュニケーションの仲立ちをする必要があります。

コトバ

二語文

二語文の多くは、主語と述語、目的語と述語などから構成される。

「わんわん」などの一語文では「わんわんがいる」なのか「わんわんをみたい」なのか「わんわんがこわい」なのか状況をみて、聞き手が想像しながら意味を補わないと理解できない。

二語文になって「わんわんいるよ」といえば言葉を聞くだけで意味がわかり、より言語として完成してくる。

語彙爆発

命名爆発もしくはボキャブラリー・スパートともいう。１歳後半から２歳ごろにかけて子どもの獲得語彙数が上昇し、急激に語彙を獲得すると同時に、形容詞、動詞など品詞も豊かになっていく。

模倣の発達過程

０歳児の即時模倣、１歳児の延滞模倣と、大人の模倣をしてきた子どもは２歳児で子ども同士で相手をまねする相互模倣を行うようになる。相互模倣をするには、子どもはほかの子どもを観察する必要がある。相手への理解が深まることで、やがて相手に合わせて自分の役割を演ずる、役割分担のあるごっこ遊びへと発展していく。

言葉を使って自分の気持ちを表現できるようになり、身の回りの出来事の理解が進むなかで、しだいに「イヤイヤ」と駄々をこねる姿は減っていきます。

3　生活習慣の確立

自我が確立し身の回りの物事の名前を知り、自分のやりたいことを表明していく２歳児の姿をここまでみてきました。身の回りのことが認識できた彼らは、自分の力でそれをできるようになりたいと望みます。その思いをバネにして生活習慣の確立をしていきましょう。ときには信頼関係のできた保護者や保育者に甘えて活力を取り戻し、そしてまた新しいことに挑戦し、１日ごとにできることが増えていきます。保育所保育指針の１歳以上３歳未満児の保育に関わるねらいおよび内容には、このように書かれています。

「このように自分でできることが増えてくる時期であることから、保育士等は、子どもの生活の安定を図りながら、自分でしようとする気持ちを尊重し、温かく見守るとともに、愛情豊かに、応答的に関わることが必要である」

大人の手を借りずとも日常を過ごせるようになっていくことで、３歳から子ども同士の世界が広がっていくのです。この時期に確立する生活習慣はどのようなものでしょうか。多くの保育施設では２歳児でトイレット・トレーニングを行うことでしょう。ほかに、食具の三点もち、衣服の着脱、着替え、うがい・手洗いなどがあります。

トイレット・トレーニングを例として、生活習慣の確立に向けた関わりをみていきましょう。

① 子どもの発達を把握する

新しいことを子どもに教える際に、まずは子どもにそれをできるだけの心と体の準備ができているかをみてみましょう。大人はみんなで一斉に同じことをやらせたいと考えてしまいがちです。しかし、子どもの発達段階は一人ひとり違います。４月生まれの子どもと３月生まれの子どもでは１年の差がありますし、同じ４月生まれでも、発達のスピードは違います。一人ひとりの子どもを観察し、その子に準備ができているかを見極めましょう。

トイレット・トレーニングに関していえば、膀胱が十分に大きくなり排尿なしで２時間程度過ごせること、言葉を聞いて行動をコントロールできることなどが目安になります。

2 スモール・ステップで行程を考える

子どもに何かを教える際に、最初から高いハードルを用意すると子どもは自分には無理だと諦めてしまったり、できないことにプライドを傷つけられてしまったりします。そこで、最終目標までの行程をより小さい単位に分け、子どもにとって負担にならない程度のチャレンジから始めてみましょう。このような方法をスモール・ステップと呼びます。

トイレット・トレーニングをするとして、ある日突然におむつをパンツに変えるわけではありません。最初はしばらく便器に座ってみることから始めます。その時点では排泄はできないでしょう。また、おむつを変える際に、「うんち出てるね。うんちでるときは教えてね」などと声をかけて、子どもが排泄を自覚できるよう促していきます。

だんだんと排泄した後に子どもが教えてくれるケースが増えてきます。その際には「うんち出たの。教えてくれてありがとう」と子どもができたことを評価します。排泄している感覚が自分でわかるようになってくると、トイレでの排泄に成功することも増えてきます。排泄の前に教えてくれるようになれば、少しの時間、パンツを履いてみましょう。

このように今の子どものできることを見極め、子どもができる程度の難しさの課題を用意することで、子どもは達成感を味わいながら次の課題に向かうことができます。

3 安心して失敗できる関係をつくる

子どもは必ず失敗します。パンツを履いたままおもらしをしてしまうことはあります。また、前の段階に戻ることもあります。しばらくパンツで過ごせていた子どもが、またおむつを履きたいというようになったという話はよく聞きます。そこで大人はつい自分の思い通りにならないことにイライラしてしまいます。しかし、失敗を責められると、子どもはますます委縮して挑戦しづらくなってしまいます。

大人に責められなくても、子どもは自分が失敗したことはよくわかっています。そのことを何度も責めてしまうと、子どもは委縮してしまい失敗することの恐れから、何かに挑戦すること自体に対して躊躇するようになってしまいます。子どもの失敗をとがめるよりも「今日はおやつの後に外遊びしていたらおしっこ出ちゃったね。次は外遊びの前に1回トイレに行ってみようか」など､具体的な解決策を提案してみましょう。

自我を確立し、言葉によって気持ちを伝えられるようになり、発達に沿った支援を通して身の回りのことをできるようになった子どもは、3歳児でさらなる成長をみせていきます。

コトバ

スモール・ステップ
何かを学習する際に、その過程を細分化し優しい課題から難しい課題へと順序性をもって教える方法を「スモール・ステップ」という。
障害のある子どもの支援の方法として紹介されることもあるが、段階を追って教える方法は幼児教育全般に用いられる。

安心して失敗できる関係
大人が子どもの失敗を責めてしまう際に、その失敗の後のケアをしなければいけない自分自身の嫌な気持ちを子どもにぶつけることがある。
「洗濯が面倒」「手間が取られる」などの負担感が保育者の気持ちを不安定にしているかも知れない。
防水素材のマットを敷く、丸洗いできる午睡布団を使うなど、後処理の手間を減らすことで保育者の負担を減らすことができる。
また、子どもの失敗を大人同士で責め合わない職員同士の関係をつくっておくことも重要である。

第2節
3歳児の育ち

学習のポイント

●3歳児が自信をもち行動範囲を広げ、友だちと集団をつくっていく過程を学びます。
●実例をみながら、子ども同士の関係の発展と、まだ未成熟な部分の両面を学びます。

1 「なんでもできる」3歳児

子どもたちは2歳児で自我を確立し、意思と行動を表す言葉を手に入れ、身の回りのことを自分でできるようになりました。自我をはっきり示すようになった子どもの自由さが、最大限に発揮されるのが3歳児です。このころの子どもは、自分は何でもできるはずだという万能感をもっています。塩崎美穂ら（2016）はこのような3歳児の姿を「イッチョマエ」という言葉で表現しています。次のエピソードは非常に3歳児らしいやりとりです。

事例3－2 速く走れるはずなのに

いくつかの数字をいえるようになったシュウヤ君が、お父さんと散歩中にこんなことを話していたそうです。

シュウヤ「シュウヤ君ね、すごい速く走れるよ。10でも、100でも走れるよ。こけちゃうぐらい速く走れるよ」
お父さん「時速100キロで走れるの。速いなぁ。100キロっていうと電車よりも速いかな」
シュウヤ「電車よりも速いよ」
お父さん「じゃあ、線路の横の道で電車と競争してみようか」
シュウヤ「いいよ」
お父さん「電車が来たよ、ヨーイドン！」
シュウヤ「うおおおおおおおおお！」

もちろんシュウヤ君はすぐに電車に追い抜かれてしまいました。

お父さん「今日は電車に勝てなかったね」
シュウヤ「今はね、こけちゃうぐらい速くなかった」

このように「なんでもできる」という気持ちをもてるのが、3歳児の特徴です。これは2歳児で自分のできることが大きく広がり自分の想像の及ぶ範囲は実現してきたという自信と、自分が現実的に何ができるか判断するための客観性の未熟さが共存している3歳児ならではの姿といえるでしょう。

万能感をもっている3歳児は､遊びの世界をどんどん広げていきます。テレビでみたヒーローに変身したり、おままごとではまるで大人のようなお説教をしたり、ブロック遊びではいくつものブロックを組み合わせて大きな自動車をつくり上げたりしていきます。新しいことを覚えて、そのことが誇らしく楽しくなり、そしてまた次のことを覚えたいという意欲へとつながっていくのです。保育者はここで「なんでも思い通りにはならないのだという現実を知らせるために、できないことをみせつけよう」などと考える必要はありません。4歳ごろになるとだんだんと自分と他人の比較ができるようになり、「年長さんの○○君には敵わない自分」に気づいていきます。

ヒーローごっこ

3歳児ごろになると、子どもたちの多くはテレビに出てくるヒーローのまねをして遊ぶようになる。そのようなヒーローもののテレビをみることを問題ないと考える保育者もいれば、あまりそういった番組をみせるべきではないと考える保育者もいる。それぞれの立場の保育者はなぜそのような考え方をするのだろうか。考えてみたい。

2　楽しみの共有による仲間集団の形成

1 言葉で気持ちを伝え合う

人間関係は3歳ごろにガラッと変わってきます。2歳までは信頼できる大人との関係を軸にしながら、友だち同士の1対1の関わりが生まれたところでした。3歳ごろになると子どもたち同士で遊ぶ場面が多くなってきます。

2歳児ごろはお互いをみて模倣し合うことでコミュニケーションを取っていたのが、子ども同士で言葉を使ったやりとりも増えてきます。大きく膨らんだ語彙を使って、友だち同士で言葉を交わすようになるのです。ここで言葉を使って気持ちを伝え合う子どもたちの姿をみてみましょう。

事例3－3　カラーボックスをつないで電車ごっこ

部屋でＹ男とＹ子が「電車作るんな」「乗るんな」と話しながら、カラーボックス3個をセロテープでつないでいます。

―中略―

しかし、重さに耐えられずテープは切れてしまいます。

Ｙ子「あっ、いかん、いかんのに……」

Y男「はずれた」
Y子「ここは中止な」

出所：小川博久『年齢別保育実践シリーズ3　3歳児の遊びが育つ』フレーベル館　1990年

何の遊びをしたいのか、どうなったらいけないのかを子ども同士で話している様子がみられます。このように言葉を使って思いを伝え合えるようになってきます。

こうしてみると、子どもたちは一見すると一緒に遊べているようにみえていますが、自分以外の友だちがどのように考えているかまでは想像が難しいようです。エピソードの続きを読んでください。

先頭のY男が、今度は「引っ張るぞ」と声を掛けて引っ張りました。「あっ、切れた」と周りの子どもたちが口々にいいます。またみんなが貼りだします。だれも怒ったりしません。

—中略—

Y男は、電車をイメージしてボックスを動かし、セロテープをはずしてしまいます。しかし、ほかの子どもは、またテープでつなぐことに関心があったようです。

Y男君はいくつものカラーボックスをつなげて電車にしたうえで、それを動かしたかったようです。一方で、ほかの子どもたちはつなげる行為自体を楽しんでいるようです。カラーボックスを使って電車ごっこをするというところまではどちらも共有できています。しかし、そのなかでの遊びの進め方が違っていて、また違うことに気づいてもいないのです。このように一緒のスペースにいながら遊び方やルールの共有がされておらず、一人ひとりが自分の世界観で過ごしている遊びの形体を平行遊びといい、3歳児ごろによくみられます。

もしもこれが4歳児であれば、セロテープで貼ったものを動かしてしまうY男に対して文句をいう子どもがいることでしょう。まだ大人の手助けなしでは、自分以外の子どもの姿や思いに気づくのは難しいようです。

2 仲間集団の形成

言葉でやりとりをし始めた3歳児は、友だちとの関わりを通して遊び

平行遊び

平行遊びとは、子どもたちが同じ空間や同じおもちゃで遊んでいながら、世界観やルールを共有せずに行っている遊びである。

他児が使っているおもちゃを自分の遊びに取り入れたり、会話が生じることもあるが、話し合いを通したルールの調整などは起こらない。

が広がり楽しみが増すことに気づき、仲間集団をつくっていきます。次の場面をみてください。

事例３－４　小麦粉を触って、感想を共有

まだそれほど暑くない初夏のある日、園庭の柳の木の下にいくつかテーブルを並べました。その上にビニールのテーブルクロスを敷いていると、３歳児の子どもたちが寄ってきます。ふたりに一個ずつの桶を用意して、中に小麦粉を入れました。

すぐに手をつっこんで、感触を楽しんでいます。手を入れたり、出したり、粉をつかんだり、離したりしては、
「やわらかい！」
「さっぱりしてる」
「フワフワしてる」
「ふかふかしてる」
「冷たくて、やわらかいなあ」
と、次々、小麦粉の感触を言葉に表しています。日常よくみかける素材も、子どもたちの手にかかると、こんなに新鮮です。

小麦粉って、ほんとうにこんなに「やわらかくて、さっぱりしてて、フワフワしてて、冷たい」のです。

―中略―

そこで水を入れました。

―中略―

どろどろになると、手を入れて「おばけの手になった、アハハ」と、友だち同士で見せ合っています。ひとしきり、おばけ手を楽しんだあと、小麦粉粘土ができあがりました。

出所：汐見稔幸、豊川保育園『子どもの時間』大月書店　1994年

子どもたちは口々に小麦粉を触った感想を述べ、水を加えてドロドロになった小麦粉がついた手を「おばけの手」と例えています。もしも一人で小麦粉に触ったとしたら、これだけバリエーション豊かで想像性に富んだ言葉はなかなか出てこないでしょう。

友だちの発する驚きや楽しさ、面白さにふれることで、自分も自分の気持ちを発信し、それをお互いに伝え合うことで面白さが高まっていく様子が伝わります。

友だちといることで、できなかったことができることもあります。事例３－４の続きをみてみましょう。

小麦粉粘土

小麦粉に水と少量の油を混ぜると、粘り気のある粘土状になる。また、食紅を混ぜて練りこめば色もつけることができる。食材のみでできているため、低年齢の子どもでも安心して遊ぶことができる。

ただし、カビが繁殖しやすいので、遊んだ後は必ず廃棄する。

はじめは、水を加えた小麦粉に触れることに抵抗のあった子どもたちも、砂や泥のときと同じに、友だちに誘われたり、つられたりして、簡単にハードルを乗り越えて、触れることができるようになるのも、友だちや仲間のいるよさなのでしょう。

子どもたちは友だちといると一層楽しみが増えることに気づき、友だちとの遊びをより求めていくことになります。「この仲間たちがいると自分は楽しいのだ」という気持ちを一人ひとりがもつことで、クラスは仲間意識をもった集団になっていきます。

３歳児と絵本

物事の順序を理解できる３歳児は、ストーリーのある絵本を最後まで聞き理解できるようになってくる。

『ぐりとぐら』や『11ぴきのねこ』、『からすのパンやさん』などの定番のストーリー絵本をたくさん読み聞かせたい。

中川李枝子作 大村百合子絵『ぐりとぐら』 福音館書店　1967年

馬場のぼる作『11ぴきのねこ』 こぐま社　1967年

かこさとし作『からすのパンやさん』 偕成社　1973年

３　期待感が規範意識へつながる

① 見通しをもって想像する

２年前まで赤ちゃんだった子どもの姿はそこにはありません。子どもたちは歩くようになり、大人とほとんど変わらないものを食べ、自分でトイレに行き、友だちとの会話もできるようになりました。

記憶力や思考力の高まりとともに、さまざまな概念を自分のなかで整理していけるようになります。特にこのころに発達が目覚ましいのは、「順序」の概念です。「あとで」「もうすぐ」「順番」「次」「借りる（そして後で返す）」といった言葉を理解し、使いこなせるようになります。順序の概念が理解できているということは、先の見通しをもって何かを待ったり何かに向けて準備を進めたりできるということです。

次のエピソードは、あるこども園でよもぎだんごをつくった実践の様子です。

事例３－５　よもぎだんごをつくる

保育者：「でもふしぎだからみててよ。よもぎをこうして……」と手の平でパンとたたくと香りがぐんと増します。

子どもたちは目をまん丸にしてビックリしていますが、一番喜んだのがもう一人の保育者です。「すごーい。ふしぎー」と喜ぶ姿に、子どもたちのワクワク感が増していきます。

―中略―

いよいよよもぎだんごをつくります。よもぎをキレイに洗ってゆでます。漢方のような香りが部屋中に充満します。T君とK君の顔がくもりました。「何食べさせるのー？」という顔です。

出所：塩崎美穂　『子どもとつくる3歳児保育』　ひとなる書房　2016年
（個人名部分は筆者が消去）

よもぎが変化していく様をみながら、子どもたちが表情をクルクルと変化させていく様子が伝わってきます。子どもたちがこのように反応を示すことができるのは、保育者の話を聞いて、よもぎが食べ物に変わると理解しているからです。先の見通しが立ち、想像できているからこそ子どもたちは期待や不安を感じ取ることができるのです。

2 見通しがもてるから規範意識が生まれる

保育所保育指針では、3歳以上児の保育のなかで「見通しをもって行動する」「見通しをもって自分の力で行う」と、見通しという言葉が使われるようになります。見通しをもつことで、子ども同士の関係も変わってきます。

3歳になると言葉が上手になり、自分で「貸して」ということができます。そのころには相手の子どもも自我をもち、先の見通しももてます。「これを友だちに貸すということは、私はこれを使えなくなってしまうな。それは嫌だな」ということに気づいた子どもは、「やだよ」「後で」といった言葉で拒否します。ここで、まだ子ども同士で交渉がうまくいかない場合はケンカになってしまいます。大人が間に入ってそれぞれの要求を伝える必要がある場面も多いです。

仲間集団のできてきた3歳の終わりごろには、「順番こ」「使い終わってから」など、先の見通しを共有したうえでの交渉ができる場面が増えてきます。この「順番こ」で納得し合えるまでに、子どもたちの心のなかでは何が育っているかをみてみましょう。

第1に「順番こ」という言葉には「私の次はあなたも使っていい」というメッセージが含まれています。これをいえるということは、子どものなかに「おもちゃは私一人で使うものではない、ほかの子どもにも使わせる必要がある」という規範意識ができていることになります。

第2に「順番こ」という言葉には「今は自分が使っている番であり、自分に優先権がある」という意味も含まれます。これは自己主張ではありますが、感情にもとづいたわがままではありません。規範にもとづいた範囲で、言葉を使って自己主張をしているわけです。

第3に「順番こ」という言葉は、順序の理解をできているからこそ出てくる言葉です。「順番こ」というその一言だけで、子どものさまざま

コトバ

規範意識

保育所保育指針の幼児期の終わりまでに育ってほしい姿の1つとして「道徳性･規範意識の芽生え」があり、規範意識については「きまりを守る必要性が分かり、自分の気持ちを招請し、友達と折り合いを付けながら、きまりをつくったり、守ったりするようになる」とある。また、保育所保育指針解説では「3歳以上児の保育」の人間関係のなかで「ルールを守ると友達との遊びが楽しくなるという実感をもてるようにすることが大切」とされている。

な側面での育ちがみえてきます。この順番こを実際に実行し、自分が使っているおもちゃを友だちに渡す際には、自分を抑制しなければなりません。しかし、一緒に楽しみを分かち合う仲間だと認識することで、その手を離すことができます。仲間と一緒だから楽しめるという思いが子どもの規範意識につながり、子どもたちは仲間集団を強固にしていきます。

③ 大人が介入しないほうがいいときと、介入しないといけないとき

言葉を使って交渉ができるようになることで、大人の手助けが必要な場面は減ってきます。一見するとトラブルのようにみえても、子ども同士で解決できることもありますので、大人が口を出しすぎないように気をつけましょう。しかし、やはり大人の手助けが必要な場面もあります。どのような場合に大人の手助けが必要になってくるでしょうか。

第１に自分の気持ちを伝えるのは上手になっても、相手が知っていることや相手の気持ちまで想定して話せるわけではありません。思いがすれ違ってしまって子ども同士では解決できない場合には、保育者から「Aちゃんは、こうしたかったんだって」「Bちゃんはね、こう考えているみたいだよ」と互いの気持ちを代弁してあげることで、初めて相手の気持ちに気づくことができます。

第２に子どもの個人差によるものです。言葉が増えてきたとはいえ、月齢の差もあれば個々人の性格、発達、環境の違いもあります。一方が言葉で交渉しようとしても、もう一方が相手に手を出そうとするような場合は、大人が止めないといけません。そのうえで、不適切な行動をした子どもを悪者にすることなく、子どもに合った形でコミュニケーションのサポートをしましょう。

第３に子ども同士の関係のなかで望ましくない規範ができてしまうこともあります。たとえば仲間集団を形成するなかで上下関係ができてしまって、誰かをぞんざいに扱ったり、性別や民族などの属性にもとづいて誰かを仲間外れにしたりといった場合です。ある日３歳の子どもたちが散歩に行く際に「この子とは手をつなぎたくない」という子がいました。仲のよい誰かとつなぎたいのではなく、「つなぎたくない」といったのです。まだ相手の気持ちを想像することが難しい３歳児ですので、このような場合に「相手が悲しむのではないか」と他者の気持ちを想像した自制は働きづらいです。子どもたちのなかで望ましくない規範ができてしまっている場合には、保育者が子どもたちと一緒に話し合って、互いの気持ちを想像できるような働きかけをしましょう。そういった経験を積み重ねることで、お互いに気持ちを伝えあいながら集団で過ごせる協同性が育っていきます。

協同性
友達と関わる中で、互いの思いや考えなどを共有し、共通の目的の実現に向けて、考えたり、工夫したり、協力したりし、充実感をもってやり遂げるようになる。
（保育所保育指針解説）

第3節
2、3歳児の環境構成と保育の展開

学習のポイント

●自我が伸びていく時期の子どもにあった環境づくりについて、事例をみて学びましょう。
●子どもの発達に沿った保育方法と関わりについて、遊びを通して理解しましょう。

1　環境を通した保育

1 見通しをもてる環境づくり

2、3歳児の締めくくりとして子どもを理解する視点を生かした保育のあり方について考えましょう。「○歳児の保育の在り方」というと、その年齢にあった集団遊びを思い浮かべるかも知れません。しかし、保育とは必ずしも集団遊びばかりを通して行われるものではありません。保育所保育指針や幼稚園教育要領のなかでも「環境を通した保育」という考え方がとられています。保育所や幼稚園の保育は学校の勉強のように教員が子どもたちの前に立って知識を伝えるようなものではなく、園での生活のなかで得る経験そのものが養護であり教育であるという考え方です。ですから保育者は活動を考えるよりも、まずは園で子どもたちがどのような経験ができる環境をつくるかということを考えなければいけません。

また、2歳ごろの子どもにはまだ全員で集中して同じ活動をするのは容易ではありません。そのため保育園では集団遊びをするよりも自由遊びをしている時間が長いです。ここではまず子どもたちが過ごし、自由遊びを展開する保育室の環境から考えてみましょう。

2歳児クラスの子どもたちは大人の模倣が上手にできるようになり、言語への理解力が高まるなかで大人の行動についてのさまざまな知識を得ていく時期です。このような子どもたちは、周囲の大人の行動を再現できる「ごっこあそび」を十分にできることが大事です。2歳ごろになると子どもたちは変装をしたり、大人のまねをしたり、子ども同士で互いのまねをする姿が多くみられるようになります（松山・釆澤、2020）。そのため、ままごと道具が保育室の中心となります。エプロンやカバン、ジャケットなど着替え用の小道具も用意しておくと、子どもたちの想像力をかき立てると同時に着替えの練習にもなるでしょう。

環境を通して行う保育

乳幼児期は、生活のなかで興味や欲求にもとづいて自ら周囲の環境に関わるという直接的な体験を通して、心身が大きく育っていく時期である。子どもは、身近な人やものなどあらゆる環境からの刺激を受け、経験のなかでさまざまなことを感じたり、新たな気づきを得たりする。そして、充実感や満足感を味わうことで、好奇心や自分から関わろうとする意欲をもってより主体的に環境と関わるようになる。こうした経験の積み重ねによって、健全な心身が育まれていく。

ミニカーや電車の遊びは１歳ごろから続けているでしょうが、遊びの様子が少し変わってきます。これまでは動かすこと自体を楽しんでいたものが、消防車を動かしながら「ウーカンカン」と口にしたり、ガソリンスタンドと設定した場所に車を止めたりと、車の働きを演じるようになってきます。線路や道路、街が描かれたカーペットを敷くなどすると、子どもは想像の街の運転手として遊ぶことができます。このように想像を広げ、ごっこ遊びのきっかけとなるような環境を意識的につくっていくといいでしょう。子どもがだんだんと見通しをもって行動できるようになる年齢でもあります。環境を通して、子どもが先の見通しをもてるようにサポートしていきましょう。たとえば、おもちゃのコーナーづくりはそのような工夫の１つです。

栃木県にある認定こども園東光寺幼稚園ではコーナー保育を行っています。２歳児クラスの保育室の環境構成を覗いてみましょう。**図３－１**をみてください。

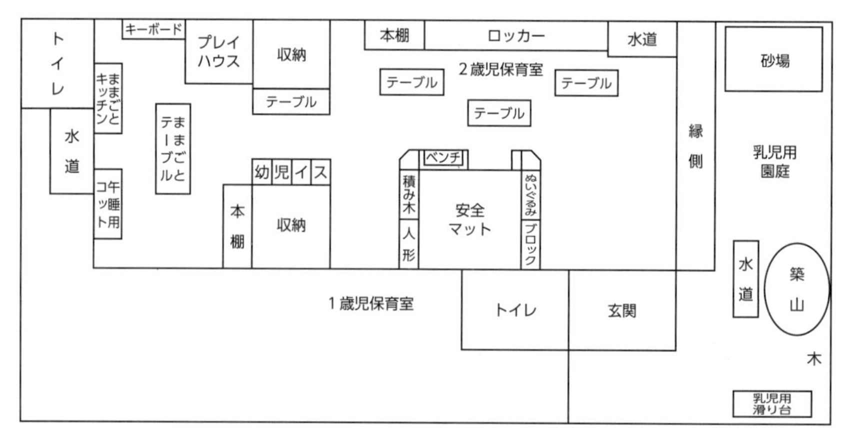

図３－１　２歳児保育室の環境構成

出所：筆者作成

配置について考えてみましょう。まず、収納を挟んで左側にはままごと道具が集めてあるのがみて取れます。ごっこ遊びを大事にしたい２歳児クラスらしい環境です。下側の安全マットの周辺には、積み木、ブロック、人形など座って自分の世界観に集中して遊べるようなおもちゃが集まっています。一方で、縁側から直接乳児用園庭につながっていますので、体を動かしたい子どもたちは自由に園庭に出ることができます。園庭には砂場や乳児用滑り台、そして築山があります。少し小高くなった築山を上り下りするのは、体のバランスを取る練習にもなります。

テーブルを並べてあるスペースは、子どもの関心によって出すものを変えます。テーブルや椅子はその日の活動に興味をもつ子どもの人数に

コトバ

コーナー保育

保育者が子どもの活動を予想し、子どもの発達にあった活動をできるよう保育室におもちゃや遊具を配置して構成した空間がコーナーである。
このようなコーナーをいくつか設けて、子どもが自分の活動するコーナーを主体的に選んでいくような保育のあり方を、コーナー保育とよぶ。

その他の環境の工夫

洗濯ばさみでつくったトングでスポンジのケーキをはさむ。道具を使ってつまむ動作は、箸の予行練習にもなっている。

お世話遊びの道具を壁掛けに入れて、みやすく探しやすくなっている。

よって出し入れしています。取材をした日はクレヨンと画用紙を出してお絵描きをしていたそうです。

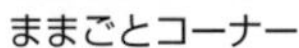

ままごとコーナー

安全マット

図３－２　保育環境をコーナーに分ける

出所：筆者作成

この保育室をもう少し大きく、コーナーごとに分けてみてみると、図３－２のように分類ができると思います。子どもたちで１つの世界観に浸りたいごっこ遊びは区切られている一番奥のコーナーで、集中して取り組みたい微細運動遊びについてはゆったり座れるマットで、といった形で遊びの種類によって空間が分かれていることがわかります。

このようにコーナーがある程度固定されており、次も同じ遊びができるという見通しが立ちやすい環境では、子どもは自主的に自分の遊びを選ぶことができます。一方で、ただ同じ環境での遊びを繰り返しているわけではありません。テーブルコーナーを中心に据えることで、保育者が新しい遊びを提案しやすい構造になっています。

また、右の図３－３のようにさまざまな手順を視覚的に紹介することも、子どもが見通しをもって行動をする助けになります。このように視覚的な情報によってものごとの手順を伝える手法は発達障害のある子どもの支援方法としてよく紹介されま

図３－３　食事前の流れをイラスト化

す。しかし、障害の有無にかかわらず視覚的な情報は子どもの理解の助けになります。このような手順の説明のほか、手洗い場の順番待ちで並ぶ位置をビニールテープで示したり、トイレットペーパーを切るちょうどいい長さのところで壁に線を引いたりと、子どもの理解を助けるためのさまざまな工夫の仕方があります。

大人である私たちはつい言葉を使ってさまざまなことを伝えようとしてしまいます。しかし、ようやく言葉を操り始めた子どもにとって、言葉だけを聞いてすべてを理解するのは容易ではありません。また、一回一回言葉で伝えるのは、そこに保育者の手間が取られてしまうということにもなります。絵や図、記号など視覚的にわかりやすい環境をつくっておくことで、子どもは自分でみて見通しをもって行動しやすくなります。

ここまで、環境を通した働きかけの事例をみてきました。保育の環境を通して子どもが見通しをもてるサポートをすることで、子どもの自立を促していくことができます。

2 チャレンジができる安心感

なんでもできるという万能感をもっている2、3歳児は、いろいろなことにチャレンジしたい年齢でもあります。大人が服を着せたら、自分で着たい。友だちがブランコに乗っていたら、自分も乗りたい。5歳児クラスが鬼ごっこをやっていたら、一緒にやりたい。そうやって、未知のことに挑戦して経験を広げていきます。

しかし、このころの子どもはまだ自分の外の世界が十分にみえているわけではありません。思わぬ失敗で物を壊してしまったり、人を傷つけてしまったり、自分自身がけがをしてしまうこともあります。そのため、保育士は子どもが安全に過ごせる環境をつくる必要があります。

保育室内はもちろん、園庭や遊びに行く公園も含めて保育者が危険予測を行い、お互いに意見を交換しあい、子どもにとって危険となるものを取り除いていきましょう。危険防止のために何かを購入したり園の設備に手を入れたりする際は費用もかかります。何がどの程度必要で、どのような手段をとれるのか、場合によっては園全体で検討することもあります。

ここでいっているのは何でも過剰に保護しましょうということではありません。走って転んで擦りむく程度の経験は誰でもすることでしょう。しかし、同じ転ぶにしても、コンクリートの上で滑って頭をぶつけたとなると後遺症が残ったり、最悪の場合は命に関わることもあります。大切なことは子どものリスクを子どもの発達に見合った範囲におさえることです。ヒヤリハット報告書をつくって危険箇所を確認し改善するなど

ヒヤリハット報告書

ヒヤリハット報告書とは、保育のなかでけがや事故につながりそうで「ヒヤリ」としたことや「ハット」したことを報告する書類。
実際にけがが起きる前の段階で気づいたことを共有し対策を打つことで、大きな事故の発生を未然に防ぐことができる。単に報告書を用意するだけでなく、共有し反映する仕組みまで含めて整えることで、有効に機能する。

安全性に配慮された環境では保育者は子どもの安全性に割く注意力が少なくて済みます。その分だけ目の前の子どもとの遊びや会話に集中することができます。

また、大きな声で子どもの行動をとがめたりする場面も少なくて済みます。子どもの側からみると、行動をとがめられる場面が少なくなればそれだけ思い通りに遊ぶことができるようになります。安全性が確保された環境は、保育者と子どもを自由にするのです。

2 「いっしょ」が面白くなる活動

まだまだ一人遊びが多かった２歳児クラスのはじめから、クラス全体でまとまって活動できる３歳児クラスの終わりまで、子どもたちは友だち同士の関わりをどんどん深めていきます。その過程で保育者は子どもたちに、友だちと一緒にできる遊びを提案していきます。ここではその事例を紹介するとともに、それがどのように子どもの集団づくりに関わっているかをみてみましょう。

1 お店屋さんごっこ

２歳ごろの子どもは盛んに大人のまねをします。「いらっしゃいませー、いらっしゃいませー」とお店屋さんになる子どもも多くいます。そのようなお店屋さんごっこのやりとりを紹介します。

事例３－６　お店屋さんごっこ

２歳児クラスで公園遊びに来ました。公園の遊具の窓がお店のカウンターのようにみえたのか、イクト君が窓から顔を覗かせ「いらっしゃいませー、お店屋さんでーす」といい始めました。

そこにＹ保育士がやってきました。

Ｙ保育士「こんにちは、何屋さんですか」

イクト　「アイス屋さんです」

Ｙ保育士「あぁ、今日は暑いからアイス食べたかったんです。何のアイスがありますか」

イクト　「チョコレートとイチゴです」

Ｙ保育士「どっちもおいしそうですね。じゃあイチゴアイスください」

イクト　「はい、どうぞ」

イクト君とＹ保育士のやりとりをみて、ほかの子どもたちが

コトバ

ごっこ遊び

子どもが日常生活のなかで経験したことの蓄積から、つもりになって「～のような」模倣をし、身近なものを見立て、役割実現するというような象徴的遊びをいう。

（保育用語辞典　第８版）

２、３歳は特に周囲の大人の行動がよくみえるようになり、ごっこ遊びが非常に盛んに行われる年齢である。

どんどん集まってきました。
「アイス屋さんでーす」「パン屋さんです」「こっちもパン屋さん」「スーパー屋さんです」とさまざまな店が一度に開店し、Ｙ保育士はそれぞれのお店で買い物をしていました。

２歳児クラスで保育をしていると、これと似たような光景によく出会うことになります。２歳児は大人だけでなく、友だち同士もまねをし合うのです。友だちが何かやっている様子をみて「あの子がやっていることはなんだか楽しそうだぞ。僕（私）もやってみよう」という気持ちをもち、そのまねをしている友だちをみてほかの友だちがまねをして……とお互いをまねし合うなかで楽しみが高まっていきます。これが仲間集団の始まりの姿です。

また、子どもが保育士の前で「いらっしゃいませー」という声かけをしたのは、子どものなかで「この保育士なら、僕の遊びに応えてくれて、面白くしてくれるだろう」という期待感があったからでしょう。このように保育士と子どもの信頼関係をベースにして、保育士が子どもの働きかけを生かして遊びを発展させるきっかけをつくっていくことができます。

この遊びはまだ４、５歳児が行うような集団遊びとは違っています。どのような点が違うか考えてみましょう。このころの集団遊びは役割分担が明確にされず遊びのルールなどもはっきりしない様子がみられます。事例３－６でも子どもはみんなお店屋さんになり、お客さん役は保育士一人だけです。イクト君が一人でやっていたごっこ遊びに対して保育士が関わることがきっかけとなって、集団遊びになったのです。

２ しっぽとり鬼

事例３－６では、集団をつくるまでにまだ保育士の働きかけが必要でした。それが３歳の誕生日を迎えた子どもが増えるにつれて子ども同士の関わりが増え、３歳児クラスになるころには保育士が関わらずとも子どもは子ども同士で遊ぶようになっていきます。

では、このころには保育士は子どもの遊びに関わらないほうがいいのでしょうか。そうではありません。３歳児クラスには３歳児クラスなりの関わり方があります。３歳児クラスの子どもは友だちと遊んではいてもまだ言葉などを通してルールを共有しながら遊ぶには至らないです。そのため、ジャンケン列車をしていて途中で列車がバラバラになってしまったり、こおり鬼で氷になったはずなのに動いてしまったりというこ

しっぽとり鬼のしっぽ

しっぽとり鬼をする際のしっぽは、ビニールひもをズボンに挟むだけだと、服装によっては挟みづらかったり走っているだけで落ちてしまったりする。
何度も使うつもりなら、下記のようなしっぽがお勧め。

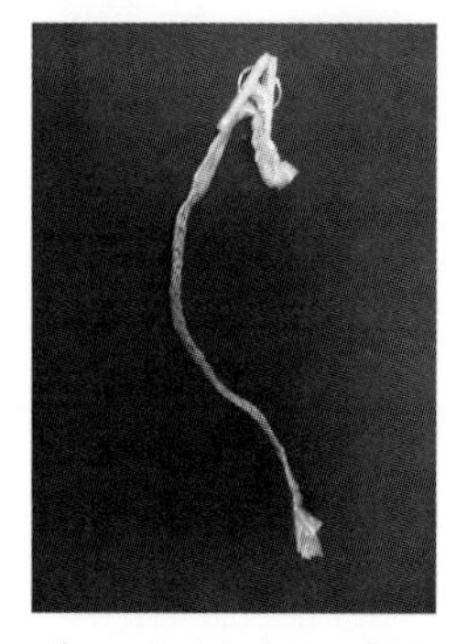

ビニールひもを三つ編みにして、洗濯ばさみに結びつけたもの。洗濯ばさみで挟めば服装にかかわらずしっぽをつけられる。また、三つ編みにすることでビニールひもが裂けてバラバラになることを防げる。

とが起こります。

そんな３歳児に対し、ルールを意識するきっかけになるような遊びを提案するのはどうでしょうか。ここでは「しっぽとり鬼」を紹介します。参加者がビニールひもなどでつくったしっぽを背中につけて、鬼が追いかけてしっぽを取るという遊びです。

最初は子どもがしっぽをつけて、保育者が鬼役になり子どもを追いかけてしっぽを取ります。すると、子どもも追いかける役をやりたがり、自分からほかの子のしっぽを集め始める子が出始めます。そこで保育者から、子どものなかで誰かが鬼になることを提案します。鬼になった子どもは帽子の色をほかの子と変えるなどして、鬼だとわかるようにするといいでしょう。

さて、なぜこのしっぽとり鬼が３歳ごろの遊びとして有効なのでしょうか。それは、役割分担が可視化されるからです。こおり鬼などでは、見た目では自分やほかの子どもが氷になっているかいないか確認することができません。それが、しっぽとり鬼では「しっぽがあれば逃げる側」という形で役割が目にみえます。

３歳児向けの遊びを紹介する本をみてみると（阿部恵、2000)、ハサミで何かを切る際に線を引いておく、お面をつけて動物になりきる、目印になる線を引いたり絵を描いたりしておくなど、子どもが遊び方を理解する助けになる一工夫がされています。

このように、保育士の関わりによって子どもたちが遊びのルールや役割について理解する手助けを行うことができます。それによって子どもたちは友だちと一緒に遊ぶ楽しさを知っていき、仲間意識を強めていきます。

３ ４、５歳へのつながり

ここまで２、３歳の子どもの理解と援助についてみてきました。子どもが一人で自己主張をし始め、やがて友だちとの集団をつくっていく２、３歳児は子どもの姿が日々変化していく時期です。１日ごとにできることが増えていく子どもたちと一緒に過ごす日々は、保育者にとっても刺激的で楽しい日々となるでしょう。

一方で、子どもがイヤイヤという場面もあれば、友だちとトラブルになってしまう場面もあります。自分のやりたいことが段々と明確になっていく一方で、大人や友だちの心情までの考慮が難しい２、３歳児らしい姿です。そのようなトラブルも「今ここで自我が育っているんだな」という想いをもちながら、丁寧に関わっていきましょう。ここでしっかり気持ちを満たしてもらった子どもは、成長して友だちの心を理解し始めると、友だちの気持ちも満たしてあげようと考えられるようになっていきます。仲間と協力し合いながら、目的を共有し行動できる4、5歳児の姿へとつながっていくのです。

演習課題

① 2、3歳児の発達段階を踏まえて、子どもが楽しみつつ友だちとの関係を築けるような遊びを考えてみましょう。

② ①で考えた遊びをする際に、子ども同士でどのようなトラブルが予想されますか。その際の対処法について2～4人のグループで意見を出し合って考えましょう。

【引用・参考文献】

浅井春夫・丸山美和子編著 『子ども・家族の実態と子育て支援——保育ニーズをどう捉えるか』 新日本出版社　2009年

阿部　恵編著 『3歳児の保育資料12か月（年齢別保育資料）』 ひかりのくに　2000年

小川博久編 『年齢別保育実践シリーズ3　3歳児の遊びが育つ』 フレーベル館　1990年

加藤繁美監修　塩崎美穂編著 『子どもとつくる3歳児保育：イッチョマエ！が誇らしい』 ひとなる書房　2016年

汐見稔幸・豊川保育園 『子どもの時間（とき）——保育園は育ちあう原っぱ』 大月書店　1994年

勅使千鶴 『子どもの発達とあそびの指導』 ひとなる書房　1999年

加藤繁美・神田英雄監修　富田昌平編著 『子どもとつくる2歳児保育——思いがふくらみ響きあう』 ひとなる書房　2012年

乳幼児保育研究会 『発達がわかれば子どもが見える——0歳から就学までの目からウロコの保育実践』 ぎょうせい　2009年

松山　寛・釆澤陽子 「乳児保育における発達と室内環境の変遷——1歳児保育室のおもちゃの一年間の変化の観察を通して」『足利短期大学紀要』 2020年

松山　寛 「幼稚園が認定こども園へ移行する際の乳児保育の内容及び環境の形成過程の研究——認定こども園への半構造化面接を通して」『足利短期大学紀要』 2019年

無藤　隆・掘越紀香・丹羽さがの・古賀松香編著 『乳幼児教育・保育シリーズ　子どもの理解と援助——育ち・学びをとらえて支える』 光生館　2019年

横山洋子監修 『発達にあわせた 保育の環境づくりアイデアBOOK』 ナツメ社　2016年

森上史朗・柏女霊峰編 『保育用語辞典［第8版］』 ミネルヴァ書房　2015年

4歳から6歳児の理解と援助

第2章と第3章で、0歳から3歳までの子どもの理解と援助について学んできました。3歳で子ども同士の関係性を築けるようになった子どもたちは、4歳から6歳までにどのように成長していくのでしょうか。

第4章では、今日の子どもを取り巻く課題と4歳児から6歳児の社会性や認知の発達について学びます。この年齢の子どもは自分の気持ちや行動をコントロールすることを少しずつわかるようになってきます。さらに自分の考えを主張したり、友だちの思いに気づいて、その考えを受け入れることや、思いやり行動などもみられるようになります。この章では、子ども同士の育ち合いからみられる4歳児から6歳児の成長を援助する保育のあり方について、実践事例と理論の両面から学んでいきましょう。

第１節
現代の子どもの育ちをとりまく課題

学習のポイント

●「三間がない」ことやICT普及がもたらす環境の変化と課題について理解しましょう。
●環境の変化が子どもの発達にどのような影響があるのかについて理解しましょう。

１　社会的環境の変化

2018年の幼稚園教育要領・保育所保育指針・幼保連携型認定こども園教育・保育要領の改訂（定）により、社会に開かれた幼児教育の実践が求められてきました。環境の変化に対応して、主体的に学びに向かう子どもの力を育成し、人間性を育むことが重視されています。ここでは、最初に現代の子どもをとりまく社会的環境がどのように変化したのかについて学習しましょう。

2019年に生まれた子どもは86万5,239人、合計特殊出生率は1.36で、４年連続低下しています。2020年４月１日における子どもの数は1,512万人で、39年連続で減少し、約３人に１人が１人っ子です（厚生労働省、2020／総務省、2020）。平日、４歳から６歳の子どもが幼稚園や保育所以外で遊ぶ相手は、母親が最も多く、一人で遊ぶ子どもも15％程度います。遊ぶ場所は自宅が一番多く、習い事をしている子どもの割合は、６歳児では80％を超えます（図４－１、４－２、４－３）。

幼児期の子どもが、家庭で日ごろどのような遊びをしているかについては、ここ20年間それほど変化がなく、外遊びでは公園の遊具の使用、一輪車や自転車、鬼ごっこなど、室内では積木やブロック、ごっこ遊び、テレビを視聴するなどが挙げられています。一方、近年の特徴として、パソコンやスマートフォン、ゲームの使用も挙げられるようになってきました。４歳から６歳の子どもの約20％は、１週間に３、４日携帯ゲームで遊び、６歳児の約半数は、一人で操作できることも示されています（ベネッセ第５回幼児の生活調査、2016）。ICTの普及は、子どもがさまざまな知識を習得しやすいなどよい点もたくさんありますが、幼児期のICTの使用は検討すべき課題もあります。

少子化や共働き世帯の増加にともない、近年の幼稚園や保育所の開所時間は長くなり、保育所入所時期の低年齢化も進んできています。多く

コトバ

ICT
Information and Communication Technologyの略で、「情報通信技術」を意味する。パソコンやタブレット、スマートフォン などを指す。

の私立幼稚園では、ほぼ毎日預かり保育を実施し、共働き世帯を助ける福祉機能をもつようになってきました（ベネッセ教育総合研究所　第3回幼児教育・保育についての基本調査、2019)。子どもが1日の多くの時間を過ごすようになった今日の幼稚園や保育所は、以前に増して子どもの生活と教育に大きな役割を担うことになったといえます。

こうして幼児期の子どもの発達にとって大切な仲間同士の育ち合いは、園生活での経験が大部分となり、保育者の子ども理解と保育活動の進め方がますます重要になったといえますが、子どもをとりまく社会的環境の問題点の1つは、園生活を除くと、遊ぶ仲間、時間、空間という3つの「間」がないことが挙げられます。これを三間がないといいます。

コトバ

三間

「仲間」「空間」「時間」のこと。三間がないとは、一緒に遊ぶ仲間が少ないこと、遊び場の減少や制限により自由に遊べる空間が減ったこと、習い事や家族の都合で自由に過ごす時間が減少していることの3つを指す。

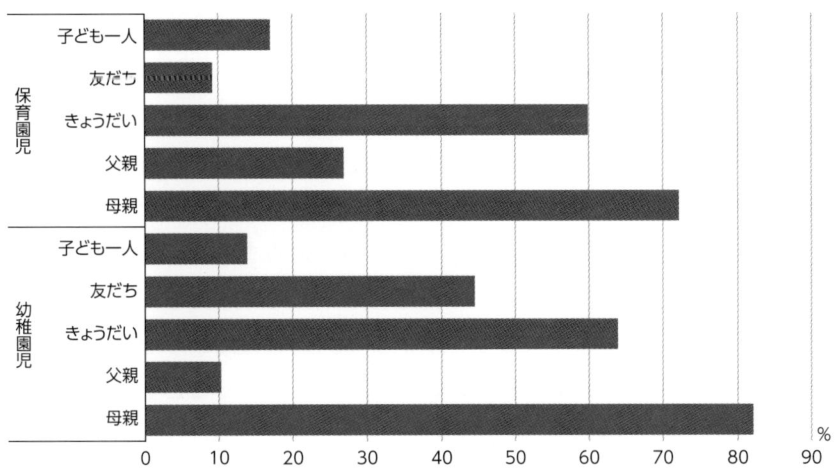

図4－1　4歳から6歳児の平日、幼稚園・保育所以外で一緒に遊ぶ相手

出所：ベネッセ第5回幼児の生活アンケート2015年の調査、2016年発表

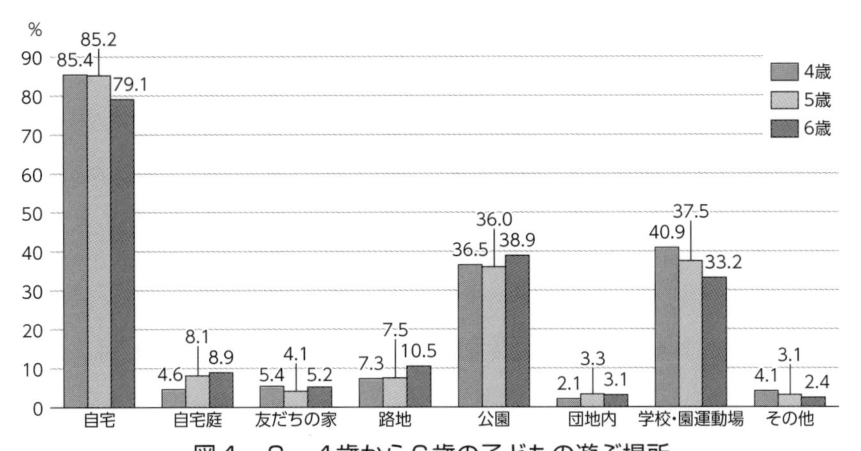

図4－2　4歳から6歳の子どもの遊ぶ場所

出所：ベネッセ第5回幼児の生活アンケート2015年の調査、2016年発表

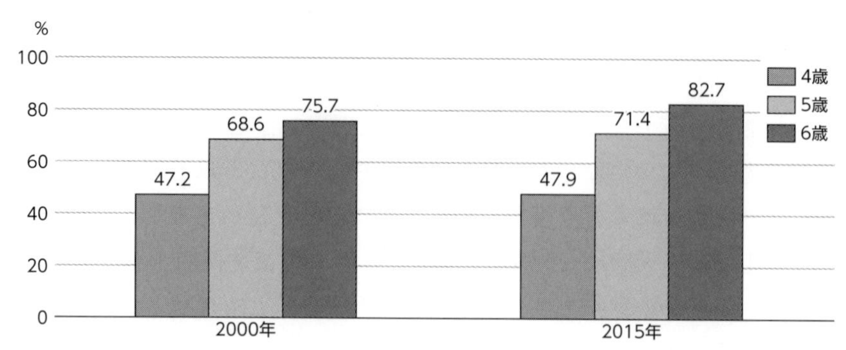

図4－3　4歳から6歳の子どもの習い事をしている割合（経年比較）
出所：ベネッセ第5回幼児の生活アンケート2015年の調査、2016年発表

2　子どもに対するさまざまな課題

では、現代の三間がないことやICTの普及は、子どもの育ちにどのような影響があるでしょうか。エリクソンは、4歳から6歳の子どもの発達課題として、「自主性　対 罪悪感」を挙げています。特にこの時期は友だちとの遊びを通して自主性が高まり、友だちや身近な大人とのやりとりのなかで、自分の思いや考えを主張し始めます。けんかやいざこざ、叱られたりする経験を通して、他者の気持ちや考えを知り、我慢したりルールを守ることの大切さを学びます。人との関わりを通して、子どもは自分の意志や欲求を他者にはっきりと表現することを意味する自己主張と、自分の意志や欲求をおさえることを意味する自己抑制を育み、自分の気持ちや行動をコントロールすることの必要性を理解し始めるのです。脳機能の発達により、4歳児から6歳児は他者理解といった社会生活を営むうえでの基盤が発達しはじめる時期です。

しかし、現代の子どもをとりまく社会的環境は、バーチャルな世界での経験やSNSやネットを通しての人との交流が増え、対面による人との関係性をもつことが少なくなってきています。対人的なコミュニケーションが少なくなり、子どもがさまざまな感情体験をしにくくなったり、表情や身体反応から他者の気持ちを読み取ったり、お互いの意見を言い合い、考えを擦り合わせる経験が減少している可能性が否定できません。現代ではSNSによるネットいじめや誹謗中傷が社会的な問題となっています。このような問題は、幼児期からの社会的環境の変化も要因となっていると考えられます。4歳児から6歳児は、1日5、6時間から12時間以上も幼稚園や保育所で過ごしています。保育者は、子ども同士が育ち合う環境を整え、発達を援助する保育活動を営むことが求められています。次節では、4歳児の発達と援助について学習しましょう。

エリクソン
(Erikson, E.H.)
1902～1994年
エリクソンは、人の一生を8つの発達段階に分け、自分自身の内的要求と社会からの外的要求によって生じる課題（心理社会的危機）を乗り越えて次の段階に進んで発達するととらえた。幼児期の課題では、前期は「自律性　対　恥、疑惑」、後期は「自主性　対　罪悪感」とした。

コトバ

いざこざ
集団生活のなかでは、子ども同士でおもちゃを取り合うなど、自己主張がぶつかり合うような出来事が起きる。このようないざこざを通して、子どもたちは社会性を身につけていく。

第2節
4歳児の育ちと援助

学習のポイント

●4歳児の自己の育ちと他者理解の発達について学習しましょう。
●自分の気持ちと友だちの気持ちの間で葛藤する4歳児への援助について学習しましょう。

1　自己の育ち

4歳になると友だちとの遊びも盛んになり、ほかの子どもと一緒に遊ぶ連合遊びや、共通の目的をもち役割分担やルールなどがみられる協同遊びが多くみられるようになります。遊びのなかで子ども同士のコミュニケーションが豊かになり、成功体験や葛藤を重ねながら成長していきます。柴田愛子作の『けんかのきもち』は、子ども同士のぶつかり合いを通して幼児が自分の気持ちに向き合い、調整していく様子を表した絵本です。

たいのいちばんのともだちは　こうた。なのに、こうたとけんかした。
こうたが　ぼくのかたを　どついた。ぼくは　しりもちついた。
ないた。くやしかった。なきながら　（隣にある）うちにかえった。
ないても　ないても　なきたいきもちがなくならない。
あいこせんせいが　いきなり　げんかんをあけた。「たい　おやつ　いっしょにたべよう。さっき　みんなでいっしょにつくった　ぎょうざだよ」
げんかんをあけたら　みんながみえた。
「ごめんな！」　こうたのでっかいこえがした。
なんであやまるんだよ！けんかのきもちはおわってない！
おかあさんがぎょうざをもってかえってきた。こうたとつくったぎょうざだ。ぱくぱくたべた。もうなみだはとまってた。

出所：柴田愛子著　『けんかのきもち』　ポプラ社　2001年

たいとこうたは、お互いの主張を譲らずけんかになります。けんかに負けたたいは、悔しい気持ちを味わいます。このような感情体験を重ねて、子どもは自分や他者の気持ちに気づき他者と折り合えることにつながります。この作品では、ぎょうざを一緒につくった体験が、たいの気

コトバ

連合遊びと協同遊び
パーテンは子どもの社会性の発達に着目して、遊びを5つの段階に分けた。「一人遊び」「傍観遊び」「平行遊び」「連合遊び」「協同遊び」の順に発達する。「連合遊び」は、子ども同士で遊び、会話のやりとりがあるが、役割分担はない。「協同遊び」は、子どもたちが共通の目的をもち、それにともなって役割分担やルールがある。

葛藤
一緒に遊びたいけれど入れてもらえなかったり、積み木を使いたいけれどほかの子が使っていて使えなかったりなどの、自分の欲求が満たされないネガティブな気持ちを経験すること。

感情体験
保育所保育指針や幼稚園教育要領の「人間関係」の「内容の取扱い」に、「子どもが自ら周囲に働きかけることにより多様な感情を体験してやり遂げることの達成感や自分の力で行うことの充実感を味わえるよう援助を行うこと」が明記されている。

自己意識
意識の対象が自分自身にあること。自分を他者の観点からみること。

共感性（empathy）
他者の気持ちを理解し、共有すること。

社会性（sociability）
社会の一員としてふさわしいとされる行動様式や考え方などを身につけること。

自己制御（self-regulation）
社会のなかでふさわしいように自分の行動を調整すること。気持ちや行動を適切に表したりおさえたりできる力のこと。

マシュマロテスト（Mischel et al.、1972; 1989）
満足の遅延課題という。実行機能のなかの抑制機能が関連している。優勢な情報（目の前のお菓子）があるなかで、自分の考えや行動をおさえる力をみる。

持ちの変化のきっかけとなります。幼児期では、日常生活における子ども同士の遊びや活動が、成長への原動力となっているのです。

４歳になると『けんかのきもち』でみられるような自己主張が強くなります。子どもは１歳半ごろから自己を意識し始めますが、４歳になると「ビデオに映っている過去の自分」を認識します。「２歳のときウォータースライダーがめっちゃ怖かった」というように、過去と現在の自分を比べて自己を意識できるのです（坂上、2015）。このような自己意識は人との関わりを通して発達し、自己主張や自己抑制の育ちにつながります。４歳は、遊びのなかで自己主張し、友だちと意見がぶつかり葛藤し、また折り合ってルールを決めるなどの行動がみられます。友だちとのやりとりのなかでのさまざまな感情体験を通じて、自分の気持ちや行動をコントロールすることや、他者への共感性、社会性などが培われていきます。

第１節で説明した自己主張と自己抑制は、社会生活を営むうえで必要な自己制御（self-regulation）を支える２つの要素です（柏木、1988）。社会的状況に合わせて、自己主張と自己抑制のバランスをとりながら、私たちは、ときに自分の欲求や主張をおさえて実際の行動を調節して、「やりたいことをしない」「やりたくないことをする」などの自己制御にもとづく行動を取ることがあります。

たとえば幼児の自己制御の発達はマシュマロテストといわれる研究からも明らかにされています（Mischel et al., 1972-1989）。この研究では、実験者は子どもにおもちゃをみせ、あとで遊べることを伝え、子どもと反対側に置きます。さらに２つのお菓子を子どもに提示し、待てたら好きなお菓子をもらえ、待てないときはベルを鳴らすと実験者が戻り、すぐに好きではないほうのお菓子をもらえることを伝えます。子どもはお菓子を目の前にして部屋に一人でいることになります。この研究から、お菓子から注意をそらして気晴らしのため、歌を歌ったり自分に言い聞かせたりなどの行動をしたり、楽しいことを考える子どもは、そうしない子どもよりも長く「待てる」ことがわかりました。反対側にあるおもちゃで遊ぶ子どもも「待てる」ことがわかりました。

さらに「待てる」力は、実行機能と関連していることがわかってきました。実行機能とは、ある目的を行うために、行動を抑制したり、視点を柔軟に切り替えたり、計画を立てたり、特定の情報に注意を向けたり、必要な情報を記憶からよび起こしたりするなどの脳の認知機能のことです。目の前の「お菓子」に注意を集中させるのではなく、歌って気晴らしをするのは、視点を柔軟に変えられる力があることを意味します。すぐに食べたいが、我慢して好きなお菓子を待てることは、抑制機能が働いていることを意味します。これらの機能が働いて「待てる」ことは、将来の目標のために自分をコントロールすることにつながります。４歳のときの「待てる」力は、その後の青年期の知的発達とポジティブな関連があることも示されています。

こうした自己制御は生まれつきできる行動ではなく、人との関わりのなかで獲得していくものです（柏木、1988）。図４－４でみられるように、４歳は自己制御の発達が顕著です。３歳から４歳にかけて自己主張は急激に発達します。自己抑制も男児に比べて女児のほうが強いものの、３歳から小学生にかけて断続的に発達していきます（柏木、1988）。

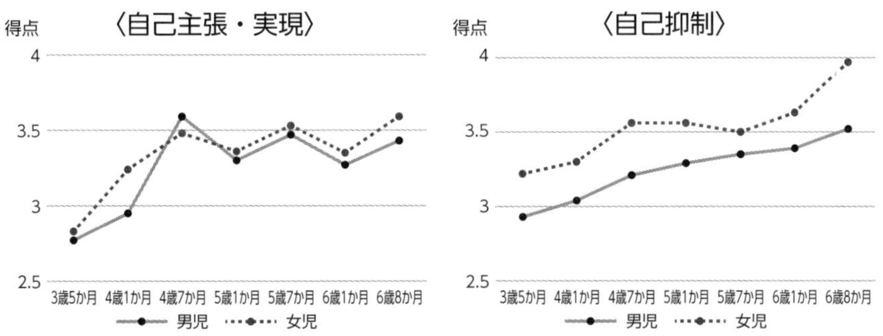

図４－４　幼児期の子どもの自己主張と自己抑制の発達

出所：柏木恵子著　『幼児期のおける「自己」の発達 行動の自己制御機能を中心に』東京大学出版会　1988 年を参考に筆者作成

園生活では、子どもは「待つこと」を求められる場面があるでしょう。したがって、子どもが主体的に「待てる」ようになるために、保育者はわかりやすいルールを決めるなど環境を整えて、援助することが求められています。

2　他者の心を理解する力の発達

４歳は自己制御とともに、他者の考えや気持ちを理解する力が発達してきます。他者視点取得の発達とよばれるものです。ピアジェは、子どもの他者視点の取得について、他者の見え方の理解に焦点をしぼり、「３つの山問題」を実施しました（Piaget & Inhelder、1956）。４、５歳児では、まだ自分からの見え方を回答する傾向が多く、このような特徴をピアジェは「自己中心性」（egocentrism）とよびました。その後の研究で質問の仕方を工夫すると、４歳児でも「他者からどうみえるのか」について推測できることが示されています（Broke、1975）。子どもが他

コトバ

実行機能
(executive function)
目標やプランに合わせて自分の行動をコントロールし課題を遂行する認知機能のこと。①抑制機能、②注意の切り替え（認知的柔軟性ともいい、考えや行動を柔軟に切り替える働き）、③ワーキングメモリ（記憶の一部分）に保持される情報を監視し更新する働きの３つ要素によって機能する。

他者視点取得
(perspective taking)
対象物を他者からみたときにどのようにみえるかを理解することを意味する。さらに他者の立場にたって、その人の考え方や気持ちを理解することも意味する。

３つの山問題
ピアジェは子どもの視点取得能力を測定するためにこの課題を作成した。子どもの位置Ⓐから、人形Ⓑからみえる風景を回答してもらった。４～７歳児では自分の位置からの見え方で答えるが、７歳ごろから人形からの見え方を答えることができる。

者の見え方を理解するためには、子どもが自分と他者の見え方が異なることに気づく段階と、その気づきにもとづいて他者の見え方を正確に表現できる段階の２つがあると考えられています（Fravell、1977; 1974）。

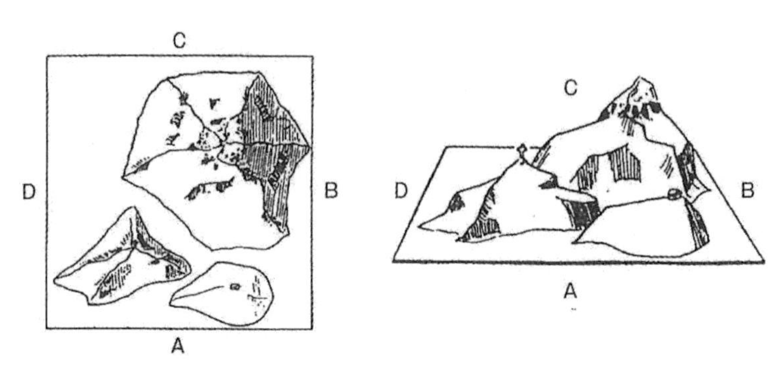

図４－５　３つの山問題

出所：林創編著『発達心理学』ミネルヴァ書房　2019 年を参考に筆者作成

ピアジェの認知発達理論は、子どもの認知の発達過程を明らかにし、今日の教育や保育活動の土台を築いたといえるでしょう。一方、ピアジェの用いた研究方法は日常生活の文脈と切り離されており、課題の提示方法の複雑さもあって、幼児の認知能力の高さを十分に見出させなかったという指摘もあります。またピアジェは、ある段階にいる子どもは、その段階のすべての領域における認知は発達していると考えました。これを領域一般性といいます。しかし今日では、子どもの認知の発達過程は領域によって異なるという領域固有性の考え方が主流となってきました。

近年では、他者の考えや行動を推測して理解する心の働きである「心の理論」から子どもの他者理解の発達について研究がなされています。「心の理論」は、乳児期の「共同注意」や「社会的参照」の成立を経て４歳以降に獲得され、社会性の発達をみる重要なポイントです。自閉症の子どもは、「心の理論」の獲得が困難であるとされてきましたが、言語や認知の発達、学習や社会的な経験を積み重ね、少し遅れて９歳ごろから獲得することが示されています（藤野、2013; Happe、1995）。

子どもの「心の理論」の発達を調べるために、ウィマーとパーナーは「マキシの課題」とよばれる誤信念課題（false belief task）を考案しました（Wimmer & Perner、1983）。子どもに「お母さんがケーキをつくるためにチョコレートを買ってきました。マキシはチョコレートを緑色の戸棚にしまいます。マキシは外に遊びに行きます。マキシが出かけている間にお母さんはケーキをつくるため、緑色の戸棚からチョコレートを取

コトバ

自己中心性
(egocentrism)
前操作期の子どもは、認知の発達が十分でないため、自分以外の視点に立って物事を考えられないこと。

認知（cognition）
物事を知ることや記憶、学習、思考などの心のはたらきのこと。

領域一般性
(domain generality)
どの領域でも同時に発達する。

領域固有性
(domain specificity)
領域によって発達過程が異なる。

心の理論
(theory of mind)
アメリカの動物心理学者プレマックとウッドラフは、1978 年にチンパンジーを用いた実験を通じて、他者の心的状態（意図・信念・欲求・知識など）を理解できることを、「心の理論」をもつと定義した。個人差はあるが、定型発達では４歳から６歳ごろに「心の理論」は獲得される。心的状態とは、意図、「しようとすること」、信念「考えていること」、欲求「したいこと」、知識「知っていること」を意味する。

り出して、残ったチョコレートを緑色の戸棚ではなく青色の戸棚にしまいました。お母さんは卵を買うのを忘れたので買物に出かけました。そこにマキシが戻ってきました」というお話を聞かせます。最後に「マキシがチョコレートを探すのはどこですか？」と子どもにたずねて、子どもが「マキシは最初にいれた緑色の戸棚を探す」と正しくマキシの考えを推測できるかどうかをみます。

4歳児は、「チョコレートが移動した状況の変化を知っている」という自分の思いをおさえて、マキシの視点で答えることが難しいことがわかりました。個人差はありますが、4歳から5歳にかけて、他者が考えていることを推測する力が発達し、6歳までにはマキシの視点で答えられることが明らかにされています。

マキシはチョコレートを緑の戸棚に入れて遊びに出かけました。

お母さんは、チョコレートを緑の戸棚から青の戸棚に移動して買物に出かけました。

マキシは、チョコレートを食べたいなと思い、帰ってきました。さて、マキシはどちらを探しますか？

図4－6　マキシの課題

出所：Wimmer & Perner (1983)　Beliefs about beliefs: Representation and constraircing function of wrong bekfs in young children' s understanding of deception, Cognition 13 を参考に筆者作成

「心の理論」は、「他者が考えていること」だけでなく「他者の気持ち」についても研究がなされています。たとえばウェルマンたちは、表4－1のように子どもの他者理解は、段階を踏んで発達することを示しました（Wellman & Liu、2004：東山、2007）。

表4－1　多面的な心の理論課題

課題	内容	3歳～6歳の子ども（75人）の正答率
自分とは異なる他者の欲求の理解	子どもににんじんとクッキーのどちらが好きかをたずね、登場人物のおじさんは、子どもが選んだのとは逆のほうが好きだと伝え、おやつの時間におじさんはどちらを食べるかを問う	95%

コトバ

誤信念課題
(false belief task)
自分が状況の変化を知っていたり、いつもと違うことを知っているとき、他者は状況の変化を知らないことやいつもと違うことを知らない誤信念（誤った考え）をもっていることの理解を調べる課題。サリーとアンの課題、スマーティ課題、マキシの課題などがある。

定型発達
Neurotypical を訳したもので、神経学的に正常な発達にあることを意味する。

コトバ

「心の理論」の発達を促進する心の状態を示す動詞
「思う」(think)「知っている」(know)「信じる」(belief) など心の状態を表す動詞で、誤信念課題でよく採用される。

「心の理論」の獲得
他者の信念を推測できるようになること。一般的には、「誤信念課題」に正答すること。

自分とは異なる他者の信念の理解	子どもにネコが庭か車庫のどちらに隠れているかをたずね、登場人物の女の子は、子どもが選んだのとは逆のほうに隠れていると考えていることを伝え、女の子がネコをみつけるためにどちらを探すかを問う	84%
他者の知識の理解	箱のなかにおもちゃのイヌが入っているのをみせ、それをみていなかった登場人物の女の子が、箱のなかに入っている中身を知っているのかを問う	73%
他者の誤信念の理解	子どもにバンドエイドの箱のなかにおもちゃのブタが入っているのをみせ、それをみていなかった登場人物の男の子が箱に何が入っていると考えているかを問う	59%
本当の気持ちと見かけの気持ち（表情）の区別の理解	友だちに嫌な冗談をいわれクラス中に笑われた登場人物の男の子は、本当の気持ちを知られると、" 弱虫 " とからかわれるので、本当の気持ちを隠そうとしましたと、子どもに話し、登場人物の男の子は、ほんとうはどんな気持ちか、そしてどんな表情かを問う	32%

出所：Wellman & Liu、2004 をもとに東山、2007 が作成した表を一部改変して筆者作成

「他者が心の抱いている欲求」は、3、4歳になると推測できることがわかりました。しかし、本当は欲しくないプレゼントをもらったのに、相手の気持ちを気遣って嬉しそうな顔をするなどのように、「人は本当の気持ちを隠した表情をする」ことは、後述するように5、6歳にならないとなかなか理解できないことがわかりました。

また、「心の理論」は、どの文化圏の子どもも共通にもっている普遍的な力であることがわかりました。文化比較研究から、欧米の子どもたちに比べて日本を含めた東アジアの子どもたちは、「心の理論」の発達が半年から1年ほど遅いこともわかりました（Wellman et al.、2001; 子安、1997)。その要因として、東洋と西洋の語彙の特徴の違いによること（Naito & Koyama、2006）や、日本では子どもへの言語的働きかけがあいまいであることなどが考えられています（風間ほか、2013)。

さらに、子どもの「心の理論」は、養育者と子どもの会話数が多いほど発達することがわかりました（Dunn et al.、1991)。特に会話のなかで養育者が、「思っている」「知っている」「信じる」などの心で考えていることを示す言葉を使うほど、子どもの「心の理論」が発達していることが明らかにされました（e.g.、Ruffman et al.、2002)。また、養育者が子どもの知識や経験を考慮して、わかりやすい言葉で説明する機会が多いほど、子どもの「心の理論」の得点が高くなりました（東山、2011)。一方、養育者が子どもにあいまいな言い方や態度を取ることが多いほど、「心の理論」の得点が低いこともわかりました（風間ほか、2013)。つまり、子どもの他者の心の理解の発達は、親や保育者が子どもの目線に合わせてわかりやすく説明し、言葉によるコミュニケーションをたくさん

することが、とても重要であることがわかってきたのです。

他者理解の力は、人とのやりとりの経験を重ねて発達していきます。園生活での子ども同士のやりとりや場面の共有をもとに、仲間の行動の背後にある気持ちをわかるようになると考えられます（久保、2015）。他者の気持ちを理解する際には、その人の表情やしぐさなどの情報と場面の状況を考慮して判断しています（平林、2015）。アメリカの発達心理学者デンハムは、子どもの他者感情の理解について、人形を操作し、いくつかの短いお話を聞かせ、場面における人形の気持ちを答えてもらう課題を実施しました（Denham、1986）。人形の気持ちと自分が一致するお話しでも異なるお話でも、４歳になると人形の気持ちを推測できることがわかりました。「他者が考えていること」を推測できると「他者の気持ち」の理解もできることがわかってきました（e.g.、森野、205; 風間ほか、2013）。しかしブランコに乗りたいなというような「他者が考えていること」の理解とブランコをゆずってもらい、乗れてうれしそうというような、「他者の気持ち」の理解はそれぞれ別々に発達していくと考えられています（Cutting &Dunn、1999; 森野、2005）。「他者が考えていること」は「信念」や「欲求」といった直接みえない心の状態を推測しているのに対して、「他者の気持ち」は表情や身ぶりなどノンバーバルコミュニケーションの情報からもわかるからです。

感情（affect）
気持ちを表す用語として、感情、情動がある。感情は主観的に生じる意識体験で、情動は、身体的変化（顔のほてり、発汗、心拍数、コルチゾールなどのホルモンの変化）をともなう心の動きを意味する。「喜び」「悲しみ」「怒り」などの感情は、身体的変化をともなうため、実際は感情と情動はあまり区別なく使用される。

3　4歳児の育ちを援助するために

他者理解や自己制御、感情制御の発達は４歳ごろから脳の前頭前野が著しく発達することと関連があります。日々変化する子どもの発達過程をとらえて園やクラスの保育環境を整え、援助していくことが大切です。子どもの発達を援助する理論・方法について、津守真先生が著した一節をみて考えていきましょう。

感情制御（emotion regulation）
感情制御は、気質、実行機能、表情、生理的反応、脳機能、養育環境などが複雑に関連し合っている。生理的反応では、内分泌ホルモンのコルチゾールは、ストレスが高まると分泌される。

事例４－１　子どもの発達を援助する

ある日Ｔは、はさみで折紙を細長くそろえて切っていた。私はこれを活用としてみようと思い、画用紙を魚の形に切り、Ｔの切った折紙にのりをつけて魚のうろこのようにはってみた。それをみて、Ｔは別の魚に同じように折紙をはり、まずピンクの魚をつくった。魚を３びきつくった。私は魚にひもをホチキスでとめると、Ｔも自分でひもをつける。魚をもって庭に出て、滑り台やあちこち歩きまわり、部屋にもどって、引き出

前頭前野
人間の脳で最も発達している部位。思考や判断、計画、評価などの高次機能や行動や注意のコントロール、ワーキングメモリ（記憶）に関わる実行機能と関連する部位である。

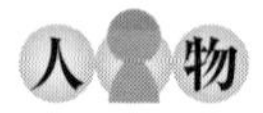

ヴィゴツキー
(L.S.Vygotsky)
(1986-1934)
ロシアの心理学者。
人間の発達は、社会的・歴史的に形成されてきた文化のなかで、その文化的産物を使い、文化の伝達者である人々との相互作用から発達すると考えた。特に言語は人の心の発達に重要であると考えた。

発達の最近接領域
(ZPD: Zone of Proximal Development)
子どもが一人でできる水準と大人や仲間の援助を得てできる水準の違いのこと。

しにしまった。Tは以前から紙を切る遊びをしていたが、この日初めて魚の形を作り上げた。一段の飛躍である。その後、Tは積極的に自分で遊びを展開するようになった。

出所：津守　真『子どもの世界をどうみるか』NHKブックス　1987年より要約して抜粋

みなさんは、これを読んでどのように考えたでしょうか。Tが保育者の援助によってそのときの活動だけでなく、その後の遊びが１つ上の段階にて発達した様子が記されています。保育者は、子どもの遊んでいる姿を子どもの目線でとらえて、その遊びに対しほんの少しアイデアや工夫を加えて一緒に遊ぶことで、子どもは発達していきます。このような日常生活の遊びのなかで、人とのやり取りを通した子どもの発達を、ロシアの心理学者ヴィゴツキーは、「発達の最近接領域」という概念で説明しました。子どもが自主的に理解したり問題を解決できる水準と、大人や年長者の援助を得て理解したり解決できる水準の相違が「発達の最近接領域」です。ヴィゴツキーは、教師や保育者が子どもの「発達の最近接領域」にはたらきかけることにより、子どもは１つ上の発達水準に移行し、その繰り返しによって子どもは発達すると考えました。

大人の適切な援助によって、子どもは、昨日までできなかったことや思いつかなかったことが、今日は一人でもできるようになり楽しく遊びます。４歳児は仲間との遊びも活発になる時期です。自己主張が強くなり、けんかや葛藤を重ねて、さまざまな感情体験をしていきます。他者の考えや気持ちを理解する力も発達し、少しずつ自分の気持ちや行動をコントロールできるようになってきます。保育者は子どもの育つ力を見守りながら仲間同士の育ち合う環境を整えたり、足場かけを意識した援助をすることが重要です。

４歳児：ボールを追いかける

４歳児：運動会

図４－７　発達の最近接領域

出所：筆者作成

みなさん、保育者は４歳児についてどのようなイメージをもっていると思いますか。服部（2000）の調査によれば、４歳児は「できそうでできない，できないようでできる」という難しさを保育者が感じているようです。４歳児は「心の理論」に関わる変化やマシュマロテストにみられるような自己制御や感情制御の発達の芽生えの時期です。自己主張も強くなりますが、周囲の状況もみえてきて、他者の考えや気持ちに気づくようになり、心のなかは行きつ戻りつ揺れています。このような葛藤でいっぱいの４歳児に対して、保育者はどのように対処していけばよいのでしょうか。

その１つの方法として、「見守る」保育があります。子ども自身の自主的な行動を「待つ」保育者の姿勢です。「お片づけをしなさい」といわれても、なかなか行動できない４歳児は、片づけの必要性がわからないのではなく、自分が行動するきっかけが必要であることが示されています。先生からもお友だちからも「○○君、お手伝いしてよ」とせっつかれても、片づけないし返事もしないけれども、少し経ってからおもむろに片づけ始める様子がみられます（子安、2000）。幼児期後期の発達課題は、自主性です。４歳は葛藤しながらも、主体的に行動し始める時期なのです。保育者は、そのような４歳児の特徴を理解し、子ども自身が納得して自主的に行動し始めるのを「待つ」という選択が必要であることを理解しておきましょう。

コトバ

足場かけ（scaffolding）
発達の最近接領域において、大人が行う援助のこと。子どもの発達過程を鑑み、適切な援助（足場）を与え、子どもが一人でできるようになると足場を外す。

第3節
5、6歳児の育ちと援助

学習のポイント

●5、6歳児の自己の発達と思いやりの育ちを理解しましょう。

●子どもの主体的な取り組みと協同遊びを支える保育者の援助について学習しましょう。

1　仲間との遊びのなかでの5、6歳児の育ち

保育所保育指針や幼稚園教育要領にある「幼児期の終わりまでに育ってほしい姿」（第5章参照）には、「自立心」や「協同性」、「道徳性・規範意識」の育ちが記されています。主体的な活動を通して、あきらめずにやり遂げる力や、仲間同士お互いの考えや思いを共有して協力し合う力、譲り合ったり自分の気持ちや行動を調整する力の発達が求められています。では、思いやりは、どのように育まれていくのでしょうか。

事例4－2　自己の発達と思いやりの育ち

A君は4歳のときはクラスの人気者で中心的存在でした。しかし5歳になると友だちとの関わりがうまくいかず空回りすることが多くなりました。たとえば、ボール遊びをしているとき、A君は何回もルールを破る友だちに怒って取っ組み合いのけんかになったり、友だちに「A君ばっかり威張っている」といわれることもありました。ふと自分の周りに誰もいないことに気づき、友だちはそれぞれ好きなことをしているのをみて泣いたこともあります。その後、5歳9か月ごろになったころ、たまたまボール遊びをしている友だちのところに、A君は、砂場の手押し車をもっていき、ボールを3つ積んで走ってみました。するとみんなは「ぼくも！」といって、積んで走りました。それからA君は次々新しいアイデア提案し、みんなで1時間近く遊びました。この日以降、A君が遊びに夢中でいると、仲間が来て一緒に遊ぶことが多くなりました。

出所：長山篤子著、平井信義・帆足英一編『思いやりを育む保育』新曜社　1999年より要約して抜粋

＋α　思いやり

子育て意識の国際比較調査では、日本人は他国に比べて、多くの親が「他人のことを思いやる心」を子どもに望む性格特性に挙げている。「思いやり」の尊重は、日本の文化的特徴であるとされている。思いやりの定義は、「相手の立場に立って考え、気持ちをくむ心」（平井、1999）として、C.ロジャーズの共感（empathy）に近いとらえ方が、保育では一般的である。発達心理学では、向社会的行動（prosocial behavior）ともいい、「外的報酬を期待することなく、他者を助けたり人のためになる行動」（アイゼンバーグ、1995）としてとらえられることもある。

みなさんはこの事例をどのようにとらえますか。5、6歳児は、子ども同士で活発に遊ぶことが多くなります。しかし、お互いの自己のぶつかり合いがあるなど楽しいばかりではありません。友だちも日々成長していきます。それぞれ子どもは葛藤し、自分の心に向き合い折り合って、他者と気持ちを共有できるようになっていきますが、子どもの発達は一様ではありません。保育者は子どもそれぞれの気持ちに向き合いながら、集団としての育ちを同時にみていく必要があります。

5、6歳になると、子ども自身が自己をみつめられるようになります。さらに、他者の考えや気持ちが4歳のころに比べてわかるようになります。さらに、友だちとの遊びを自主的に展開できるようになります。これらのことが日常生活のなかで行われて、子ども同士の育ち合いが深まっていきます。さまざまな葛藤もありますが、これらの体験を経て、他者理解や自己調整、自発性が発達し、友だちとの関わりが深まっていくのです。

長山（1999）は、「5歳から6歳になると他者をはっきり意識し、相手の気持ちをくもうと援助を積極的に行うようになり、相手の心に関心をもつようになります。こうした経験は行きつ戻りつなされ、その繰り返しのなかでしだいに他者に共感する心が育成され、思いやりになると考えられます。このような発達過程は、豊かな感情をともないつつ、らせん状に表れるのです」と論じています。子どもの思いやりの育ちのためには、子ども自身が他者を受け入れる力の発達が必要です。これを他者受容といいます。さらに、子どもが自分のありのままを受け入れる自己受容とともに、主体的に活動に取り組み夢中になったり友だちと協力して遊びを展開したり、アイデアを出したり工夫したりなど自分に内在する力を表現できる自己実現も重要です（長山、1999）。保育者は子どもの葛藤に寄り添いながら、子どもが自分をありのままに受け入れるように関わり、子ども自身が主体的に活動し、他者の気持ちや行動を受容して自己調整する力が発達するように援助していくことが求められるで

5歳児：友だちと遊ぶ

6歳児：友だちと遊ぶ

コトバ

他者受容

他者の気持ちや考えを受け入れること。

自己受容

ありのままの自分を受け入れること。

自己実現

自分のなかにある可能性を自律的に実現して、本来の自分自身になること。マズローは、健康な人間は自己実現に向かうように動機づけられていると考えた。カール・ロジャーズは、自己実現を自己を受容することによる心理的な成熟と考えた。

自己調整
行動や感情を自分でモニタリング（観察・監視）して調整すること。

規範意識
道徳や社会のルールを守ろうとする気持ち。

しょう。

６歳になると、思いやりとともに規範意識を育てることも必要です。子どもは、園生活のなかでルールを守ることを他律的な理解から始まるかもしれません。事例４－２のＡ君のように、ルールを守らない友だちと取っ組み合いのけんかになって、泣いてしまうこともあるでしょう。しかし協同活動が主になる６歳になると、ルールがあるから遊びが面白いと気づいたり、皆で遊べることの楽しさを感じるでしょう。保育者は、ルールを守ることへの自律的な理解に変わるように子どもを援助することが大切です。

では、実際に友だちの思いに気づく様子を次の事例でみてみましょう。

事例４－３　給食の準備

●縦割り保育での給食準備の様子です。年度も後半に入り進級を視野に入れて、お当番は年中児と年長児がペアとなります。年長児はふきんでテーブルを拭き始めました。１つ、２つ、３つと拭いて、年長児は、ふきんをもって立ち続けている年中児に、次のテーブルを指して「ここ拭いてみる？」と声をかけます。年中児はそのテーブルを拭きます。

●給食の配膳準備が整うと、お当番は、クラスのみんなに給食を取りに来てもらうため、テーブルごとによびます。列が短くなると次のテーブルをよびます。みんなをよぶことはお当番にとって楽しい瞬間のようです。年長児は、はりきってグループを呼んでいましたが、途中で年中児に「よんでみる？」と声をかけます。今度は年中児が次のグループをよびます。別の日のことです。今日は年中児が年長児よりも先にグループをよび始めました。年中児は、結局年長児に順番を譲ることなくクラスのみんなに取りに来るように声をかけていきました。

年長児は自分がこのままグループをよび続けたらどうなるのかという見通しや、年中児の気持ちを考えられるようになったことで、よぶことを譲るという行動を取ることができたと考えられます。５、６歳になると、まわりの人に目を向けて友だちの気持ちを考えたり先の見通しがもてるようになります。これはメタ認知の発達と関係します。メタ認知とは、自分が何を知っているのか、何を考えているのかを自分で認知することであり、４歳ごろから始まる脳の前頭前野の発達と関連しています。

メタ認知（metacognition）
「Ａを使ってもうまくいかないからＢを使おうかな」のように、活動をチェックし、修正する認知能力のこと。子どもの学習向上にとって重要な能力である。メタ認知の発達は記憶の発達と関連がある。

また5、6歳になると、状況に合わせて自分の気持ちの表出をコントロールすることができるようになったり、本当はこんなプレゼントは欲しくないのだけれど、笑顔でありがとうというように、「見かけの気持ちと本当の気持ち」の区別ができるようになります（Harris et al.、1986、溝川、2007）。さらに、他者との関係性を意識して自分の気持ちの表出をコントロールすることもできるようになります（久保、2007：2015）。

見かけの気持ちと本当の気持ちの区別

見かけの気持ちとは表情などのことで、本当の気持ちとは心の内面の感情である。4歳ごろから両者の区別ができるようになるといわれているが、初期の段階では、「こういうときにはこのような表情をする」という表示規則（display rule）を暗黙のうちに身につけているためと考えられている。6歳ごろになると、状況の理解と相手の気持ちの理解から両者の区別ができると考えられている。

事例4－4　幼児の感情表出について

幼児へのインタビュー調査では、「怒っている気持ちをお友だちにみせる？」と聞くと、5歳児は「みせない。なぜかっていうと、きっとわたしが怒った顔していると友だちも怒っちゃうから。わたし、がまんしてるの。心の中で怒っているの」と答えています。一方、6歳児では、「みせるときもあればみせないときもある。仲良しの人にはみせる。『どうして怒っているの？』と聞いてくれて、仲間になってくれる。でも仲良しではない人にはみせない」と答えています。

出所：久保ゆかり　無藤　隆・岡本祐子・大坪治彦編　『よくわかる発達心理学』　ミネルヴァ書房　2009年より要約して抜粋

5歳児では、怒りを表すことは、相手との関係性が悪くなると考えて、自分の気持ちをコントロールしていることがみて取れます。6歳児では、相手との関係性によって自分の気持ちをより柔軟にコントロールできることが明らかにされています（久保、2009）。5歳から6歳にかけて、「見かけの気持ちと本当の気持ち」をどのように表出するかについて状況をみて判断することができるようになります。

自己理解についても5歳から6歳にかけて発達します。自分のことを友だちと比べて理解するようになってきます。佐久間ほか（2000）は、5歳から小学生に「自分のいいところはどこかな」などの質問をしました。5歳児では「やさしい」「おりこう」など自分の性格を直接的な表現で説明しました。6歳児では「先生たちによく『本番に強いね』ってほめられる」などのように、他者が自分をどう評価しているかについて言及して間接的な表現で自分を説明していることがみられました。「けんかするとぼくよりもM君が強い」などのように、自分を他者と比べてとらえることもわかってきました（久保、2009）。さらに、よくわからないとき、自分から相手に質問して、確かめたりすることができるようになります。これも自分の知識の状態を自分でモニタリングするメタ認知能力の発達にともなうとされています。

次に、子どもの主体的行動の発達と子ども同士の協同活動を進めるために、保育者がどのような環境をつくり、援助をすることが重要なのかについて学習しましょう。

2　子どもの主体性を尊重する保育者の援助

子どもにとって遊びは生活そのものです。遊びは強制されることのない主体的な活動ですがどのように育まれるのでしょうか。ごほうびは子どもの主体的に取り組む意欲を高めるでしょうか。それを考えるヒントとなる研究をみてみましょう（Lepper、Greene、& Nisbett、1973）。

レッパーたちは、まずお絵描きが大好きな子どもたちを集め、楽しく絵を描いてもらいました。2週間後、子どもたちを均等に3つのグループに分けました。第1グループには、絵を描くとごほうびを渡すことを約束して、子どもたちに絵を描いてもらいました。第2グループには、約束はしないで絵を描いてもらった後にごほうびを渡しました。第3グループには、ただ絵を描いてもらいました。その1週間後に、また子どもたちに絵を描いてもらい、その様子を観察しました。第1グループの子どもは、絵を描くことへの関心や意欲が、他のグループより低下していることがわかりました。ある楽しい行動に対してごほうびをあげる約束をして実行してもらうと、その後ごほうびに対する期待が生まれ、ごほうびがないと意欲ややる気を減退させてしまうことが明らかにされたのです。自分が好きだから取り組む意欲ややる気は内発的動機づけといいます。この内発的動機づけが外的な報酬によって失われてしまうことをアンダーマイニング現象といいます。

内発的動機づけ
(Intrinsic motivation)
興味や関心、面白いという気持ちによって高められる動機づけ、意欲のこと。

外発的動機づけ
(Extrinsic motivation)
他の欲求（たとえばごほうび）を満たすための手段としてある行動が誘発されるもの。

子どもの内発的動機づけはどのようにしたら高まるのでしょうか。子どもたちが主体的に遊びを展開するためには、子どもが心から面白いと感じ、自分で自由に選ぶことができる「自己決定の感覚」をもつことが重要です。子どもが自らの能力を信じて力を発揮するためのコンピテンス（有能感）をもつことは、子どものやる気を育てる重要な鍵だといえます。子どもが保護者と離れて、園生活のなかで主体的に活動したり、友だちと遊んだりするためには、積極的に自ら動ける力であるコンピテンスをもつことは必要でしょう。

それでは、子どもが主体的に活動に取り組むために、保育者はどのような環境をつくり、子どもにどのような援助をしていくとよいのでしょうか。

５歳児クラスの協同活動について、『エルマーの冒険』の劇遊びの事例研究を行った利根川（2015）から、保育者の援助について考えてみましょう。

事例４－５　協同活動「エルマーの冒険の劇づくり」

エルマーの冒険の劇づくりは、子ども同士の対話を重視するための協同活動として男児９名で約１か月半活動し、最終的に保護者の前で発表しました。この事例は子どもたちのイメージの共有を保育者が援助する場面です。

Ａ　　「とらが、あそこ（ジャングル）から出てくるとき、一人ずつゆっくり出てきた方が、迫力あってびっくりしそうだよ」

保育者「ゆっくり？」

Ａ　　「うん」

Ｂ　　「Ｃ君、出るときになんかいってた……。」

Ｃ　　「えっ？」

Ｂ　　「なんかさ、跳んで出てきた方がいいんじゃないかっていってなかった？」

Ｃ　　「跳んだ方がいいと思う」

子どもたちは同時に意見をいったり行動したりして、アイデアを出します。

保育者「どうする？　一匹ずつ違ってもいいよね？　跳び出てくるとらもいれば、ゆっくりなとらもいるって、そんなふうにする？」

子どもたちはそれぞれ何かいいながら試してみます。

保育者「ああなるほどね」

また子どもたちはトラになって出かたを動いて確かめています。

保育者「じゃあ、トラの出方は一人ひとり工夫してみよう」と促します。

出所：利根川彰博　『協同的な活動としての「劇づくり」における対話――幼稚園５歳児クラスの劇「エルマーのぼうけん」の事例的検討』　保育学研究　2016年から要約して抜粋

アンダーマイニング現象
子どもが内発的動機づけにより主体的に取り組んでいるとき、報酬などの外発的動機づけを行うと、高かった内発的動機づけが低くなってやる気が減退すること。

動機づけ（Motivation）
行動の理由となるものである。ある行動を起こさせ、持続させる過程や機能を意味する。

自己決定（self- determination）
内発的動機づけを育むには、自分で選択して決定できる機会を与えることが効果的である。たとえば、漢字の勉強をする際、１つのリストを与えるのではなく、複数のリストから選ばせて取り組むほうが主体的に学習することが示されている（田中、2007）。

コンピテンス（competence）
有能感ともいう。自分は〜が得意である、できるという感覚で、動機づけにとって重要である。幼児期はコンピテンスを獲得する時期である。

保育者は、子ども同士の対話を重視しています。対話しやすい環境のために、協同活動の人数を10名程度にしています。子どものイメージの共有過程では、保育者はアイデアを１つにまとめることを選択せず、対話を促してそれぞれが納得できる方法を導き出しています。協同活動は、子どもが主体的に取り組み、子どもたちが自分の考えや思いを主張しながら、お互いの考えを擦り合わせ調整し合うことにより活動がうまく展開していきます。倉橋惣三が『育ての心』で「自ら育つものを育てようとする心。それが育ての心である。」と著していますが、協同活動における保育者の援助とは、子ども自身が主体的に取り組み、対話ができるよう、子ども個人の特性や発達過程について詳細に理解し、子どもの育つ力を引き出しながら集団としての育ちを考えていくことが求められるでしょう。

6歳児：遠足

卒園式

演習課題

① 年長児の協同活動では、保育者はどのような点に配慮する必要がありますか。

② 下記のエピソードを読んで、次のことについて２～４人のグループで考えてみましょう。

- ４人の子どもの気持ちと行動、仲間とのやりとりを通じてのそれぞれの気持ちの変化について考えてみましょう。
- ヨシ君がどのようにコウ君とアキちゃんの行動と気持ちをとらえているのかについて、考えてみましょう。

＜エピソード＞

年中組（４歳児）の３月の出来事です。園庭の滑り台のまわりで、４名がいい合っていました。

アキちゃんは滑り台に上りたいのに、コウ君が上らせてくれません。アキちゃんはコウ君を叩いてしまいました。コウ君が、滑り台の登り口の中段まで上りそこで泣いています。滑り台の下では、ダイ君が真剣な表情で、アキちゃんの腕をおさえています。アキちゃんは下を向いて、身体を小さくしています。

そのアキちゃんに向かって、滑り台の上段にいるヨシ君が、「アキちゃん、だめだよ！」といいました。次にヨシ君は、今度は泣いているコウ君に向かって、「すぐ泣くな！おまえはバブちゃん（赤ちゃんの意味）か！」といいました。するとコウ君は、泣き笑いの表情となり、なんとか泣き止もうとします。ヨシ君はさらにコウ君に「アキちゃんを滑り台の上に上がらせないから、いけないんだぞ」といいました。それに対してコウ君は、「エヘヘ」と照れ笑いをして、滑り台の中段から上段に上りました。

一方、滑り台の下では、ダイ君がアキちゃんの腕をおさえていましたが、腕を揺らし始め、だんだん揺れ幅が大きくなってついに二人で笑いながら互いの腕を回すように遊びはじめました。

出所：久保ゆかり『他者の気持ちの理解——園生活での子ども同士のやりとりを通して、発達144　エピソード「上がらせないから、いけないんだぞ」』ミネルヴァ書房、2015年

【引用・参考文献】

ウォルター　ミシェル　柴田裕之訳『マシュマロ・テスト——成功する子・しない子』早川書房　2017年

Walter Mischel, Ebbe B. Ebbesen, & Antonette Raskoff Zeiss *Cognitive and attentional mechanisms in delay of gratification.* Journal of Personality and Social Psychology, 21, 1972年

内田伸子・氏家達夫編『発達心理学特論』日本放送出版協会　2007年

大浦賢治編著『実践につながる　新しい保育の心理学』ミネルヴァ書房　2019年

小川絢子「「心の理論」と保育——保育の中の子どもたちにみる心の理解」『発達』135　ミネルヴァ書房　2013年

荻野美佐子編『発達心理学特論』日本放送出版協会　2015年

小田　豊・奥野正義編『保育内容　人間関係』北大路書房　2009年

小田　豊監修　丹羽さがの編著『保育の心理学Ⅱ』光生館　2012年

Cutting, A. L., & Dunn, J. *Theory of mind, emotion understanding, language, and family*

background: Individual differences and interrelations. Child Development70, 1999 年
風間みどり・平林秀美・唐澤眞弓・Tardif, T.・Olson, S. 「日本の母親のあいまいな養育態度と4歳の子どもの他者理解——日米比較からの検討」『発達心理学研究』24　2013年
柏木惠子 『幼児期における「自己」の発達　行動の自己制御機能を中心に』 東京大学出版会　1988 年
菊地篤子 『ワークで学ぶ保育内容「人間関係」』 みらい　2019 年
木下孝司 「幼児期の「心の理論」——心を理解することが“問題”となるとき」『発達』135　ミネルヴァ書房　2013 年
久保ゆかり 「他者の気持ちの理解——園生活での子ども同士のやりとりを通して」『発達』144　ミネルヴァ書房　2015 年
久保ゆかり　無藤　隆・岡本祐子・大坪治彦編 『よくわかる発達心理学』 ミネルヴァ書房　2009 年
倉橋惣三 『フレーベル新書 12　育ての心（上）』 フレーベル館　1992 年
公益財団法人児童育成協会監修　清水益治・森　俊之編 『子どもの理解と援助』 中央法規出版　2019 年
厚生労働省 「令和元年（2019）人口動態統計（確定数）の概況　2020 年」
https://www.mhlw.go.jp/toukei/saikin/hw/jinkou/kakutei19/dl/15_all.pdf
（2020 年 10 月 23 日アクセス）
郷式　徹 「「心の理論」と実行機能——どのような認知機能が誤信念課題に必要か？」『発達』135　ミネルヴァ書房　2013 年
子安増生編著 『発達心理学特論』 日本放送出版協会　2011 年
子安増生編 『よくわかる認知発達とその支援　第 2 版』 ミネルヴァ書房　2016 年
子安増生・服部敬子・郷式　徹 『幼児が「心」に出会うとき——発達心理学から見た縦割り保育』 有斐閣選書　2000 年
坂上裕子 「子どもが「わたし」の物語を紡ぎはじめるまで——幼児の自他理解の発達を辿る」『発達』144　ミネルヴァ書房　2015 年
坂上裕子・山口智子・林　創・中間玲子 『問いからはじめる発達心理学——生涯にわたる育ちの科学』 有斐閣　2014 年
佐久間路子・遠藤利彦・無藤　隆 「幼児期・児童期における自己理解の発達——内容的側面と評価的側面に着目して」『発達心理学研究』11　2000 年
汐見稔幸・無藤　隆監修 『平成 30 年施行　保育所保育指針 幼稚園教育要領 幼保連携型認定こども園教育・保育要領解説とポイント』 ミネルヴァ書房　2018 年
柴田愛子 『けんかのきもち』 ポプラ社　2001 年
清水益治・無藤　隆編 『保育の心理学Ⅱ』 北大路書房　2011 年
下山晴彦・佐藤隆夫・本郷一夫監修　林　創編 『公認心理師スタンダードテキストシリーズ 12 発達心理学』 ミネルヴァ書房　2019 年
杉村伸一郎・坂田陽子編　実験で学ぶ発達心理学　ナカニシヤ出版　2009 年
総務省統計局 「我が国の子どもの数」
https://www.stat.go.jp/data/jinsui/topics/pdf/topics125.pdf　（2020年11月7日アクセス）

高嶋景子・砂上史子編著 『子ども理解と援助』 ミネルヴァ書房　2019年
高橋惠子・河合優年・仲真紀子編著　感情の心理学　日本放送出版協会　2007年
津守　真 『子どもの世界をどうみるか――行為とその意味』 NHK出版　1987年
Denham, S.A. Social Cognition, prosocial behavior, and emotion in preschoolers: Contextual validation. *Child Development*, 57, 1986年
Dunn, J., Brown, J., Slomkowski, C., Tesla, C., & Youngblade, L. Young children's understanding of other people's feelings and beliefs: Individual differences and their antecedents. *Child Development*, 62, 1991年
Dunn, J. Children as psychologists: The later correlates of individual differences in understanding of emotions and other minds. *Cognition and Emotion*, 9, 1995年
東山　薫 「"心の理論"の多面性の発達――Wellman & Liu 尺度と誤答の分析」『教育心理学研究』55、2007年
東山　薫 「5,6歳児の心の理論と母親の心についての説明との関連」『教育心理学研究』59、2011年
利根川彰博 「協同的な活動としての「劇づくり」における対話――幼稚園5歳児クラスの劇「エルマーのぼうけん」の事例的検討」『保育学研究』54　2016年
Naito, M. & Koyama, K. The development of false-belief understanding in Japanese children: Delay and difference? *International Journal of Behavioral Development*, 30, 2006年
長山篤子　平井信義・帆足英一編 『思いやりを育む保育』 新曜社　1999年
中澤　潤編 『よくわかる教育心理学』 ミネルヴァ書房　2016年
Happé, F. G. E　The role of age and verbal ability in the theory of mind task performance of subjects with autism. *Child Development*, 66, 1995年
Harris, P.L., Donnelly, K., Guz, G.R., & Pitt-Watson, R. Children's understanding of the distinction between real and apparent emotion. *Child Development*, 57, 1986年
Perner & Lang (1999) Development of theory of mind and executive control, *Trends cognitive science* Vol 3(9), Sep, 1999年
Piaget, J. & Inhelder, B. *The child's conception of space. London*: Routledge and Kegan Paul. 1956年
平林秀美 「心の理論の発達と他者の感情理解――養育者、仲間、保育者とのかかわりから」『発達』144　ミネルヴァ書房　2015年
藤野　博・森脇愛子・神井享子・渡邉真理子・椎木俊秀 「学齢期の定型発達児と高機能自閉症スペクトラム障害児における心の理論の発達――アニメーション版心の理論課題 ver.2を用いて」『東京学芸大学紀要』 総合教育科学系、64(2)　2013年
Borke, H. Piaget's mountains revisited: Changes in the egocentric landscape. *Developmental Psychology*, 11(2), 1975年
Flavell, J.H. The development of inferences about others. In T. Mischel (Ed.), *Understanding other persons*. Oxford: Basil Blackwell. 1974年
Flavell, J.H. The development of knowledge about visual perception. In C.B. Keasey (Ed.), *Nebraska symposium on motivation*: 25. University of Nebraska Press. 1977年

ベネッセ教育研究所 「第5回幼児の生活調査　2016年」
https://berd.benesse.jp/up_images/research/YOJI_all_P01_65.pdf （2020年10月23日アクセス）
ベネッセ教育研究所 「第3回幼児教育・保育についての基本調査　2019年」
https://berd.benesse.jp/up_images/research/All_web.pdf （2020年10月23日アクセス）
本郷一夫編著 『保育の心理学Ⅰ・Ⅱ』 建帛社　2011年
溝川　藍 「幼児期における他者の偽りの悲しみ表出の理解」『発達心理学研究』18, 2007年
溝川　藍 「「心の理論」と感情理解――子どものコミュニケーションを支える心の発達」『発達』135　ミネルヴァ書房　2013年
無藤　隆・内田伸子・斉藤こずゑ編著 『子ども時代を豊かに――新しい保育心理学』 学文社　1986年
無藤　隆・岡本祐子・大坪治彦編 『よくわかる発達心理学 第2版』 ミネルヴァ書房　2015年
無藤 隆・子安増生編 『発達心理学Ⅰ』 東京大学出版会　2011年
無藤　隆・藤﨑眞知代編著 『保育の心理学Ⅰ』 北大路書房　2011年
無藤　隆・掘越紀香・丹羽さがの・古賀松香編著 『子どもの理解と援助――育ち・学びをとらえて支える』 光生館　2019年
森野美央 「幼児期における心の理論発達の個人差、感情理解発達の個人差、及び仲間との相互作用の関連」『発達心理学研究』 16　2005年
Ruffman, T., Slade ,L., & Crowe,E. The relation between children's and mothers's mental state language and theory-of-mind understanding. *Child Development*, 73, 2002年
Lepper, M. R., Greene, D., Undermining children's intrinsic interest with extrinsic rewards: A test of the "overjustification" hypothesis. *Journal of Personality and Social Psychology*, 28, 1973年
渡辺弥生・伊藤順子・杉村伸一郎編 『原著で学ぶ社会性の発達』 ナカニシヤ出版　2008年
Wellman, H.M., Cross, D., & Watson,J. Meta-analysis of theory-of-mind development: The truth about false belief. *Child Development*, 72, 2001年
Wimmer,H. & Perner, J. Beliefs about beliefs: Representation and constraining function of wrong beliefs in young children's understanding of deception. *Cognition*, 13, 1983年

第5章 保育の観察と記録

子どもの育ちを保障するため、保育者には日々目の前の子どもと向き合い、適切に理解し、それにもとづき援助していくことが求められます。

この章では、子ども理解を深め、保育の質を向上させていくために不可欠である「観察」と「記録」のあり方に焦点を当てます。いま、ここに生きる子どもの育ちを、保育者としてどのようにみつめ、支えていくのかを具体的に考えていきましょう。

また、円滑な接続を目指した幼保小連携について、問題の背景や現状を踏まえ、保育現場に求められる姿勢や取り組みを学びます。

第1節
保育における観察と記録

学習のポイント

●保育における観察とは、どのようなものであるのかを学びましょう。
●なぜ保育に記録が必要なのかについて理解を深めましょう。

+α

遊び
自ら取り組む活動で、誰かに指示されたり、強制されたりする活動は遊びとはいえない。また、何かの成果を生み出したり、人の役に立ったりするために行うのではなく、遊ぶこと自体が遊びの目的である。

1　保育における観察とは

1 子どもを観察するということ

園生活のなかでは、さまざまな子どもの姿に出会います。遊びに没頭する子どももいれば、何をして遊ぼうかまわりの様子をうかがっている子どももいます。保育者は、それぞれの姿を「観察」することを通して、目の前の子どもを理解し、適切な援助につなげています。

子どもの姿を観察していると、一見同じ遊びに没頭して取り組んでいるようにみえても、遊びのどこに楽しさや面白さを感じているのかは、子どもによって異なっていることもあります。たとえば、次の2枚の写真をみてみましょう。どちらの写真も砂遊びに取り組んでいる場面です。しかし、よくみてみると、それぞれの写真の子どもたちは砂遊びの違った側面を楽しんでいるのがわかります。

ままごとを楽しむ

形状が違う砂を集めて楽しむ

まず、左の写真の子どもたちは、弁当容器や皿に調理器具などを用いて砂を盛り、ままごとをしています。実際の料理で扱う道具を使って、なりきって遊ぶことを楽しんでいるのです。それに対して、右の写真の子どもたちは、4人で分担し、ザルなどを使って砂をさらさらの砂と小石に分け、容器に集めることを楽しんでいます。砂の形状の違いに気づき、共通の目的をもつ友だちと役割を分けて取り組んでいます。

このような違いは、ただ子どもが何をして遊んでいるのかをみるだけではなく、子どもの姿から子どもたちが何を扱いどう楽しんでいるのか、遊びを通してどのようなことを感じたり、学んだりし、経験しているのかを読み取ろうとしなければ、気づくことができません。保育における観察に当たっては、客観的にわかる子どもの行動等とあわせて、その内面の動きを細やかに推し測り、理解しようとみていくことが求められます。

２ 保育における観察の方法

観察は、心理学における主要な研究方法の１つですが、人間の行動をありのままに観察する「自然観察法」と、何らかの条件を統制したもとで行動を観察する「実験的観察法」の大きく２つに分けられます（澤田，2018）。保育者が日々行う観察は、園生活における子どものありのままの姿を対象としているため、「自然観察法」であるといえます。

自然観察法
自然観察法には、一定時間内で行動を抽出する「時間見本法」、特定の場面を抽出して観察する「場面見本法」、特定の事象に焦点を当て、そのプロセスを観察する「事象見本法」などがある。

また、観察の形態としては、保育者や実習生等として観察者自身が観察の対象である子どもと同じ場に身をおき、子どもと関わりながら観察する場合は「参与観察」といいます。それに対し、研究保育のように、ほかの保育者が行う保育等を観察対象の子どもとは関わらずに距離を取って観察する場合は「非参与観察」といいます。子どものどのような姿を観察することが目的なのか、観察をする際の立場や活動の状況はどうであるかなどに応じて、ふさわしい形態を選択することが大切です。

2　保育を記録するということ

保育者は、子どもを保育するだけでなく、保育のなかでみられる子どものさまざまな姿を記録しています。では、保育を記録することにどのような意義があるのでしょうか。以下の４つの視点から考えてみましょう。

１ 子どもの育ちを「みえる化」する

日々の保育は、計画にもとづき行われています。それは、子どもの発達に必要な経験が着実に積み重ねられるためですが、計画作成段階で、子どものすべての反応を予測することは不可能です。一方で、実際の保育実践中には、子どもたち一人ひとりが同時に、思い思いに活動に取り組みながら、次々に反応をしたり、発言をしたりします。また、計画作成段階では想定していなかった子どもの多様な動きや遊びが生まれることもあります。それらに対し、保育者は即応的に状況を見極め、援助を行っています。小川（2000）は、このような状況を「ちらっとみてハッと感ずる瞬間、すでに保育者は行動に移っている」と表現し、「一般に保育者の幼児理解はこの種の直感で成り立っている」ことを挙げています。

このような状況が繰り返される保育のなかで、子どもの育ちをより丁寧にとらえていくために重要な役割を果たすのが記録です。記録によって、そのまま見逃されてしまいかねない子どもの育ちを「みえる化」することができます。記録にはさまざまな手段がありますが（表5－2）、たとえば、ビデオカメラ等を用いて映像を撮ることによって、保育場面の一部始終を記録できます。保育者は、子ども全体の状況を把握しながら保育を行っているとはいえ、保育実践中には気に留めていなかった子どもの発言が、実は活動の流れを変える鍵となっていたり、ちょっとした行動が、ある子どもにとっては重要な意味をもっていたりすることもあるでしょう。それらがみえ、子どもを理解する手がかりが得られることで、保育をより深く考えていくための一歩を踏み出すことができます。

2 子ども理解を深める

保育後、保育者は保育実践を振り返りながら記録を作成します。遊びのなかの子どもの姿を思い浮かべながら、また撮影した写真などに目を通しながら、子どもの具体的な発言や表情、動きなどを辿っていきます。

その際には、小川（2010）が、「大切なことは、１週間前の出会いの情報を次の週に、昨日の情報を今日に繋ぐことで浮かび上がってくる」と述べているように、それまでに得られた子どもに関する情報をつなぎ合わせていくことが重要です。たとえば、これまでの活動の経過や子どもたちが今好きな遊び、クラスの状態や保護者からの情報、それまでに形成された子ども理解などといった多様な情報を引き出していきます。そして、そこに保育中の子どもの姿をかけあわせることで、子どもは保育実践中にどのようなことを感じていたのか、考えていたのか、なぜあの行動をとったのかなど、あらためて内面の動きを推し測ったり、行動に意味づけをしたりすることで記録がつくり上げられていきます。

こうした記録の作成にともなうプロセスを経ることにより、保育者の子ども理解がさらに深まり、子ども一人ひとりにフィットする援助につなげていくことが期待できます。

大発見！「ダンゴムシが茎を綱渡りしているよ」

3 保育を評価し、共有する

「幼稚園教育要領解説」では、保育における評価は「幼児の発達の理解と教師の指導の改善という両面から行うことが大切である」（第1章第4－2（5））とされています。子ども理解を深めるとともに、保育者が自身の保育について評価をし、改善につなげていくことも記録の意義の1つです。「2子ども理解を深める」で述べたように、あらためて保育実践中の子どもの内面を推し測ったり、行動に意味づけをしたりするなかで、保育者は、保育者として行った関わりの適切さを自分自身に問いかけます。その際には、「子どもがこう感じていたならば、こう言葉がけしたほうがよかったのではないか」などと反省をすることもあれば、「あのときの私のこの関わりが、遊びが展開していくきっかけになったのかもしれない」などと、手応えを感じることもあるでしょう。

記録の作成に当たり、保育実践を通して、保育者である自分と子どもの相互作用がどのようになされていたのかを振り返り、整理しながら、よりよい保育を目指していくことが重要です。

また、記録は同僚保育者や関係機関の職員などの他者との共有ツールとしても機能します。たとえば、従来から行われてきた手段である文字による記録では、記録を作成した保育者が子どもの姿をどのように読み取り、理解したのかも含めて、簡単に共有することができます。ほかにも、写真や映像を用いることによって、その場にいなかった保育者も子どもの実際の表情を目にしたり、声遣いまで耳にしたりすることができます。このような性質をもつ記録を有効に活用し情報を共有、子どもの育ちや保育のあり方を多面的に検討していくことは、保育の質の向上だけでなく、支え合う保育者集団の醸成にもつながっています。

4 子どもや保護者にとっての記録の意義

保育の記録は、保育者だけでなく子どもや保護者にとっても意義のあるものです。たとえば、ポートフォリオやドキュメンテーションは、子どもにとっては、自分や友だちの活動や育ちの軌跡としての意味をもちます。ドキュメンテーションのように活動の経過をまとめたものは、活動途中には友だちや保育者と次の展開を構想する手助けとなり、活動後には自分や友だちとの経験を振り返ったり、成長を感じたりする機会となります。

一方、保護者にとっては、記録によって可視化されることにより、園で子どもがどのような様子でどのような経験をしているのかが具体的にわかるとともに、記録を介して子どもや保育者との対話が生まれることで、子どもの育ちへの理解を深めることが期待できます。これらは、園

ポートフォリオ
ドキュメンテーションと合わせて紹介されることが多い。子どもの作品や遊び、活動の写真などを個別のファイルにまとめ、子ども一人ひとりの学びのプロセスをとらえるもの。担任保育者のコメントだけでなく、保護者からのコメントを書き込む欄も設けられていることが多い。

への信頼感を高めることにつながるだけでなく、保育者と保護者との情報共有にも役立てることができます。園での活動について記録を活用して知らせながら理解を促すことで、家庭とのよりよい連携につなげ、共に子どもの育ちを支えていくことが大切です。

「きょうのさくらぐみ」
その日の写真１枚を用いて掲示することによって、迎えに来た保護者に、園での姿や活動を知らせる

3　保育におけるさまざまな記録

保育には、さまざまな記録があります。その代表的なものである以下の３つの記録について、それぞれ具体的に確認しておきましょう。

指導計画
教育課程や全体的な計画にもとづき、子どもの実態を考慮して発達状況にふさわしい生活が展開されるように、より具体的な方向性を示す指導計画を作成する。年、期、月などを単位とした長期の指導計画と、週、日などを単位とした短期の指導計画がある。

① 日々の保育記録

日々の保育記録は、指導計画と照らし合わせながら、保育実践全体を詳細に振り返り、記録していくものです。保育者が行った環境構成や援助などとの相互作用を含め、子どもの内面に思いを馳せ、発達への理解を深めていくことが求められます。指導計画を作成し実践するだけで終わるのではなく、保育後に記録の作成を通して省察することで、計画段階で見通していた子どもの反応や活動の発展の仕方と実際の違いなどもとらえやすくなり、次の保育に向けた具体的な改善点を見出しやすくなります。

作成に当たって、毎日多くの時間を記録に使うことは難しいため、目的に合い、かつ保育者自身も楽しみながら継続できる方法を探求し、保育後にはできるだけ記憶の新しい内に取り組むようにしましょう。

② 個人の記録

幼稚園教育要領の第１章第１節「幼稚園教育の基本」には、「幼児一人一人の特性に応じ、発達の課題に即した指導を行うようにすること」が挙げられています。保育者は、構成した環境のなかで、子ども一人ひとりがモノや人とどのように関わり、ねらいの達成にどのように向かっていくのかを具体的に把握し、保育を考えていく必要があります。

個人の記録の形式としては、子ども一人ひとりの育ちが一定期間を通して確認できるよう個人ごとに記録用紙（ノート、ファイルなどの場合もある）を分ける形式もあれば、クラスの子ども全員を一覧にし、日や週単位で用紙を分けるなどして時期ごとに振り返ることができるようにする形式、子ども同士の関わりや遊びのつながりがわかるように環境図を用いる形式などがあります。それぞれにメリット、デメリットがあるため、子どもの発達状況や保育者が知りたいことなどによって使いわけるとよいでしょう。

3 指導要録・保育要録

正式には、幼稚園では「幼稚園幼児指導要録」、保育所では「保育所児童保育要録」、幼保連携型認定こども園では「幼保連携型認定こども園園児指導要録」、幼保連携型以外の認定こども園では「認定こども園こども要録」といいます。小学校入学にあたり、園から小学校に送付する子ども一人ひとりの育ちの記録で、公式の文書です。

内容は、園での保育や指導と子どもの育ちについて、保育内容五領域のねらいを視点として記入します。卒園年度は、小学校等での指導に生かされるように、「幼児期の終わりまでに育ってほしい姿」を活用し、総合的に記入することが求められます。

認定こども園

認定こども園には、幼保連携型、幼稚園型、保育所型、地方裁量型の４種類がある。

表５－１　指導要録・保育要録の概要

	幼稚園幼児指導要録	保育所児童保育要録	幼保連携型認定こども園園児指導要録
様式	国が示す「様式の参考例」を参考にして、設置者等が適宜工夫して作成する		
記載事項	○学籍に関する記録 ・幼児の氏名、性別、生年月日および現住所 ・保護者（親権者）氏名および現住所 ・学籍の記録 ・入園前の状況 ・進学先等 ・園名および所在地 ・各年度の入園（転入園）・進級時の幼児の年齢、園長の氏名および学級担任の氏名 ○指導に関する記録 ・指導の重点等 ・指導上参考となる事項 ・出欠状況 ・備考	○入所に関する記録 ・児童の氏名、性別、生年月日および現住所 ・保護者の氏名および現住所 ・児童の保育期間（入所および卒所年月日） ・児童の就学先（小学校名） ・保育所名および所在地 ・施設長および担当保育士氏名 ○保育に関する記録 ・保育の過程と子どもの育ちに関する事項 ・最終年度に至るまでの育ちに関する事項	○学籍等に関する記録 →幼稚園幼児指導要録とほぼ同じ ○指導等に関する記録 【満３歳以上の園児に関する記録】 ・指導の重点等 ・指導上参考となる事項 ・出欠状況 【満３歳未満の園児に関する記録】 ・園児の育ちに関する事項
保存期間	・学籍に関する記録：20年 ・指導に関する記録：５年	小学校を卒業するまでの間保存することが望ましい	幼稚園幼児指導要録と同じ

出所：筆者作成

第2節
記録を生かした保育実践

学習のポイント
●保育の質の向上につながる記録のあり方について理解を深めましょう。
●記録を作成するに当たって、配慮しなければならない点を学びましょう。

1　子どもの育ちを理解する観察と記録の視点

1 着眼点をもって子どもをみる

子どもを観察、記録する際には、保育者の知りたいこと（たとえば、対象児の興味や関心、仲間関係の育ち等）や活動のねらいなどにもとづき、着眼点をもって子どもをみて、保育を振り返っていくことが大切です。経験を積み重ねた保育者は、着眼点を活用し、遊びにおける特定の子どもの姿や場面の一部を切り取って、子どもの内面や場面の文脈を理解するための手がかりを得ていることが明らかになっています（尾山・中橋、2017）。

着目する視点が定まっていることによって、子どもの育ちをより鮮明に浮き上がらせることができるでしょう。また、着眼点をもって観察、記録をするということは、子どもへのより意図的で丁寧な関わりにもつながっていくことが期待できます。

おもちゃで遊ぶ順番を相談

2 子どもの内面を共感的にとらえる

子どもの行動、話している内容などは、目を向け、耳を傾けることによって把握することができます。しかし、その際に「なぜこのような行動をとったのか」「今どのようなことに心を揺さぶられているのか」など、その行動の背景にある子どもの内面の動きに保育者が心を傾け、共感的にとらえようとしなければ、子どもの育ちへの理解は深まっていきません。

たとえば、頻繁におもちゃの取り合いで他児とトラブルになる子どもがいるとします。行動だけをみると、譲ることをしない自分勝手でわがままな子どもだと思うかもしれません。しかし、その子どもの内面に思いを向けてみると「何か不安なことがあるなか、気に入るおもちゃをもっていることで心が落ち着くのかもしれない」とか、「他児と言葉で相談する方法がまだよくわからないのかもしれない」とか、「他児とおもちゃを共有し、一緒に遊ぶ楽しさを十分に経験できていないのかもしれない」とか、はたまた「準備しているおもちゃの量は、今子どもたちの遊びたい気持ちにしっかりと応えられる量としてふさわしいのか」などと、さまざまなことが浮かんでくるはずです。このように、目にみえる行動だけにとらわれず、子どもの内面の動きを豊かにイメージし、それぞれをよく吟味してみるよう留意しましょう。

そうすることが子ども理解を深め、保育者として子どもが必要とする関わりを行ったり、環境を再構成したりすることにつながり、子どもの発達が促されていきます。

3 人やモノとの相互作用に着目する

幼稚園教育要領解説では、第１章第１「２環境を通して行う教育」に関して、「本来、人間の生活や発達は、周囲の環境との相互関係によって行われるものであり、それを切り離して考えることはできない。特に、幼児期は心身の発達が著しく、環境からの影響を大きく受ける時期である」ことが述べられています。つまり、保育者が子どもの育ちを理解するためには、子どもを取り囲む人やモノとの相互作用に十分に着目しながらとらえていく必要があります。

ここでの「人」には、まず他児が挙げられます。子どもの遊びは、発達に応じてさまざまに変化していきますが、事例５－１のように、他児との遊びが成立しない段階の低年齢児であっても、他児から刺激を受けながら遊んでいることがわかります。

「ほかの子は何をしているのかな？」

事例５－１　「リンリン」が楽しい（１歳４か月）

なかに鈴が入った布製のサイコロのおもちゃをアオイが転がして遊んでいる。転がる度に「リンリン」と鈴の音がし、その音を繰り返し楽しんでいるようだ。その音を聞いたマナは、アオイのそばにあるもう１つのサイコロをみつけ、転がす。「リンリン」と音が鳴り、マナはアオイのほうをみて笑うが、アオイは気づかない。しかし、マナはその後も楽しそうに何度もサイコロを転がしていた。

コトバ

ごっこ遊び

2歳から就学前の幼児がよく行う遊びで、ふり遊びや見立て遊びなどと同様に、目の前にないものを別の身近なものを用いて表象し、特定のイメージを形成しながら行う象徴遊びの一種である。現実で経験した出来事のイメージを物や場を見立てたり役割を分担して演じたりすることで再現しているといわれる（箕輪、2018）。

保育における機器の活用

情報機器の発達によって、保育現場でもさまざまな機器が扱われるようなっている。保育者の事務処理や管理の効率化だけでなく、保育のなかで子ども自身が扱うこともある（たとえばOHPを使った影絵など）。保育者には、それぞれの機器の特性や操作方法を理解し、活用の可能性を探っていくことが求められる。

また、仲間関係の発達により、子ども同士で多様な遊びが展開されるようになります。たとえば3歳以降には複数の子どもで楽しむごっこ遊びが活発化していきますが、その際には、お互いのイメージを仲間間で共有しながら、個々が演じていく必要があります。このような遊びにおける子どもの育ちを保育者が理解するには、たとえば、A児一人をみるだけでは不十分なのはいうまでもありません。同じ遊びに関わるB児やC児もみることによって、それぞれの関係性を具体的にとらえながら理解していくことが求められます。

そして、「人」には保育者も含まれていることに留意しましょう。保育者の関わりや何気ない一言などが、子どもに影響を及ぼすこともあります。子どもと保育者の関わりによって起こる相互作用の可能性にも配慮し、記録の際には、保育者の具体的な関わりやそのときに考えていたことなどもあわせて書き留めるようにしましょう。

保育者自身と子どもの相互作用にも留意

2　記録の作成のあり方

第1節において、保育にはさまざまな記録があることについて解説しましたが、その記録の書式や内容はすべての園で統一されているわけではありません。園ごとにはある程度統一されていることが多いですが、ときには子どもの年齢、保育者個人によってもさまざまです。従来は、週や日の指導計画の反省・評価欄や実習日誌のような時系列の書式に、手書きの文字で記録するのが典型的でした。しかし、現在は必要に応じてカメラやビデオカメラ、ICレコーダー、タブレット端末、パソコンなどのさまざまな機器も用いながら、多様な記録が作成されています（**表5－2**）。

どのような子どもの育ちを記録したいのか、園全体で取り組むテーマは何か、また、どのようなものであれば保育の質の向上につながるような記録として継続的に取り組めるのかも含めて、書式や内容をよく検討するようにしましょう。

ここでは、保育を記録するために用いられることの多い方法について解説します。

表５－２　主な記録の手段とそれぞれのメリット・デメリット

記録の手段	メリット	デメリット
文　字	・機器を使わなくても記録が可能である ・記録する過程で保育者の省察が加わる ・目的に応じて記録の形式を調整しやすい ・ほかの手段と組み合わせて活用しやすく、記録の質を高めることが期待できる ・記録の共有が容易である	・文字による記録のみの場合、観察者によるバイアス（歪み）が入り込みやすいため、客観性を担保し事実と乖離しないように注意が必要である
音　声	・保育者がICレコーダーを身につけるなどすることで、子どもとの言葉のやりとりを鮮明に記録できる ・記録、再生の手順が容易である	・機器から離れた位置は記録が難しい ・記録を生かすには、繰り返し聞き返したり、文字に起こしたりしたうえで、省察を加えるなどの作業が必要である ・記録を音声のままで共有するのは難しい ・記録の整理、編集、管理等に労力がかかる
写　真	・子どもの表情などありのままの瞬間を記録できる ・記録、再生、印刷の手順が手軽で容易であり、扱いやすい ・記録の共有が容易である	・適切な記録の瞬間を逃すこともあり、記録することにこだわり保育がおざなりにならないよう注意が必要である ・記録を生かすには、文字で省察を加えるなどの作業が必要である
動　画	・ありのままを連続して記録でき、情報量が多い ・子どもの表情や動き、空間的配置、保育者の援助など、文字にしにくい情報を記録するのに優れている ・記録、再生の手順は比較的容易であり、共有できる情報量も多い	・定点で撮影する場合、機器から離れた位置は記録が難しい ・記録を生かすには、繰り返し見返し、文字で省察を加えるなどの作業が必要である ・共有の際には、それまでの経緯など付加的な情報を説明することが必要である ・記録の整理、編集、管理等に労力がかかる

出所：筆者作成

鯨岡　峻・鯨岡和子『保育のためのエピソード記述入門』ミネルヴァ書房　2007年
鯨岡　峻・鯨岡和子『エピソード記述で保育を描く』ミネルヴァ書房　2009年
保育におけるエピソード記述の重要性やあり方、研修会で活用する際の留意点などについて、具体的に解説されている。

1 エピソード記述

エピソード記述は、保育において保育者が心を揺さぶられ、印象に残った出来事について、他者に伝えることを想定して描き出すもので、「背景」「エピソード」「考察」の３段階で構成されることを基本としています。鯨岡（2007、2009）によると、保育の経過記録のように、そこで起こった出来事を外側から眺めて「誰が書いてもこうなる」式に客観的に描くのではなく、保育者の目や身体を通して得た経験を保育者の思いを絡めて描く必要があります。

以下のエピソード記述は、幼稚園実習でのある出来事を実習生が記録したものです。このように、その場面に実際に立ち会った「主体としての保育者」でなければ描き出せない保育の営みの機微を豊かに取り上げ、そこから子どもだけでなく保育者である自分自身も含めた理解を深めていくことが重要です。

タイトル「ぼくのどうぶつずかん」（５歳児）

【背景】

秋の遠足で動物園に行くことが決定していた。子ども一人ひとりが、動物園に行ったときにみる図鑑づくりに取り組むことになった。図鑑づくりは、主活動ではなく自由遊びのときに取り組むコーナーとして配置してある。平仮名が書ける子どもや絵が得意な子どもはすすんで行っていた。私も動物の生態を動物図鑑を使って一緒に調べたり、平仮名が書けない子どもの援助をしたりしていた。M君は外遊びが大好きで、室内で遊ぶときも体を使って遊ぶコマ対決をして遊んでいた。初めてする活動には消極的で、細かい作業が苦手な印象がある。平仮名は“つ”しか書けなかった。

【エピソード】

実習６日目の朝、私は、自由遊びのときに図鑑づくりコーナーで連日のように何人かの子どもたちと図鑑づくりをしていた。すると、それまでコーナーに近づいてくることもなかったM君が紙をもって私の隣にすっと座った。驚いている私にM君は「先生、しろくま書きたい」というので、動物図鑑のしろくまのページを開く。すると「“しろくま”ってどう書くの？」とさっきよりも小さな声でポツリと呟いた。私は、別の紙にお手本として「短い線を書くよ」「数字の１みたいな縦の棒だよ」などと声を掛けながら、ゆっくりと“し”を書いた。M君は、真剣な表情で、じっと私が書く鉛筆の先をみつめていた。このようにして一緒に順を追って平仮名の練習をした。M君が図鑑に“しろくま”と書き終わり、私が「M君書けたね。し、ろ、く、ま！」と声をかけたが、「もう疲れた」といってコーナーを離れて、いつもやっているコマ遊びを始めた。図鑑づくりや文字を書くことがつまらなかったのかなと感じたが、コマ遊びをしながらも図鑑づくりが気になるようで、ちらちらとこちらの様子を確認している。そして、少しの時間も経たない内に「先生、次は“とら”、教えて」と大きな声でいいながら、早歩きで図鑑づくりコーナーに戻ってきた。

【考察】

図鑑づくりコーナーはとても人気で、いつもたくさんの子どもたちが集まっていたため、M君は以前から興味をもちながらも、なかなか来ることができなかったのかもしれない。実習が始まってからM君とは毎日一緒に外遊びをしており、一週間目である程度の関係が築けていたからこそ、自分がやりたいこと、でもわからないことを私に伝えようとしてくれたのではないだろうか。M君は、これまでほとんど平仮名を書けなかったが、私が付き添うなかで、見本をみながらでも書くことができ、再びコーナーに戻ってきたのも、できないと思っていたことができた喜びや達成感を感じられたからではないかと思い、とても嬉しかった。M君が“とら”と書いた後、嬉しそうに、少し照れくさそうに、首から図鑑をぶら下げていた姿が忘れられない。子どもが苦手だと感じていることでも、少しのきっかけによって挑戦してみることで、楽しい体験や自信などにつながることを学んだ。子ども一人ひとりの思いや発達に合わせて援助をし、保育者として支えていけるようになりたい。

2 環境図を用いた記録

環境図を用いた記録は、記録用紙に保育室や園庭等の環境図が配置されており、そこに誰がどこで何をして遊んでいたのかを書き込んでいくなかで、子どもが経験した内容や遊びと遊びのつながりを具体的に読み取りながら、保育者としての願いや次に必要な経験、保育者の援助や環境構成等を検討していくものです（図5－1）。この記録は、子どもたちが1つの遊びに継続的に取り組む段階で、同時に展開される複数の遊びをとらえるのに適しています。河邉（2013）は「保育マップ型記録」とし、遊びの指向性を時間的空間的にとらえようとしている点を特徴として挙げています。そして、これを書くことによって保育全体を俯瞰し、次の保育構想へとつなぐ視点を保育者に意識させるものであると述べています。

河邉貴子『遊びを中心とした保育――保育記録から読み解く「援助」と「展開」』萌文書林 2009年

「園でのこどもの遊びをどう理解するか」、「子どもが遊びのなかで育つということをどうとらえ、どう保育を構想することが可能なのか」をテーマとし、さまざまな保育記録を示しながら、具体的に解説されている。

4歳児　ほし組　1月23日（木）　天気：晴れ　欠席：２名（s児、t児）

●　全体の様子

寒さの厳しい日が続いているが、戸外、室内かかわらず、自分のしたい遊びに存分に取り組む姿が印象的であった。また、メンバーが変わりながらも継続的に取り組まれている遊びが多く、子ども同士で感じたことや思い、考えを伝え合う場面も多くみられた。

・築山の斜面を登っては、「とベー！」と声をあげながら駆け下りることを繰り返し楽しんでいる。
・糸が絡まないように一人ずつ行っていたが、M児が手持ち無沙汰だったときに「雪の結晶づくりの枝探し」が目に入り気になったようで、凧揚げをやめて移動した。

★M児にとっては、いつも遊んでいるメンバーから離れて違う遊びにふれるよい機会である。友だちの遊びに関心をもち関わっていく姿を十分に認めていきたい。

・はじめは保育室で雪の結晶づくりをしていたが、材料となる小枝を探し始めたところ、小枝探しのほうが楽しくなったような印象のＪ児と、Ｊ児と一緒にいるのが楽しい様子のＯ児。園庭をぐるぐると見回りながら小枝をみつけ、「これは赤ちゃんのヘビ」「スベスベで気持ちいい」などと形の面白さや触り心地の違いに気づき、興味を深めている。

★状況を見極めながら保育者も遊びに加わり発見に共感しながら、小枝を探すことを通して、ほかのさまざまなものにも関心を広げていけるようにしていきたい。

★Ｍ児が加わったことによって、遊びがどのように継続していくのかを見守っていきたい。

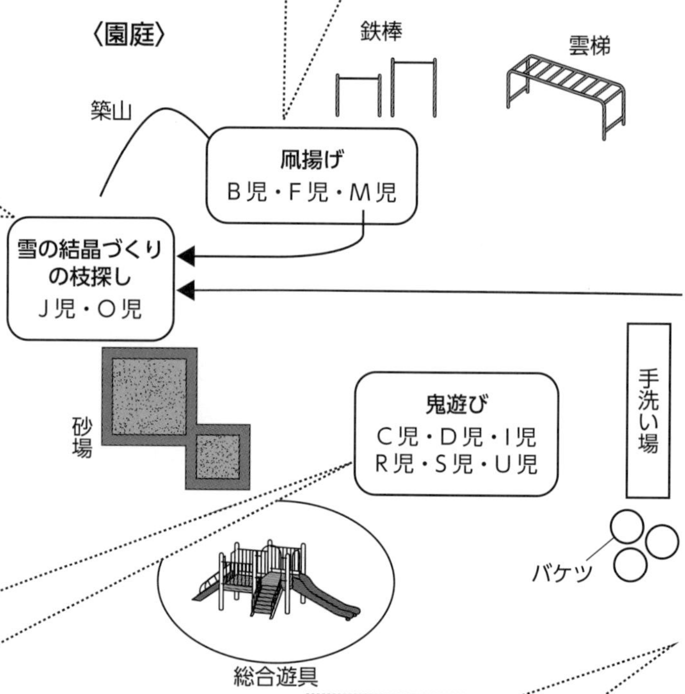

〈園庭〉

築山　鉄棒　雲梯

凧揚げ
Ｂ児・Ｆ児・Ｍ児

雪の結晶づくりの枝探し
Ｊ児・Ｏ児

砂場

鬼遊び
Ｃ児・Ｄ児・Ｉ児
Ｒ児・Ｓ児・Ｕ児

手洗い場

バケツ

総合遊具

・色鬼、バナナ鬼などをするなかで、途中から鬼の数を増やす、バナナ鬼で一旦捕まった後に解放される場合はゴリラのまねをするなど、自分たちで提案してルールをつくり変え、遊びがより楽しくなるように工夫する姿がみられた。
・実際にルールを変えてやってみると、メンバー全体で共通理解ができておらず、Ｉ児とＵ児がいい合いになる場面があった。保育者と一緒に状況を整理することで解決できた。

★自分たちなりにルールをつくり変えて取り組む面白さに共感するとともに、どのようにメンバーで共通理解をはかっていくのか、また意見の食い違いをどのように調整していくのか、引き続き介入もしつつ、ほかの保育場面でも伝えていきたい。

・寒い日が続くなか、「今日は凍ってる？」と登園してすぐ氷ができているかを確認するＧ児とＮ児。後から登園してきたＶ児とＹ児も加わり、氷をみたり触ったりして冷たさや感触を楽しんでいる様子。
・前日に入れておいた花が氷のなかにあるのをみつけ「氷のなかにあるのすごくきれい」「今度は葉っぱも入れてみよう」と口々に話す。

図５－１　環境

出所：筆者作成

[点線枠]…遊びの姿・子どもが経験している内容　　★…次の経験につなげる保育者の援助・環境構成

・月曜日に始まった「どうぶつのまちごっこ」は、前日は「雪の結晶づくり」をしていた P 児が新たに入って継続している。手づくりの耳や尻尾などを身につけ、なりきることを楽しんでいる。
・E 児が、トラ・リス・サルと動物ごとに離れて住んだほうがいいといい、大型ブロックで仕切りをつくる（これも先週末にサファリパークへ行ったことからくるアイデアだろうか）。しかし動物同士でやりとりがしづらくなったようで、コーナーが分割されたような状態になってしまう。「まちってお家のほかに何があるかな」と保育者がつぶやいたことで W 児が率先してお店づくりを始め、少し活気を取り戻す。

★それぞれの子どものイメージを引き出すことで、遊びが深まり展開していくように、必要に応じて介入して調整していく必要がある。

★制作材料棚周辺と行き来しながら遊びが進められているので、「どうぶつのまちごっこ」で扱う材料をコーナーよりに移動、補充し、動線がスムーズになるよう再構成する。

・火曜に少し雪が降って雪の結晶をみたこと、前日に小枝と毛糸でつくる雪の結晶のつくり方を知ったことで、意欲的に制作に取り組んでいる Q 児と T 児。
・T 児は、どの毛糸を使うかじっくり考えてから制作を始めていた。選んだ毛糸を机の上に並べた後、順番に手に取っている。つくり上げたいイメージが明確にあるようだ。

★Q 児、T 児ともに集中して取り組んでいるため、不必要な言葉がけはしないよう注意する。

★出来上がった作品を壁面に飾ったり、ほかの子どもに知らせたりし、充実感を感じられるよう認めていきたい。

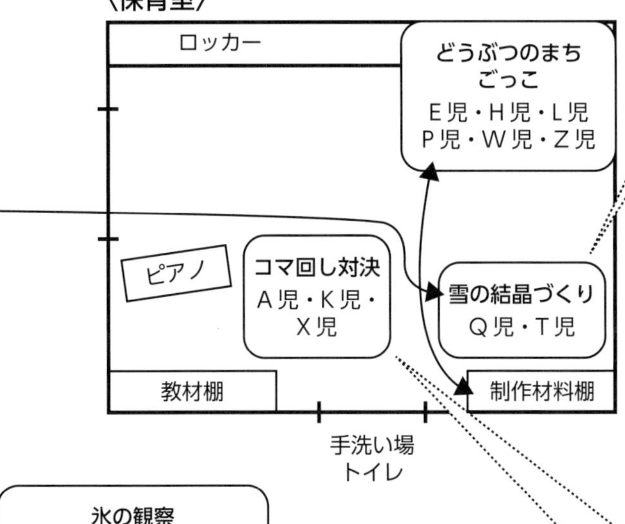

★強いコマで勝つことだけでなく、対決を長く楽しむことに面白さを感じ始めたようなので、ボードに障害を加える（たとえば紙コップなどを設置する）などして、ぶつかることによる回転の変化にも注目できるよう働きかけていきたい。

・A 児、K 児、X 児の３人で「コマバチバチバトル」と称して繰り返し対決している。
・今日は前日にダンボールでつくった対決ボードの上で二人ずつコマを回し、一緒にボードをもち上げてコマがよくぶつかり合いながら競うことを楽しんでいる。勝ち負けだけにこだわるのではなく、ボードの傾け具合もなんとかお互いで調整しようとしながら、より長く勝負ができるよう取り組んでいるように見受けられた。

★子どものつぶやきを丁寧に受け止めながら、感じたことに共感する。また、「なんで氷ができるんだろう」と問いかけて一緒に考えたり、氷ができやすい場所を探したりし、自然現象の不思議を感じながら面白さを味わえるようにする。

★花形の容器で違う形の氷ができるか試してみたり、虫眼鏡を用意し、氷のなかの気泡や凍らせた花、霜の様子などを観察できるようにしたりし、新たな気づきを支えていきたい。

図を用いた記録

③ ドキュメンテーション

ドキュメンテーションという言葉は、そもそも文書や記録のことを指しますが、保育においては、イタリアのレッジョ・エミリア市を発祥とする幼児教育実践方法「レッジョ・エミリア・アプローチ」のドキュメンテーションに由来します。森（2018）は、レッジョ・エミリア・アプローチでは、「子どもの世界の見方、感じ方をドキュメンテーションとして表すことにより、子ども一人ひとりが日常生活に対して独特な意味づけ・解釈をしていることへの気づきと理解を深める」ことになると述べています。

ドキュメンテーションでは、保育者は、子どもたちの遊びやプロジェクト活動などの活動を写真、映像、会話の録音やメモ、スケッチなどさまざまな方法によって記録します。そして、それらを活用して遊びや活動の経過を整理し、パネルなどの形で園内に展示することで保育を可視化します。パネルの作成では、単なる活動報告とならないように注意しましょう。子どもの写真に吹き出しをつけてそのときの発言や気持ちを書き込んでみたり、矢印を使って活動の流れをわかりやすく示したりするなど、子どもの経験や学びのプロセスがわかるように描き出していくことが重要です。

+α
プロジェクト活動
子どもたちの興味や関心からテーマを設定し、共通の目的やイメージをもって取り組むもの。数か月にわたって１つのプロジェクトに取り組むこともある。活動を通して、子ども同士で多様なやりとりが行われ、考える力や話し合う力などが育ち、協同的な学びが期待できる。

ワーク　吹き出しに書き込んでみよう！

以下の２枚の写真は、木製ブロックで遊ぶ子どもの様子を撮影したものです。あなたなりにこの場面の子どもの発言や気持ちをイメージし、吹き出しに書き込んでみましょう。

保育者にとっては、記録やパネルの作成を通して、遊びや活動の経過を辿りながら子どもの思いや経験、そのプロセスを具体的に理解し、次の保育の方向性を探る手がかりを得ることができるでしょう。また、保護者に対して園生活を通した子どもたちの育ちをわかりやすく伝え、情報共有をするための手立てにもなります。

一方、子どもにとっては、写真等をみながら自分の経験を振り返って自分自身の成長を感じたり、他児の様子を知ることで興味や関心を広げ、新しい遊びへの意欲を引き出したりすることも期待できます。

3　保育の評価に生かす記録

1 指導計画の評価と記録

保育は、「幼稚園教育要領」や「保育所保育指針」、「幼保連携型認定こども園教育・保育要領」に示されたねらいや内容、各園の教育・保育目標、教育課程や全体的な計画、子どもの実態等を踏まえて作成した指導計画にもとづき行われています。そのため、保育実践後には、指導計画のねらいや内容、保育者の援助や環境構成等が子どもの実態に即していたのかどうかについて、記録を通して具体的に省察、評価し、次の保育に向けて指導計画の改善を行っていく必要があります。「幼稚園教育指導資料第５集 指導と評価に生かす記録」（文部科学省、2013）では、指導の過程の評価に含まれるものとして、以下の３点を挙げています。

1．指導の過程でみられた幼児の姿を記録し、幼児の発達や学びを理解すること。

> ２．その理解を基に、ねらいに関連した幼児の発達及びそれ以外の発達を読み取ること。
> ３．幼児の発達の読み取りから、教師自身のねらいの設定の仕方や、指導の環境構成の適切さなどについて評価すること。

保育者は、子ども一人ひとりが、その子どもなりにどのように遊びや活動に取り組み、ねらいの達成に向かっていくのか、記録によってその過程に見通しをもちながら評価していくよう留意しましょう。また、視点をもって継続的に記録を取り、育ちを理解していくことによって、長期の指導計画の改善に生かすこともできます。それぞれの指導計画が、長期的な発達の見通しにもとづき、かつ、その時期の子どもの興味や関心に沿ったものであるのかどうかを評価していくことが大切です。

２ 記録と保育実践の省察

省察とは、自分自身をかえりみて、そのよしあしや是非を考えることです。以下は、倉橋惣三（→第１章）の著書『育ての心』の一節です。保育における省察の大切さを考えてみましょう。

> 「子どもらが帰った後」
> 子どもが帰った後、その日の保育が済んで、まずほっとするのはひと時。大切なのはそれからである。
> 子どもといっしょにいる間は、自分のしていることを反省したり、考えたりする暇はない。子どもの中に入り込みきって、心に一寸の隙間も残らない。ただ一心不乱。
> 子どもが帰った後で、朝からのいろいろのことが思いかえされる。われながら、はっと顔の赤くなることもある。しまったと急に冷や汗の流れ出ることもある。ああ済まないことをしたと、その子の顔が見えてくることもある。――一体保育は……。一体私は……。とまで思い込まれることも屢々（しばしば）である。
> 大切なのは此の時である。此の反省を重ねている人だけが、真の保育者になれる。翌日は一歩進んだ保育者として、再び子どもの方へ入り込んでいけるから。
>
> 出所：倉橋惣三「子どもたちの中にいて」津守　真・森上史朗編『育ての心（上）』フレーベル館　2008年

PDCAサイクル

PDCAサイクルは、ただ同じ過程をぐるぐると繰り返すことではない。一周ごとに保育の質が向上しながら繰り返されていなければならず、そのイメージをもって取り組むことが大切である。

計画（PLAN）を立て、計画にもとづく実践（DO）を行い、実践を評価（CHECK）し、評価をもとにした改善（ACTION）を行い、それが次の計画につながっていくという一連の流れを「PDCAサイクル」

といいます。保育の質を高めていくためには、この4つの過程を丁寧に繰り返していくことが求められます。たとえ計画を立てて保育が行われたとしても、保育後に振り返ることなく実践が繰り返されていればどうでしょうか。子どもが活動のなかで環境をどのように受け止め、何を楽しみどう取り組んでいたのかをかえりみないのは、子どもの育ちをないがしろにするということです。保育者として子どもの育ちを大切に、子どもの姿や環境、具体的な援助の一つひとつを丁寧に省察しましょう。

そして、この省察の際に欠かすことができないのが記録です。これまで述べてきた通り、記録にはさまざまな手段や様式がありますが、自分がどのような援助をした、子どもが何をして遊んだなどといった事実の羅列では、十分な省察がなされたとはいえません。記録することが目的なのではなく、記録する過程で子どもの育ちや保育について熟考すること、何度も読み返して子どもの発達や課題を理解するとともに保育全体を評価し、今後の保育に生かすことが省察であることに留意しましょう。援助の根拠となった子ども理解や援助に対する子どもの反応、子どもが遊びを通して何を学び、どう育っているのかに重点を置き、記録していくことが大切です。

3 記録を生かした保育カンファレンス

保育カンファレンスなどの際に、保育の記録をほかの保育者と共有し、ともに検討することが重要です。共有するということは、その内容について複数人で話し合い、多面的にとらえられるということです。一人では気づかなかった子どもの育ちや変化に目を向けることで、子ども理解がさらに深まるだけでなく、保育者としての自分の子どもの見方や援助の特徴、傾向などを自覚する機会にもなるでしょう。さまざまな考えが出されることもありますが、どれが正しくて、どれが正しくないなどといったように正解を探すのではなく、そういう子どもの読み取り方もある、そういう援助も試してみようなどと、保育を充実させるためのヒントとして生かしていく姿勢が大切です。次のよりよい保育実践や保育者としての専門性の向上につなげていきましょう。

また、今井（2009）が、カンファレンスの意味を「保育実践の改善と保育者間の関係性を深めること」と述べているように、保育者間で子どもの育ちや保育実践を積極的に共有していくことは、同僚性を高め、園全体の保育の質を向上させることにもつながっています。互いに自分の保育をオープンにし助言を求めたり、経験年数を超えて率直かつ建設的に意見を出し合ったりと、支え合える温かい集団の雰囲気が日常的に育まれていることが求められます。

コトバ

保育カンファレンス
保育領域で行われる事例検討や研修の方法の1つで、正答や意見の一致を求めるのではなく、多様な意見を出し合うことによって事例や対象児への理解を深めたり、考えを再構築したりし、専門性を高めていくことを重視するものである。管理職者や先輩保育者が指導するのではなく、発言の平等性や参加者相互の学び合いという対等な協働的関係が強調される（古賀、2018）。

同僚性
保育者同士が互いに支え合い、専門性などを高め合っていく協働的な関係のこと。

第3節
子どもの発達と学びをつなぐ幼保小連携のあり方

学習のポイント

●子どもの発達と学びの連続性に配慮した幼保小連携のあり方について考えましょう。
●現状を踏まえ、滑らかな接続に向けて保育現場に求められる姿勢について学びましょう。

1　幼保小連携をめぐる社会的背景

子どもたちにとって、卒園を経た小学校入学前後の接続期は、期待だけでなく大きな不安感や困難感を感じる時期でもあります。というのも、幼児教育では、遊びを通した総合的な学びを大切に、方向目標としてのねらいにもとづいて保育者が環境を構成し、子どもの主体的な活動を支えています。

一方、小学校教育では、教科書等を用いた教科指導であり、到達目標としてのねらいにもとづいた学習活動が展開されています。入学した子どもにとっては、このような根本的な学び方の違いや時間割制、宿題、もち物の管理の増加など、たくさんの変化が大きな「段差」となり、戸惑いが生じます。また、少子化や核家族化、地域コミュニティの希薄化などにより、身近にモデルがおらず、子どもだけでなく保護者も含めて育ちの具体的なイメージがもてないことも不安感や困難感の原因になっていると考えられます。

このような状況を背景として起こる小１プロブレムなどの問題は、学級全体の学びの習得にも直結する深刻な問題です。そのほかにも、発達障害のある子どもについて、小学校就学時に個別の支援計画が十分に引き継がれていない問題も指摘されています（日本経済新聞、2017）。調査対象施設のうち幼稚園は47％、保育所は35％が引き継いでおらず、計画の作成対象が施設ごとに異なることも原因の一つと考えられますが、小学校側との連携が十分に行われているとはいい難い現状です。

個別の支援計画のほかにも、障害の有無にかかわらず、就学に当たって保護者が支援のための情報の引き継ぎを希望する場合に作成される就学支援シートがあることも覚えておきましょう。自治体によってシートの内容や取り組み状況はさまざまですが、子どもの興味や関心、健康や身体、人との関わりに関すること、必要な配慮などを中心として、就学

コトバ

小１プロブレム
小学校に入学したばかりの１年生が、授業中に座っていられない、教師の話を聞かない、騒ぐ、集団行動が取れないなど、学校生活に馴染めない状態が続くこと。原因は、接続期の段差のほかにも、家庭の教育力や教員の指導力不足などが挙げられている。第６章、第７章も参照のこと。

個別の支援計画
障害のある子どもなど一人ひとりに対するきめ細やかな指導や支援を組織的、継続的、計画的に行うために作成するもの。「幼稚園教育要領」では、障害のある幼児などの指導に当たっては、「計画を作成し、活用に努めること」とされている。

後の支援に生かせるように保護者と園、療育機関等が記入するよう構成されています。このような媒体も活用しながら、子どもや保護者の不安感、困難感を軽減し、円滑な接続を実現するために、幼稚園や保育所、認定こども園と小学校には、互いがしっかりと連携協力し、具体的に取り組んでいくことが求められています。

2　発達と学びの連続性に配慮した接続のあり方

小学校教育との接続について、「幼稚園教育要領」（第１章第３の５小学校教育との接続に当たっての留意事項）では以下のように示されています（「保育所保育指針」（第２章４（２））、「幼保連携型認定こども園教育・保育要領」（第１章第２－１（５））にも同様の内容が示されています）。

５　小学校教育との接続に当たっての留意事項
（１）幼稚園においては、幼稚園教育が、小学校以降の生活や学習の基盤の育成につながることに配慮し、幼児期にふさわしい生活を通して、創造的な思考や主体的な生活態度などの基礎を培うようにするものとする。
（２）幼稚園教育において育まれた資質・能力を踏まえ、小学校教育が円滑に行われるよう、小学校の教師との意見交換や合同の研究の機会などを設け、「幼児期の終わりまでに育ってほしい姿」を共有するなど連携を図り、幼稚園教育と小学校教育との円滑な接続を図るよう努めるものとする。

このように、幼児教育と小学校教育を円滑に接続するためには、子どもの発達特性を十分に理解したうえで、その連続性に配慮した取り組みを行っていくことが求められます。子どもが何に興味や関心をもち、遊びを通して何を感じ、考え、学んでいるのかを具体的にとらえ、それが小学校以降の学びにどのようにつながっていくのかを見通すことが重要です。

2016（平成28）年には、「幼稚園、小学校、中学校、高等学校及び特別支援学校の学習指導要領等の改善及び必要な方策等について（答申）」にもとづき、幼児教育において育みたい資質・能力の明確化が行われました。図５－２の通り、資質・能力の３つの柱として「知識及び技能の基礎」、「思考力・判断力・表現力等の基礎」、「学びに向かう力、人間性等」を挙げ、幼児教育で育まれた資質・能力を基盤として、小学校以上

小学校学習指導要領における幼児教育との接続

「小学校学習指導要領」（第１章第２－４（１））に「幼児期の終わりまでに育ってほしい姿を踏まえた指導を工夫することにより、幼稚園教育要領等に基づく幼児期の教育を通して育まれた資質・能力を踏まえて教育活動を実施し、児童が主体的に自己を発揮しながら学びに向かうことが可能となるようにすること」と明記されている。

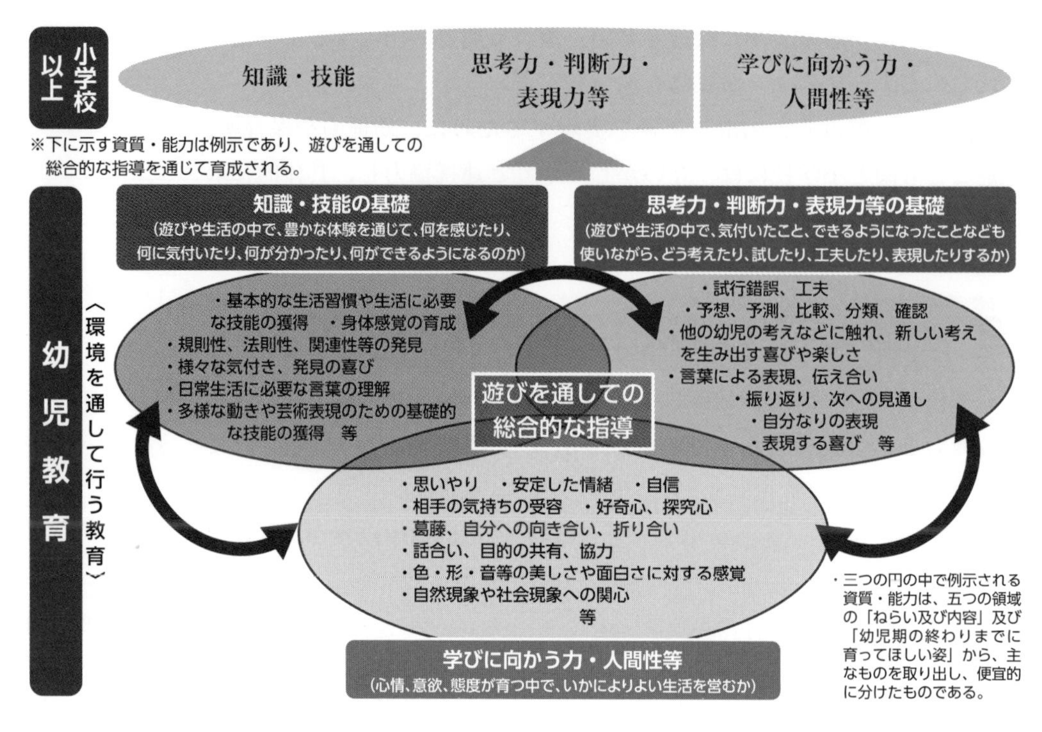

図５－２　幼児教育において育みたい資質・能力の整理
出所：文部科学省「幼児教育部会における審議の取りまとめについて（報告）」2016 年

で新たな資質・能力が培われていくことを示しています。

また、資質･能力に加えて「幼児期の終わりまでに育ってほしい姿」(表５－３）が明示されました。これは、特に５歳児後半にみられるようになる姿です。発達していく方向を意識して、５歳児以前からそれぞれの時期にふさわしい指導を積み重ねていくことが求められます。また、これは到達目標ではないため、この姿がみられるかみられないかで子どもを評価するのではないこと、10 ある姿を個別に取り出して指導するものではないことに留意しましょう。指導要録・保育要録などを含め、小学校側との連携の際に用いることで子どもの具体的な姿を共有し、小学校教師に幼児教育での子どもの発達や保育者の意図について伝えることが、円滑な接続をはかるうえで重要です。

幼保小連携に当たっては、これらを踏まえ、園と小学校の双方が共通認識をもつとともに、互いの教育の特色に理解を深め取り組むようにしましょう。そのうえで、互いの立場を尊重しながらともに試行錯誤することが、子どもの発達や学びの連続性に配慮した接続の実現へとつながっています。

表５－３　幼児期の終わりまでに育ってほしい姿

健康な心と体	園生活のなかで、充実感をもって自分のやりたいことに向かって心と体を十分に働かせ、見通しをもって行動し、自ら健康で安全な生活をつくり出すようになる。
自立心	身近な環境に主体的に関わりさまざまな活動を楽しむなかで、しなければならないことを自覚し、自分の力で行うために考えたり、工夫したりしながら、諦めずにやり遂げることで達成感を味わい、自信をもって行動するようになる。
協同性	友だちと関わるなかで、互いの思いや考えなどを共有し、共通の目的の実現に向けて、考えたり、工夫したり、協力したりし、充実感をもってやり遂げるようになる。
道徳性・規範意識の芽生え	友だちとさまざまな体験を重ねるなかで、してよいことや悪いことがわかり、自分の行動を振り返ったり、友だちの気持ちに共感したりし、相手の立場に立って行動するようになる。また、きまりを守る必要性がわかり、自分の気持ちを調整し、友だちと折り合いをつけながら、きまりをつくったり、守ったりするようになる。
社会生活との関わり	家族を大切にしようとする気持ちをもつとともに、地域の身近な人とふれ合うなかで、人とのさまざまな関わり方に気づき、相手の気持ちを考えて関わり、自分が役に立つ喜びを感じ、地域に親しみをもつようになる。また、園内外のさまざまな環境に関わるなかで、遊びや生活に必要な情報を取り入れ、情報にもとづき判断したり、情報を伝え合ったり、活用したりするなど、情報を役立てながら活動するようになるとともに、公共の施設を大切に利用するなどして、社会とのつながりなどを意識するようになる。
思考力の芽生え	身近な事象に積極的に関わるなかで、物の性質や仕組みなどを感じ取ったり、気づいたりし、考えたり、予想したり、工夫したりするなど、多様な関わりを楽しむようになる。また、友だちのさまざまな考えにふれるなかで、自分と異なる考えがあることに気づき、自ら判断したり、考え直したりするなど、新しい考えを生み出す喜びを味わいながら、自分の考えをよりよいものにするようになる。

自然との関わり・生命尊重	自然にふれて感動する体験を通して、自然の変化などを感じ取り、好奇心や探究心をもって考え、言葉などで表現しながら、身近な事象への関心が高まるとともに、自然への愛情や畏敬の念をもつようになる。また、身近な動植物に心を動かされるなかで、生命の不思議さや尊さに気づき、身近な動植物への接し方を考え、命あるものとしていたわり、大切にする気持ちをもって関わるようになる。
数量や図形、標識や文字などへの関心・感覚	遊びや生活のなかで、数量や図形、標識や文字などに親しむ体験を重ねたり、標識や文字の役割に気づいたりし、自らの必要感にもとづきこれらを活用し、興味や関心、感覚をもつようになる。
言葉による伝え合い	保育者や友だちと心を通わせるなかで、絵本や物語などに親しみながら、豊かな言葉や表現を身につけ、経験したことや考えたことなどを言葉で伝えたり、相手の話を注意して聞いたりし、言葉による伝え合いを楽しむようになる。
豊かな感性と表現	心を動かす出来事などにふれ、感性を働かせるなかで、さまざまな素材の特徴や表現の仕方などに気づき、感じたことや考えたことを自分で表現したり、友だち同士で表現する過程を楽しんだりし、表現する喜びを味わい、意欲をもつようになる。

出所：文部科学省「幼稚園教育要領」(2017) 第1章第2をもとに筆者作成

3　円滑な接続に向けた取り組みと課題

1 幼保小連携のさまざまな取り組み

幼保小連携の取り組みとして、まず、子ども間の交流活動が挙げられます。「幼稚園教育要領」の第1章第6「幼稚園運営上の留意事項」には、「幼稚園教育と小学校教育の円滑な接続のため、幼稚園の幼児と小学校の児童との交流の機会を積極的に設けるようにするものとする」ことが示されており、子ども間の交流活動については、かなり活発に進められ、多くの進展がなされています（無藤、2006）。

たとえば、園の子どもたちが小学校を訪問して一緒に給食を食べたり、小学生が園を訪問して子どもたちに読み聞かせをしたり、運動会や音楽会などの行事に参加したりするなどさまざまです。園の子どもにとっては、小学校の環境に親しみをもち、小学生に憧れを抱くなかで、入学への期待を高めることができるでしょう。一方、小学生にとっては、年下の子どもとの関わりを通して、思いやりの心を育んだり、自分の成長を感じたりする機会になるなど、双方の子どもたちにとって意義のある活動といえます。

また、保育者・小学校教師間の交流も欠かすことはできません。保育参観や授業参観、意見交換や合同研修、人事交流などを通じて、それぞれの時期に子どもがどのようなことを体験し、学んでいるのかに加え、保育者や小学校教師がどのような意図をもって、日々保育や教育を行っているのかへの理解を深めることができます。

そのほかにも、園では小学校就学を見通しながら、友だちと一緒に保育者の話を聞いたり、行動したり、きまりを守ったり、協同的な遊びに取り組んだりする経験を重ねています。それに対し、小学校では、入学当初においては、スタートカリキュラムを編成し、生活科を中心として合科的な指導や柔軟な時間割の設定などが行われています。小学校生活への適応を急ぐのではなく、園での生活を意識して構成していくことが、接続期の段差をより小さくすることにつながっています。

協同的な遊びに取り組む

コトバ

協同的な遊び

友だちと同じ目的をもち、協力したり、役割をもったりしながら取り組む遊びのこと。主に5歳児の保育で取り組まれる。

スタートカリキュラムの編成

新入児童の小学校生活の適応を促し、小1プロブレムなどの解決にも効果的であると考えられている。篠原･田村（2009）によると、国語・音楽・図画工作などの他教科と関連が深い生活科がもつ教科目標の抽象度の高さと学習の自由度の大きさが、合科的な指導をより効果的にする。

2 幼保小連携の課題

子ども間や保育者・小学校教師間の交流は進んできているものの、課題もあります。それは、計画的、継続的、組織的に取り組んでいくことです。たとえば、子ども間の交流において活動を深めていくためには、計画を主とした事前の打ち合わせだけでなく、事後の振り返りも欠かせません。しかし、多忙な保育･教育現場では、双方の時間の調整がつかず、十分に行えていないことも多いのが現状です。また、連携の取り組みの一つひとつがその場限りのイベントとして行われてしまっていたり、一部の保育者や小学校教師のみで取り組まれ、人事異動などで連携の状況が変わってしまうこともあったりします。

幼保小連携の取り組みをより充実させるには、第１に、取り組みを具体的な記録として残し、それを活用していくことが重要です。記録によって、子どもの変化や育ちを継続的に辿ることができるだけでなく、交流後の振り返りを効果的に行えたり、場合によっては記録の交換を通して意見交換をしたりするなど、限られた時間のなかで交流活動の意義を深めることが期待できます。また、次年度に担当者が変わった際にも記録が保管されていることによって、活動の内容や成果を明瞭に把握することができます。

第２に、取り組みを年間計画に位置づけ、長期的な計画をもとに継続的に取り組んでいくことが必要です。比較的、弾力的に指導計画等を調整できる園に比べ、小学校は年度途中の変更や時間の確保は難しい傾向にあります。教育課程等の接続を意識しながら継続的に取り組んでいくためにも、前年度中に話し合い、計画的に実施できるよう配慮しましょう。そうして園と小学校の日常的な連携体制を確立し、園、小学校全体で組織的に取り組む意識を高めることが不可欠です。

第５章では、「保育の観察と記録」をテーマに学んできました。これまで述べてきたように、いま、ここに生きる子どもをより深く理解し、援助していくために、観察や記録はなくてはなりません。その意義を十分に理解するとともに、観察や記録の視点は、丁寧に繰り返し積み重ねていくなかで磨かれていくことを心に留め、取り組んでいくことを期待します。その積み重ねが、保育者としての専門性と保育の質の向上、そして健やかな子どもの育ちにつながっていきます。

（写真提供：幼保連携型認定こども園 六満こども園）

演習課題

① 幼稚園・保育所と小学校の目的および幼児教育と小学校教育の特徴をまとめ、円滑な接続のために必要な配慮をそれぞれの立場から考えてみましょう。

② 実習等においてあなたが体験した「子どもの育ちを感じたエピソード」を書いてみましょう。次に、書いた記録をグループでみせ合い、考察を深めるとともに、記録として改善できる点についても話し合ってみましょう。

【引用・参考文献】

今井和子編著 『保育を変える 記録の書き方 評価のしかた』 ひとなる書房　2009年

小川博久 『保育援助論』 生活ジャーナル　2000年

小川博久 『遊び保育論』 萌文書林　2010年

尾山祥子・中橋美穂 「2歳児の遊びを支える担任保育者の実践的思考の検討――自由遊び場面に対する振り返りの語りに着目して」『エデュケア』38　2018年
河邉貴子 『遊びを中心とした保育――保育記録から読み解く「援助」と「展開」』 萌文書林　2009年
河邉貴子 『保育記録の機能と役割――保育構想につながる「保育マップ型記録」の提言』 聖公会出版　2013年
鯨岡　峻・鯨岡和子 『保育のためのエピソード記述入門』 ミネルヴァ書房　2007年
鯨岡　峻・鯨岡和子 『エピソード記述で保育を描く』 ミネルヴァ書房　2009年
倉橋惣三 「子どもたちの中にいて」 津守　真・森上史朗編 『育ての心（上）』 フレーベル館　2008年
厚生労働省 「保育所保育指針解説」 2018年
厚生労働省 「保育所保育指針の適用に際しての留意事項について」 2018年 https://www.mhlw.go.jp/file/06-Seisakujouhou-11900000-Koyoukintoujidoukateikyoku/0000202911.pdf（2020年10月10日アクセス）
篠原孝子・田村　学編著 『こうすればうまくいく！　幼稚園・保育所と小学校の連携ポイント』 ぎょうせい　2009年
角尾和子編著 『プロジェクト型保育の実践研究――協同的学びを実現するために』 北大路書房　2008年
内閣府・文部科学省・厚生労働省 「幼保連携型認定こども園園児指導要録の改善及び認定こども園こども要録の作成等に関する留意事項等について（通知）」 2018年 https://www8.cao.go.jp/shoushi/kodomoen/pdf/h300330/youroku_jikou.pdf（2020年10月10日アクセス）
内閣府・文部科学省・厚生労働省 「幼保連携型認定こども園教育・保育要領解説」 2018年
日本経済新聞 「発達支援児の支援計画 進学時引き継ぎ不十分 総務省勧告」 2017年1月20日　夕刊 2017年
能智正博編 古賀松香・澤田英三・箕輪潤子 『質的心理学辞典』 新曜社　2018年
松本峰雄・安藤和彦・髙橋　司編著 『改訂保育職論』 建帛社　2019年
無藤　隆 「第1章 幼稚園教育と小学校教育をつなぐもの」 お茶の水女子大学附属幼稚園・小学校著 『子どもの学びをつなぐ――幼稚園・小学校の教師で作った接続期カリキュラム』 東洋館出版社　2006年
森　眞理 「ドキュメンテーション――レッジョ・エミリアとの対話」『発達』156　ミネルヴァ書房　2018年
文部科学省　保育所・幼稚園・小学校の連携の推進に関する調査研究協力者会議 「2008（平成20）年　保育所・幼稚園・小学校の連携の推進に関する調査研究協力者会議（第1回）配付資料　資料4　保幼小連携の成果と課題（調査研究事業報告書等より）」

https://www.mext.go.jp/b_menu/shingi/chousa/shotou/057/shiryo/attach/1367255.htm（2019年6月20日アクセス）

文部科学省「幼稚園教育指導資料第５集 指導と評価に生かす記録」2013年

文部科学省「幼児教育部会における審議の取りまとめについて（報告）」2016年
https://www.mext.go.jp/b_menu/shingi/chukyo/chukyo3/057/sonota/__icsFiles/afieldfile/2016/09/12/1377007_01_4.pdf（2019年6月20日アクセス）

文部科学省「小学校学習指導要領」2017年

文部科学省「幼稚園教育要領」2017年

文部科学省「幼稚園教育要領解説」2018年

文部科学省　幼児期の教育と小学校教育の円滑な接続の在り方に関する調査研究協力者会議「幼児期の教育と小学校教育の円滑な接続の在り方について（報告）」2010年
https://www.mext.go.jp/component/b_menu/shingi/toushin/__icsFiles/afieldfile/2011/11/22/1298955_1_1.pdf（2019年6月20日アクセス）

文部科学省「幼稚園及び特別支援学校幼稚部における指導要録の改善について（通知）」2018年
https://www.mext.go.jp/a_menu/shotou/youchien/__icsFiles/afieldfile/2018/04/02/1403169_01.pdf（2020年10月10日アクセス）

第6章

発達障害児とその家族支援

自閉症スペクトラムや ADHD（注意欠如多動性障害）という言葉を聞いたことがありますか。これらは発達障害（注）とよばれる障害の一例です。発達障害の子どもは言葉の遅れ、対人関係の困難、こだわりの強さ、落ち着きのなさなど、社会性や人とのコミュニケーションに困難を示します。周囲の人間も、子どもが何に困っているのかわからず、戸惑うことも多くあります。しかし発達障害は早期発見、早期支援によってその後の円滑な社会生活が促進される障害でもあります。したがって保育者は、発達障害児にとって幼少期の関わりが重要であることを心に留め、発達障害についてよく知っておかねばなりません。

この章ではまず、発達障害とは何かを学びます。次に、事例を通して発達障害児との関わり方を考えます。さらに、発達障害児と家族への支援についても学んでいきましょう。

（注）アメリカ精神医学会発行『精神疾患の診断・統計マニュアル第５版』では、発達障害は「神経発達症群」（neurodevelopmental disorder）という呼称となり、わが国でも医学分野を中心にこの呼称が普及しつつあります。しかし保育、教育、福祉といった分野ではいまだ「発達障害」の呼称が用いられることが多く、本書の読者にも馴染みが深いと考えられるため、本章では以下「発達障害」の表記を用いることとします。

第１節
発達障害児とは

学習のポイント

●障害のある子どもについて保育所保育指針等でどのように記されているかをおさえます。
●発達障害の定義、種類、法律などを学びましょう。

１　障害のある子ども

コトバ

インクルーシブ教育
障害のある子どもとない子どもが同じ場で学ぶ教育。第３節で詳述。

1 障害のある子どもについて学ぶ意義

インクルーシブ教育の普及によって、障害のある子どもと健常な子どもが一緒に保育を受けることが増えています。その場合、障害のある子どもには特別な配慮が必要になります。どのような配慮が必要でしょうか。保育所保育指針および幼稚園教育要領では、障害のある子どもについて以下のように記しています。

> 障害のある子どもの保育については、一人一人の子どもの発達過程や障害の状態を把握し、適切な環境の下で、障害のある子どもが他の子どもとの生活を通して共に成長できるよう、指導計画の中に位置付けること。また、子どもの状況に応じた保育を実施する観点から、家庭や関係機関と連携した支援のための計画を個別に作成するなど適切な対応を図ること。　（保育所保育指針第１章３保育の計画及び評価）
>
> 障害のある幼児などへの指導に当たっては、集団の中で生活することを通して全体的な発達を促していくことに配慮し、特別支援学校などの助言又は援助を活用しつつ、個々の幼児の障害の状態などに応じた指導内容や指導方法の工夫を組織的かつ計画的に行うものとする。また、家庭、地域及び医療や福祉、保健等の業務を行う関係機関との連携を図り、長期的な視点で幼児への教育的支援を行うために、個別の教育支援計画を作成し活用することに努めるとともに、個々の幼児の実態を的確に把握し、個別の指導計画を作成し活用することに努めるものとする。
>
> （幼稚園教育要領第１章第５特別な配慮を必要とする幼児への指導）

これらの記述から、園では障害のある子ども一人一人の障害の状態を正確に把握し、それを指導内容に反映させなければならないことがわかります。また家庭や関係機関との連携が求められていることもわかります。ここで重要なのは、これらを実現していくためには、保育者は障害についてきちんと知っておく必要があるということです。障害のある子どもの保育は健常な子どもの保育のようにはいきません。正しい知識をもたないまま感覚や常識に頼って保育をしていたら、その子どもの発達を阻害することにもなりかねません。保育者を目指す人は、障害とその周辺について広く学び、正しい知識を身につけておく必要があるのです。

2 さまざまな障害

障害にはさまざまな分類があります。国際的な分類として近年知られているのは、ICF（International Classification of Functioning, Disability and Health；国際生活機能分類）です。これは「できないこと」というマイナス面から障害を分類する旧来の考え方を脱却し、生活機能という側面から分類しようとするもので、2001年にWHO総会で採択されました。障害者施策の基本的理念を示す法律である「障害者基本法」第2条では、障害者の定義を「身体障害、知的障害、精神障害（発達障害を含む。）その他の心身の機能の障害」としています（2011〈平成23〉年改正）。

身体障害とは、視覚障害、聴覚・言語障害、肢体不自由など身体の機能に障害がある状態のことです。知的障害とは、言語や認知など知的機能に遅れがある状態のことです。精神障害とは、統合失調症やうつ病など心にまつわる障害のことです。

では発達障害とはどのような障害でしょうか。発達障害という言葉を聞いたことのある人は多いと思います。発達障害についてのイメージも、何となくは抱いていることでしょう。しかし、発達障害とは何かと改めて問われたとき、正確に説明できるでしょうか。

発達障害は近年注目を集めており、園や小学校でも発達障害児の保育・教育は大きな問題となっています。この章では発達障害に焦点を当てて、発達障害児とその家族支援について考えます。

障害者基本法

障害者のための施策の計画推進と福祉増進を目的として制定された法律。1970（昭和45）年制定、2004年、2011年改正。

統合失調症

妄想、幻覚、まとまりのない発語等を主症状とする精神障害。

うつ病

抑うつ気分、興味・喜び・気力の著しい減退、不眠等を主症状とする精神障害。

2　発達障害とは何か

1 発達障害とは

発達障害は、発達期（成人期以前）に生じる精神的または身体的障害です。精神病質的な症状ではなく認知・社会性に障害が現れるところに特徴があります。発達障害では言語、動作、コミュニケーションなどに多くの困難が生じます。

言語能力に困難があると、読み書きが難しかったり、相手のいっていることが正しく理解できなかったり、自分が伝えたいことが正しく伝えられなかったりします。動作に困難があると、まっすぐ歩けなかったり、ボールをうまく投げられなかったり、手先を器用に動かせなかったりします。そしてコミュニケーションに困難があると、相手の表情や身ぶりから相手の気持ちを推測できなかったり、相手の気持ちに共感できなかったりします。このように発達障害は、人と人が関わっていくうえで必要な能力に妨げがある障害です。

発達障害は知的障害をともなう場合とそうでない場合があります。知的障害をともなう人は、生涯、周囲からの支援を必要とします。知的障害をともなわない人のなかには、大学を出て仕事に就き、自立して生活している人もいます。

発達障害は、発達の過程で明らかになります。つまり発達障害の乳児は、外見上は正常に生まれてきます。早い子どもでは１歳前後で診断がつきます。３～４歳になると保育所・幼稚園等での集団生活が始まるので、言葉の遅れやコミュニケーションの困難が目立ちはじめ、専門機関につながっていくことが多くなります。外見上は気になるところがなく、生後しばらくは誰も障害だと思わない点は、先天的な身体障害や生化学的な指標で生後すぐに診断がつくダウン症などと大きく異なるところです。

発達障害の原因は完全には解明されていませんが、発達障害児・者には脳に生まれつきの器質的障害があることがわかっています。これに加えて、遺伝的要素と環境的要素が複雑に影響しあって発達障害が発現すると考えられています。かつて発達障害は親の育て方のせいと考えられていた時代もありましたが、現在ではそのような考え方は否定されています。

発達障害に治療法はありません。発達障害は生涯続き、治ることはありません。しかし早期に発見し、適切な支援をすることで、その人らしく落ち着いて生活できる可能性が高いことがわかっています。発達障害には早期発見・早期支援が重要であるといわれるゆえんです。

ダウン症
体細胞の21番染色体が通常より１本多く存在することで起きる先天性障害。特徴的な顔貌、身体発達の遅れ、軽度～中度の知的発達の遅れを特徴とする。

器質的障害
障害の原因が身体の器官のどこかである状態。

２ 発達障害の種類と特徴

発達障害は症状によっていくつかの種類に分かれます。ここではまず、保育の場で問題となることの多い、自閉症スペクトラム障害、注意欠如・多動性障害（ADHD）についてみていきましょう。そのあとで、発達性協調運動障害、限局性学習障害についても触れておきます。

①自閉症スペクトラム障害（自閉スペクトラム症）

従来は自閉症という呼称が一般的でしたが、近年は自閉症スペクトラム障害とよばれることが増えています。これは精神疾患の国際的な診断基準である「精神疾患の診断・統計マニュアル」（DSM）と関係があります。1994年に発表された第4版（DSM-IV）では、自閉症、アスペルガー症候群、広汎性発達障害といった障害はそれぞれ別々の障害として記載されていました。しかし、2013年に発表された第5版（DSM-5）では、これらの診断名は廃止され、すべて「自閉症スペクトラム障害」という診断名に統合されたのです（図6－1）。

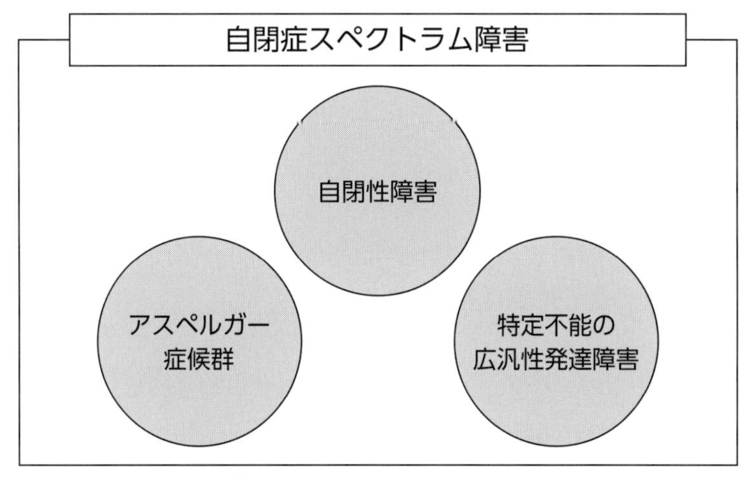

図6－1　自閉症スペクトラム障害

出所：筆者作成

スペクトラムとは幅や連続体という意味です。自閉症、アスペルガー症候群、広汎性発達障害といった障害の症状はオーバーラップする部分が多く、境界線を引くことが難しいため、別々の障害としてとらえるよりも、自閉症スペクトラム障害という一定の幅をもった障害群としてとらえる方が適切であると考えたのです。自閉的な特徴は重症例から軽症例、さらには一般集団へと連続的に分布していることがわかったことも、スペクトラムに例える根拠となっています（鷲見、2018）。

DSM-5では、自閉症スペクトラム障害の特徴を「社会的コミュニケーションの障害」と「行動、興味、または活動の限定された反復的な行動様式」の2つとしています。「社会的コミュニケーションの障害」とは、対人関係が下手で、他人との関わりやコミュニケーションが苦手ということです。「行動、興味、または活動の限定された反復的な行動様式」とは、自分の興味・関心のあるものに強いこだわりを示し、自分のやり

コトバ

アスペルガー症候群

DSM-Ⅳにおいて、知的障害、言語障害をともなわない自閉症スペクトラム障害として用いられた。DSM-5では廃止。

広汎性発達障害

DSM-Ⅳにおいて、自閉症、アスペルガー症候群など5つ精神行動障害の総称として用いられた。DSM-5では廃止。

方やペースを最優先するということです。

自閉症スペクトラム障害が疑われる子どもの特徴には、次のようなものがあります。

・視線が合わない、表情が乏しい
・一人でいることを好み、友だちと遊びたがらない
・表情や身ぶりなどから相手の気持ちをくみとることができない
・タイヤを回し続ける、水で遊び続けるなど、興味のある行動に没頭する
・興味のある行動を中断されるとパニックを起こす
・こだわりが強く、自分で決めたルールや順序の通りに行動したがり、急な予定変更に対応するのが苦手である
・感覚過敏がある

感覚過敏
周囲の音、匂い、光など特定の刺激に敏感に反応して激しい苦痛を感じること。生活に大きな不便をきたす。

もちろん上に挙げた特徴はほんの一例です。これらの特徴があるからといって、自閉症スペクトラム障害であると安易に決めつけることはできません。

②注意欠如・多動性障害（ADHD）

注意欠如・多動性障害（注意欠陥多動性障害ともいう）の特徴は、不注意と、多動性・衝動性です。不注意と多動性・衝動性は、どちらか一方の症状のみが現れる場合と、両方の症状が現れる場合があります。症状が６か月以上、２か所以上の状況（家庭と園など）で発生した場合に診断がつきます。注意欠如･多動性障害の原因は､脳の機能の偏りによって自分を制御できないことだと考えられています。

注意欠陥多動性障害
DSM-IV では、注意欠陥多動性障害という診断名だった。

注意欠如・多動性障害が疑われる子どもの特徴には、次のようなものがあります。

■不注意
・話しかけても聞いていない
・すぐに気が散る
・順序立ててものごとに取り組めない
・課題などを途中で投げ出してしまう
■多動性・衝動性
・手足をそわそわ動かす、椅子の上でもじもじする
・席に着いていられない
・走り回ったり高いところへ登ったりする
・順番を待てない

・しゃべりすぎる

③発達性協調運動障害

協調運動とは、手と足、目と手など、体の異なる部分を別々に機能させて行う運動のことです。園での活動でいえば、なわとび、まりつき、ボタンをかける、ハサミを使う、三輪車をこぐなどの運動がこれにあたります。

発達性協調運動障害が疑われる子どもは、こういった運動がうまくできず、不正確でぎこちない動き方をします。つまり発達性協調運動障害とは、知的な遅れや脳性マヒ等の神経疾患が原因ではないのに、きわめて不器用で、運動技能の遅さと不正確さを主症状とする障害です。発達性協調運動障害の症状は発達早期から現れるため、園生活のなかでみつかることも稀ではありません。

④限局性学習障害（LD）

限局性学習障害とは、知的な遅れや視覚・聴覚などの障害がなく、環境も整っているのに、読み書きや計算などいわゆる学校教育での学習において、特定の領域に多大な学習困難を示す発達障害です。限局性学習障害の子どもは昨日覚えた漢字が今日思い出せなかったり、数字が模様や顔のようにみえて計算ができなかったりします。限局性学習障害の症状は学校教育がはじまる小学校入学後以降に顕在化しやすく、園生活のなかでみつかることはあまりありません。

限局性
特定の領域に偏っているという意味。

3　発達障害をとりまく現状

発達障害は昔からありました。しかし、障害として認識されるようになったのは最近です。発達障害という語が最初に誕生したのはアメリカで、1960年代のことです。日本を含む他の国々に広まったのは1970年代以降だといわれています。これは他の障害と比べて非常に遅いといわざるをえません。たとえば身体障害を例にとると、わが国で初めて盲唖（もうあ）教育の場が開設されたのが1878（明治11）年、肢体不自由児教育機関が開設されたのが1921（大正10）年でした。知的障害も、1897（明治30）年にはわが国で初めての知的障害児施設が開設されています。発達障害がいかに最近になって認識されるようになった障害であるかがわかると思います。

盲唖
目のみえないことと話せないこと。

このような認識の遅れは、法整備の遅れにも表れています。わが国で初めてつくられた発達障害に関する法律は、2005（平成17）年に施行

表6－1　発達障害者支援法の全体像

Ⅰ　これまでの主な経緯

昭和55年　知的障害児施設の種類として新たに医療型自閉症児施設及び福祉型自閉症児施設を位置づけ
平成5年　強度行動障害者特別処遇事業の創設（実施主体：都道府県等）
平成14年　自閉症・発達障害者支援センター運営事業の開始（広汎性発達障害者を対象とした地域支援の拠点の整備の推進）
平成16年12月　超党派の議員立法により発達障害者支援法が成立　→　平成17年4月　施行
平成22年12月　発達障害が障害者に含まれるものであることを障害者自立支援法、児童福祉法において明確化
平成28年5月　超党派の議員立法により「発達障害者支援法の一部を改正する法律」が成立

Ⅱ　主な趣旨

○発達障害者に対する障害の定義と発達障害への理解の促進
○発達生活全般にわたる支援の促進
○発達障害者支援を担当する部局相互の緊密な連携の確保、関係機関との協力体制の整備　等

Ⅲ　概要

定義：発達障害＝自閉症、アスペルガー症候群その他の広汎性発達障害、学習障害、注意欠陥多動性障害などの脳機能の障害で、通常低年齢で発現する障害

就学前（乳幼児期）	就学中（学童期等）	就学後（青壮年期）
○乳幼児健診等による早期発見 ○早期の発達支援	○就学時健康診断における発見 ○適切な教育的支援・支援体制の整備 ○放課後児童健全育成事業の利用 ○専門的発達支援	○発達障害者の特性に応じた適切な就労の機会の確保 ○地域での生活支援 ○発達障害者の権利擁護

【都道府県】発達障害者支援センター（相談支援・情報提供・研修等）、専門的な医療機関の確保等

【国】専門的知識を有する人材確保（研修等）、調査研究等

出所：内閣府「平成29年版　障害者白書」

された「発達障害者支援法」です（表6－1）。これ以前には、わが国には発達障害児･者を支える法律はありませんでした。一方、身体障害、知的障害、精神障害に関する法律は1960（昭和35）年までに整備されていましたから、発達障害に関する法整備がいかに遅れていたかがわかると思います。

「発達障害者支援法」は、発達障害を早期に発見し、発達支援を行うことに関する国及び地方公共団体の責務を明らかにするとともに、学校教育における発達障害児への支援、発達障害者の就労の支援等について定めた法律です。この法律が施行されてからは、発達障害は徐々に世のなかに知られるようになり、発達障害児・者を取り巻く環境は改善していきました。しかし、社会の理解や支援はまだ十分とはいえません。

有病率
ある一時点での疾病の罹患率のこと。

わが国にはどれくらいの数の発達障害児がいるのでしょうか。2010年度に発表された厚生労働省の調査によると、幼児期の発達障害の有病率は1.6％と推計されています。一方、2012年度に発表された文部科学省の調査では、発達障害の可能性のある児童生徒は全体の6.5％と推計されています。ずいぶん数値に差がありますが、この理由としては、障害の定義、子どもの年齢、調査対象者（医療者、保護者、教師）などの違いが考えられます。しかしいずれにしても、わが国には決して少なくない数の発達障害の可能性のある子どもがいることがわかります。

第2節
発達障害児の理解

学習のポイント
●事例にもとづいて、発達障害児の理解を深めましょう。
●発達障害児を理解するうえで、助けとなるものを学びましょう。

第1節で、発達障害とはどのような障害かをみてきました。第2節では、発達障害児の事例に取り組んでみましょう。発達障害児を理解するにはどのような手だてが有効かも考えていきます。

1　自閉症スペクトラム障害をもつ子どもの理解

以下に示す事例は、自閉症スペクトラム障害をもつA君の事例です。この事例を読んで、A君にどのような特徴があるか、なぜA君はそのような行動をとるのかを考えてください。そして保育者としてどのように接していくのがよいかも考えてみましょう。

事例6－1　雨のなかで外遊びをしたがるA君

3歳のA君は自閉症スペクトラム障害の診断を受けています。A君にはまだ発語がありません。A君は登園から降園までの過ごし方を決めていて、毎日その通りにしたがります。朝の会のあとは外遊びをすると決めているのですが、今日は朝から雨が降っていて、外遊びができません。しかしA君は靴箱から靴を出し、傘もささずに園庭に飛び出しました。保育士がA君を追いかけて、「今日は雨が降っているから、なかで遊ぼうね」と連れ戻しても、すぐにまた飛び出してしまいます。何度かこれをくりかえしたあと、突然A君は激しく泣いて、教室の床に自分のおでこを打ちつけるのでした。

発語
言葉を発すること。発語に遅れがない場合、2歳で2語文がいえるとされる。

通常3歳児であれば、外で遊べないのは残念だけれど雨が降っているなら仕方がないからなかで遊ぼう、というふうに気持ちを切りかえることができます。しかしA君は自分の決めたルールの通りに行動したがり、いつもと違う状況に対して臨機応変に対応できません。これは第1

節の自閉症スペクトラム障害の特徴にあった「自分で決めたルールや順序の通りに行動したがり、急な予定変更に対応するのが苦手である」に当てはまります。

A君はなぜこのような行動をとるのでしょうか。自閉症スペクトラム障害の人が自分で決めたルールの通りに行動するのは、わがままや自分勝手だからではなく、安心感を得るためだと考えられています。発達障害の人は今起きていることの意味を理解したり、次に何が起きるのかの予測を立てたりすることが困難で、日々不安のなかで生きているといわれています。そのため自分が決めたルールの通りに行動することで、次に何が起きるかの予測を立てやすくして、安心して過ごそうとしているのです。このように考えれば、たとえ雨でも朝の会のあとには外遊びに行かなくてはならなかったA君の切実さが理解できると思います。A君の行動の本当の理由はA君にしかわかりませんが、発達障害の人がとる行動には彼らなりの切実な理由があるという視点をもつことは重要です。

保育士がA君を室内に連れ戻しても、A君はすぐに外に飛び出してしまいました。これを何度か繰り返した後、A君は激しく泣いて、床におでこを何度も打ちつけました。この行動は「パニック」とよばれるものです。自閉症スペクトラム障害の子どものなかには、パニックを起こしてしまう子どもがいます。パニックの現れ方はさまざまで、床におでこを打ちつける、壁に頭をぶつけるなど自分の身体に危害を加えるものもあれば（自傷行為)、相手の身体に危害を加えるものもあります（他傷行為、他害)。子どもは故意にパニックを起こすのではありません。不安が限界に達し、どうしようもなくなってパニックを起こしてしまうのです。パニックは通常、数分から数十分間続きます。みているほうもつらいですが、一番つらいのは本人です。ですから周囲の人間は、子どもがパニックを起こさないように前もって対処することが大切なのです。

パニック
不安、恐怖などが強く生じて、制御不能になる状態のこと。

ではこの事例で、保育者はどうすればよかったのでしょうか。A君の行動を望ましくない行動と決めつけて、園のルールに従わせるのは適切な対応とはいえません。保育士がA君の「朝の会のあといつも通り外遊びをして安心したい」という気持ちにもっと寄り添っていれば、A君はパニックにならずに済んだ可能性が高いといえます。

絵カード
コミュニケーションを補助するために用いるイラストや写真のこと（水野、2015)。

とはいえ集団保育を行う以上、一人の保育士がA君にずっとつきそうわけにもいきません。もしA君が絵や写真を理解できるのであれば、絵カードを事前につくっておいてA君にみせるという方法が考えられ

雨を表す絵カードの例

室内遊びを表す絵カードの例

ます。「今日は雨が降っているから、朝の会のあと室内で遊びます」ということを、絵カードを順番にみせることでＡ君に伝えるのです。あるいはＡ君が落ち着ける場所があるなら、いったんそこへ連れて行って気持ちが落ち着くまで待ってあげる、お気に入りの物があるならそれをもたせてあげるといった方法もあります。さらには加配をつけるという方法も考えられます。このように子どもの特徴、できることとできないこと、使えるリソースを見極めながら、よりよい保育を目指していきましょう。

コトバ
加配
特別な配慮を要する子どものために、通常より多く保育士を配置すること。第３節で詳述。

2　多動性・衝動性の傾向のある子どもの理解

次は、多動性・衝動性の傾向のあるＢ君の事例です。先ほどのＡ君の事例と同様に、Ｂ君の特徴、行動の意味、そして保育者としてどのように接していくのがよいかを考えてみましょう。

事例６－２　じっとしていることができないＢ君

５歳のＢ君は、保育士が絵本の読み聞かせをしているときにそわそわと立ち歩いてしゃべったり、外遊びのときにまるでエンジンでもついているかのように忙しく動き回ったりします。今日のお昼寝の時間のことです。子どもたちが静かに寝ようとしているのに、Ｂ君は教室のロッカーの上にのぼって大声をあげ、布団をめがけてジャンプを繰り返しました。子どもたちが眠れないので、保育士がＢ君だけをホールに連れ出しましたが、Ｂ君は床から２メートルものところにある窓の窓枠にすいすいのぼってしまいました。保育士がＢ君を床におろしたとたん、Ｂ君はホールから園庭に飛び出し、そのまま敷地の外へ出て姿を消してしまいました。保育士たちが手分けして探したところ、Ｂ君はとなり駅のスーパーでみつかりました。そこは保育園から３キロも離れたところでした。

多動性・衝動性の傾向のある子どもは、第１節でみたように、じっとしているべき場面でじっとしていることができなかったり、何かに突き動かされるように動き回ったり、すぐに高いところにのぼったりする特徴があります。

Ｂ君がこのような行動をとるのは、本人が悪い子だからでも、親のしつけのせいでもありません。脳の器質的な障害であれば、本人や家族のせいではないのです。

では保育者として、どう対応すればよいのでしょうか。最優先なのは、本人と周りの子どもたちの安全を確保することです。衝動性・多動性の傾向のある子どもは、その行動特性ゆえに本人がけがをすることもありますし、周りの子どもたちにけがをさせることもあります。それはときとして大けがになります。しかも本人には悪いことをしている自覚がないので、注意されても、繰り返し危険な行動をとるのです。よって保育者には、高いところにのぼれなくする、園から勝手に出られないようにするといった工夫が求められます。安全を徹底させるために保育士がずっとつきそっていられればよいですが、現実的な解決策ではありません。お昼寝の時間にはその子どもだけ別室に連れて行って落ち着いて過ごせるようにするといった工夫が考えられます。

3　理解の助けとなるもの

保育の現場では、保育者は子どもに寄り添い、共感し、子どもを理解しようとする姿勢が重要です。しかし発達障害児は自分の気持ちを言葉でなかなか説明できません。また感覚や興味が独特で、特有の感じ方や考え方をします。そのため発達障害児を理解することは容易ではありません。保育者はどうすれば発達障害児をよりよく理解できるでしょうか。

1 知識をつける

発達障害についての知識をつけることの重要性は、すでに第１節でみてきました。知識を身につけることで、問題行動の意味や適切な対応がわかるようになります。

自閉症スペクトラム児の養育における知識の重要性について明らかにした研究を紹介しましょう。

問題行動

社会のルールからみて好ましくない行動。発達障害児の問題行動には、噛みつく、大声をあげるなどがある。

この研究では、母親からみた自閉症スペクトラム児の養育の特徴を明らかにするために、自閉症スペクトラム児をもつ母親たちを対象として、半構造化面接を実施した。半構造化面接では、これまでの育児について、１つの物語になるように順を追って語ってもらった。語りを録音して逐語録を作成し、その逐語録に対してテキストマイニングと呼ばれる手法を用いて分析を行った。その結果、自閉症スペクトラム児の養育の特徴として、家族のあり方、医療と診断告知の問題などとともに、自閉症スペクトラムについての知識をもつことの重要性が示された（太田、2017）。

この研究では、自閉症スペクトラム児をもつ母親たちが、健常な子どもの育児とはまったく異なる自閉症スペクトラム児の育児に戸惑い、苦しみながらも、試行錯誤を繰り返して、長い育児の道をわが子とともに歩んでいく様子が明らかにされています。母親たちは、はじめはわが子が起こすさまざまな問題行動の意味が理解できませんでした。そのため適切な対応がとれず､その結果として子どもの問題行動がさらに増えて、母親のメンタルヘルスは低下していました。

しかし仲間との勉強会や専門書などを通して、自閉症スペクトラムについて勉強し、知識が増えていくと、「この子はこういうことで困っていたのだ」「こういうふうにしてあげればよいのだ」と子どもの行動の意味が理解できるようになり､子どもに適切に対応できるようになって、子どもの問題行動が徐々に減り、母親のメンタルヘルスが向上していったのです。障害児の養育や、ひいては障害児保育における「知る」ことの大切さがわかると思います。

２ 視点の転換

発達障害児にいわゆる「困った行動」をとられたら、保育者や保護者は途方に暮れ､困ってしまいます。つまり｢困った行動｣というとき､困っている主体は実は保育者や保護者であることが多いのです。

しかし事例６－１、６－２にも示した通り、１番困っているのは本人です。保護者が自分が１番困っている、自分が１番つらいという自己中心的な視点を脱し、子どもが１番困っている、子どもが１番つらいという他者（子ども）中心的な視点を獲得することで、障害を受容できるようになったという研究がありますので、みてみましょう。

わが子に障害があるという事実を受け容れることは、保護者にとって容易なことではない。母親がわが子を理解していくために助けとな

半構造化面接
面接者が決めたテーマや枠組のなかで、被面接者にある程度自由に回答してもらって面接を進めていく面接手法。

逐語録
録音されたインタビューデータなどを、一語一句そのままに文字に書き起こしたもの。

テキストマイニング
文字に書き起こされたデータにおける語の出現頻度や、どの語とどの語が同時に用いられることが多いかという定量的な分析を通して、データの背後にある情報を取り出すコンピュータを用いた手法のこと。

障害受容
障害があるという事実を受け容れるということ。第３節で詳述。

るものについて、自閉症スペクトラム児をもつ母親を対象として、半構造化面接を実施した。語りを録音して逐語録を作成し、逐語録に対してテキストマイニングと呼ばれる手法を用いて分析を行った。その結果、母親がわが子を理解していくために助けとなるもののひとつが、「視点の転換」であることが明らかにされた。たとえばある母親は、「私が苦しい、私が大変って思っていたけど、『あっ、違う』って気づいて、子どもが一番苦しくて、というのに気づいて」と、視点の転換について語っていた（太田、2018）。

この研究では母親を対象としていますが、同じことは保育に携わる者にも当てはまると考えられます。日々の保育においては、子どもが1番困っているという視点に立ち、子どもが直面している困難を理解して、その困難を少しでも和らげてあげようという姿勢で支援することが大切です。

3 発達障害の当事者による手記や語り

発達障害の知識をつけるために、発達障害の当事者による手記や語りを読んでみましょう。発達障害者特有の感覚やニーズを理解する助けになることがあります。

東田直樹『自閉症の僕が跳びはねる理由』エスコアール　2007年
重度の自閉症スペクトラムで会話が困難なため、本人がパソコンを使って執筆している。

重度の自閉症スペクトラムである当事者が、自分自身の独特な感覚や行動の意味についてQ&A方式で答えた本があります（東田、2007）。この本のなかで、著者は、「どうして耳をふさぐのですか？」という問いに対して、「気になる音を聞き続けたら、自分が今どこにいるのかわからなくなる感じなのです。そのときには地面が揺れて、周りの景色が自分を襲ってくるような恐怖があります」と答えています。また「手や足の動きがぎこちないのはどうしてですか？」という問いに対しては、「手足がいつもどうなっているのかが、僕にはよくわかりません。僕にとっては、手も足もどこからついているのか、どうやったら自分の思い通り動くのか、まるで人魚の足のように実感のないものなのです」と答えています。

また障害の当事者たちが、自らの半生を語った本もあります。ある発達障害者は、その障害ゆえに相手の気持ちが理解できず、意図せず相手を不快がらせ、困らせてしまうことについて、「周りが困っているみたいなんですけど、僕は何が困っているか全くわからない」「じゃあ困ってないですねっていわれるとたぶん、いや、それがわかんないから困っているんです」と戸惑う様子を率直に語っています。

また別の発達障害者は、子どものころからこだわりが強く神経質な気性であり、中学校で不登校になったこと、大人になってから発達障害の診断がついたことについて、「引きこもる期間が長くなるにつれて、もともとあった完璧主義から潔癖症となり、部屋の家具の移し替えなどもしながら、気の休まらない日々が家のなかでも続いていた」「発達障害ということが35歳のときにわかった。ずっと努力不足の自分を責めていたけれども、肩の荷が下りたようで、生きづらさの答え合わせができたかのように、なんで自分がこんなにめんどくさい人間で、ダメだったのかがわかった瞬間だった」と語っています（マイノリティ先生事務局、2020）。

発達障害の当事者による手記や語りは多くはありません。しかしこういった書物は、発達障害を理解するための示唆を与えてくれます。

第3節
発達障害児と家族の支援

学習のポイント

●発達障害児、保護者、きょうだいへの支援を学びましょう。
●就学に向けての課題や関係機関との連携について学びましょう。

近年は発達障害児と家族に対する支援が増えています。実際にどのような支援があるのでしょうか。本人、保護者、きょうだいへの支援と、関係機関で提供される支援についてみていきましょう。

1　本人への支援

1 インクルーシブ保育

近年、「インクルーシブ保育」という言葉をよく耳にするようになりました。インクルーシブとは包括という意味です。インクルーシブ保育とは、障害のある子どもとない子どもが包括的に保育を受ける、つまり同じ場で共に保育を受ける仕組みのことです。

インクルーシブの考え方は1990年代に北米で広がり始め、2006（平成18）年の「障害者の権利に関する条約」に盛り込まれました。わが国ではさまざまな法整備を経て、2014（平成26）年にこの条約が発効しました。

コトバ
障害者の権利に関する条約
「障害者権利条約」ともいう。障害者の権利の実現のための措置等を規定している。またインクルーシブのほかにも、合理的配慮、ユニバーサルデザインなど近年の障害者福祉における重要概念について定義している。

障害のある子どもにとって、インクルーシブ保育を受けることのメリットには、同年齢の健常児とともに過ごすことで発達が促進される可能性があること、分離からくる無意識の差別や偏見を受けることが少なくてすむことなどがあります。デメリットとしては、一般の園は専門施設ほど療育機器等を整備できず、療育に特化した専門スタッフもいないため、十分な訓練が受けられないこと、同年齢の健常児との比較によって劣等感を抱く可能性があることなどが挙げられます。

2 個別の指導計画

障害のある子どもの保育計画について、保育所保育指針では次のように記されています。

障害のある子どもの保育については、一人一人の子どもの発達過程や障害の状態を把握し、適切な環境の下で、障害のある子どもが他の子どもとの生活を通して共に成長できるよう、指導計画の中に位置付けること。また、子どもの状況に応じた保育を実施する観点から、家庭や関係機関と連携した支援のための計画を個別に作成するなど適切な対応を図ること。　（保育所保育指針第１章３保育の計画及び評価）

このように、障害のある子どもは障害の状態やニーズが一人ひとり違うため、その子どもの特性を認めてニーズに対応していくことを目的として、「個別の指導計画」（以下、指導計画）が作成されます。年齢ごとやクラスごとの計画だけでは、障害のある子どもは生活しづらさを感じやすいのです。

指導計画にはその子どもの障害の状態やニーズ、それを踏まえた指導目標や内容、問題行動に向けた対応方法などを記します。ほとんどの保育者は障害児保育を専門にしていないので、作成には専門家の協力（第８章参照）を仰ぎます。専門家とうまく連携し、見立てや助言をもらいながら、指導計画を作成します。

指導計画の作成には、保護者の理解・協力も不可欠です。家庭での子どもの様子を保護者からヒアリングして、子どもの姿を的確にとらえた指導計画を作成することが重要です。しかし、わが子だけ指導計画が作成されることに抵抗をもつ保護者もいるかもしれません。そのような場合には、１番困っているのはその子自身であること、指導計画を立てることがその子の助けになることを丁寧に説明します。

指導計画を作成したら、その計画に沿って保育を行います。担任だけでなく、その子どもに関係する保育者も指導計画に目を通しておくようにします。このように個別の指導計画は園全体で子どもを支援していくための基盤となるのです。

３ 加　配

障害のある子どもを受け入れる保育所、こども園、公立保育園で、特別な支援のために追加で保育士を手配することを加配といいます。またこのような保育士を加配保育士とよびます。加配保育士の仕事は、障害のある子どもが支障なく園生活を送れるように、着替え、食事、遊び、集団行動などをサポートすることです。

加配制度を利用できるのは基本的に障害の診断を受けている子どもです。利用するには園や保護者が各自治体に申し込みます。配置は各自治体の判断に委ねられていますが、おおむね障害のある子ども２名から３名につき加配保育士一人です。私立幼稚園でも自治体に加配申請をすれば特別支援教育のための補助金が園に支給されます。

加配制度にはさまざまなメリットがあります。障害の程度にもよりますが、支援がなければ集団生活を送ることが難しい子どもが、加配保育士からの支援を受けてほかの園児と共に過ごせるようになります。また通常の保育士が障害のある子どもの援助を行うことで、ほかの園児の保育がおろそかになる場合がありますが、そのようなことを避けるためにも加配保育士は必要です。一方で、過重労働による加配保育士の疲弊といった課題も指摘されています。

2　家族への支援

1 障害受容

わが子に障害があるとわかったとき、家族はどのような思いを抱くでしょうか。はじめから障害を受け入れる人ばかりではありません。悲しみ、絶望、怒りなど、ネガティブな感情を経験する人も多いのです。

怒り

怒りの内容は、なぜ自分が障害児の親にならなければいけないのか、なぜ自分だけがこんな目に遭わなければならないのか、といったもの（Drotar et al.、1975）。

障害を受け入れることを「障害受容」といいます。家族がいかに障害を受容するかで、子どもへの養育態度に違いが出て、結果として子どもの発達に違いが出てくることがあります。また家族一人ひとりの人生を考えてみると、いかに障害を受容するかで人生の豊かさや幸福が変わってくるかもしれません。このように、障害受容は重要な問題であり、医学、看護学、福祉などさまざまな分野で研究されてきました。

障害受容にはいくつかの理論があります。そのなかで最も有名なのが「段階説」です。

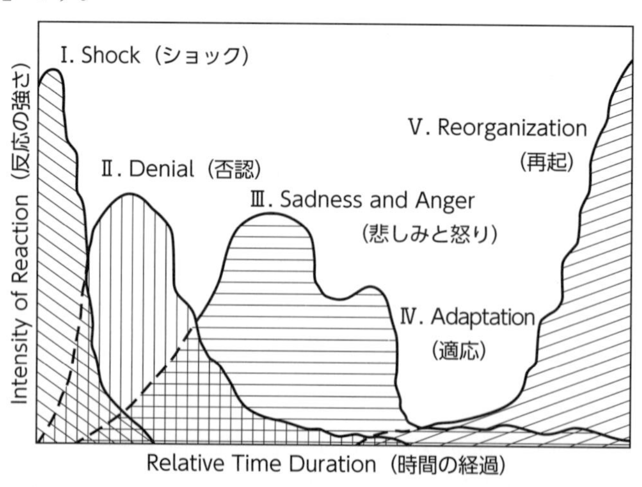

図6－2　奇形児の誕生に対する親の反応の通常の順序の仮説モデル

出所：Drotar et al., 1975　The adaptation of parents to the birth of an infant with a congenital malfocation: A hypothetical model. Pediatrics, 56(5) 715 を筆者編集

段階説によると、親の感情は、図6－2のような段階的な経過をたどります。まず、わが子に障害があったという「ショック」にはじまり、そんなはずはないという「否認」、やはり障害があるのだという「悲しみ」と、なぜ自分がこんな目に遭わなければならないのかという「怒り」がやってきます。しかしやがて、障害があってもわが子はわが子であるという「適応」に進み、最終的にはわが子の障害を受け入れて立ち直る「再起」の段階に至るのです。段階説の特徴は、障害受容がネガティブからポジティブへと段階的に進むと考えるところにあります。

それに対して、障害受容はそんなに単純な話ではない、家族は表面上は適応していても心のなかはいつも悲しみで満ちており、生涯悲しみ続けるのだという理論があります（Olshansky、1962）。さらには、つらい時期を乗り越えてやっと障害を受け入れられたと思っても、就学や結婚といった大きな節目でまた悲しみが戻ってしまうというように、ポジティブとネガティブを行きつ戻りつしながら徐々に受容に進んで行くという理論もあります（中田、1998）。

このように障害受容にはいろいろな理論がありますが、さまざまな要因が絡むため、どれが正解ということはありません。大切なのは、障害児が生まれることは家族に大きな影響を与えること、障害児を育てることは生半可なことではないことを理解することです。

発達障害の場合は、生まれてすぐに障害がわかることはなく、しかも確定診断が下されるまでに通常数か月から数年かかります。親はわが子を生み、健常だと思って育てるのですが、育てていくうちに障害の疑いを抱き、障害があるのかないのかはっきりしない不安な状態で長い日々を過ごすわけです。発達障害児の親の不安やストレスは相当なものです。発達障害児の親はほかの障害児の親と比べて障害受容に長い年月を要することがわかっています。（夏堀、2001）。

確定診断
特有の症状、検査結果からみて、ある病気、障害に間違いないという診断のこと。

2 保護者への支援

「保育所保育指針」では、子どもに障害や発達上の課題がみられる場合に「保護者に対する個別の支援をおこなうよう努めること」と規定されています（保育所保育指針第４章２）。つまり、障害児の保護者支援は、保育者の職務の１つです。では、保育者は障害児の保護者支援としてどのようなことをすべきでしょうか。このことを、先に書いた障害受容と関連させて考えてみましょう。

まず、保育者は障害の疑いを抱いているけれども、保護者は障害の疑いを抱いていないという段階があります。家庭と違って保育の場には同年齢の他児がたくさんいるため、保育者は発達の違いが目につきやすいのです。障害の疑いを抱いていない保護者には、朝夕の送迎時や連絡帳をうまく使って、園での子どもの様子を正確に伝えるようにします。また、障害の疑いを抱いていても、保育者にそれを打ち明けられずにいる保護者もいます。どんなことでも気兼ねなく話してもらえるよう、保育者は日ごろから保護者との信頼関係をつくっておくことが大切です。

次に、わが子に障害があることを知っていても、拒否的だったり、精神的な悩みを抱えている保護者もいます。そのような保護者に対しては、その思いをよく聞き、受け止めることが大切です。最近の研究では、悲しみに暮れている保護者の気持ちが次の段階へと変化するのには長い時間がかかることがわかっています。太田（2018）は、自閉症スペクトラム児をもつ母親たちの障害受容過程を調査しました。その結果、自閉症スペクトラムの確定診断を受けてからわが子の障害を受け入れるまでの期間は、短い母親で１年、長い母親では６年以上もかかることを明らかにしました。わが子の障害を受け入れることは、それほど難しいことなのです。ですから、いつまでも悲しんでいて、気持ちを切りかえられずにいる保護者であっても、保育者は決して急かしたりせず、十分に時間をとるように心がけましょう。

最後に、わが子の障害を受け入れ、具体的な情報や支援を求めている保護者に対しては、園として定期的な話し合いの場を設けるとよいでしょう。この場合も、保護者の思いを受け止め、園での子どもの様子を正確に伝えて共有することが大切なのはいうまでもありません（本郷ほか、2004）。

３ きょうだい児への支援

障害児のきょうだい（以下、きょうだい児）の問題は最近少しずつ注目されるようになりましたが、まだ支援策は確立しておらず、保育所保育指針等にも記述はありません。しかし、障害児がいることで、きょうだい児は少なからぬ影響を受けています。きょうだい児への支援は、今後充実させていくべき重要な課題といえます。

きょうだい児は、どうしても障害児中心に回らざるを得ない家庭のなかで、自分をおさえ、我慢をしがちです。次の事例６－３をみてみましょう。

事例６－３　弟が自閉症スペクトラムのＣ子ちゃん

幼稚園に通う５歳のＣ子には、３歳の弟がいます。弟は自閉症スペクトラムの診断を受けていて、週に３回、専門の施設に通っています。弟と母親が施設に行く日は、C 子は幼稚園の預かり保育で夕方まで過ごします。母親が迎えに来るのはいつも閉園ぎりぎりの時間で、ほかの園児はすでにいません。今日もC 子は先生と二人きりで折り紙を折って母親を待っていました。やっと母親が迎えに来ました。C 子は折り紙のチューリップを母親にプレゼントするつもりだったのですが、弟が園に着くなりどこかへ駆け出してしまったため、母親も先生もあわてて弟を追いかけてどこかへ行ってしまいました。そのうち母親がやっと弟をつかまえて、「今のうちに帰るわよ。自転車の後ろに乗っちゃって。早く！」といったので、C 子はあたふたと自転車の後ろにまたがりました。その拍子にもっていたチューリップが折れ曲がってしまいました。思わず「あっ」と声が出ました。母親が「どうしたの？」と聞いてきましたが、C 子は「何でもない」と答えました。そしてまた今度、きれいなチューリップを折ってプレゼントしようと思うのでした。

この事例６－３のように、保護者が障害児の世話で手いっぱいになり、きょうだい児が我慢をして感情をおさえてしまうことがあります。保護者を困らせたくないという気持ちが、感情をおさえさせるのです。感情を出すのが子どもらしさなのに、それができないのは可哀想なことです。

また逆に、かんしゃくを起こしやすい、攻撃的である、暴れるといった特徴をもつきょうだい児もいます。保護者の注意がいつも障害児に向いているので、過剰に感情を出すことで自分に注意を向けたいのです。

このように、障害児がいることできょうだい児も影響を受けています。このことを保育者は心に留めておくべきです。きょうだい児が同じ園にいると、ついきょうだい児に障害児のことをあれこれたずねたり、ときにはサポートを頼みたくなるかもしれません。しかし、園という場ではきょうだい児は主役であって、障害児のお世話係ではありません。きょうだい児が子どもらしい感情をのびのびと出せるように、保育者は意識して保育していく必要があります。周囲の人間がきちんと配慮し、丁寧に育てていくことで、きょうだい児は健やかに成長し、家族に障害のある者がいること

きょうだいで成長する

感情を出す
感情表出ともいう。適切な感情表出は精神的健康と正の相関がある。

を肯定的に受け止められるようになるのです。

3　就学に向けて

園に通う子どもは最年長クラスになると、次の年には小学校入学という大きな節目を迎えます。障害児の場合には、通常の小学校に入学するか、特別支援学校に入学するかといった就学先の決定をすることになります。就学先を決定するための相談を、就学相談といいます。就学相談は市区町村の教育委員会などに設置されています。義務ではないので、希望する保護者が自ら申し込みます。就学相談では、保護者と就学相談員が相談しながら、学校の見学、子どもの発達検査などをして、就学先を検討します。

就学先の決定

本人や保護者と教育委員会、学校などの意見が一致しない場合は、第三者的な有識者を加えて再度検討することもある。

自治体によっては就学相談をはじめるにあたり、子どもについての調査書の提出を園に求めてくるところがあります。また保護者が保育者に対して、一緒に就学相談に行ってほしいと頼んできたり、就学相談員が園を訪問して慣れた場での子どもの様子を観察することもあります。障害児がその子に最もふさわしい教育の場に進むことができるよう、保育者は保護者や関係者に協力し、連携していきましょう。

ここで、いわゆる小１プロブレムについても触れておきます。小１プロブレムとは、小学校に入学したばかりの１年生が、授業中に座っていられない、先生の話を聞けない、集団行動がとれないといった問題行動を起こすことです。小１プロブレムは1990年代後半から注目されはじめ、マスコミなどでも取り上げられるようになりました。

小１プロブレムの原因

一般には、保育施設と小学校とのギャップが大きいことや、核家族化、地域社会の関係の希薄化による社会環境の変化などが原因と考えられている。

小１プロブレムの原因はさまざまですが、発達障害児が小１プロブレムを呈する場合があることが指摘されています。その際、重要なことに、発達障害の確定診断が下されているかどうかがあります。確定診断が下されていれば、小学校教諭もその事実を把握しているはずなので、適切な支援が行えます。しかし、診断が下されていなければ、その子は教師の目には単なる「悪い子」「しつけのできていない子」と映ります。その結果、教師や保護者から厳しい指導や叱責などの不適切な対応をされ続けたら、その子はどうなっていくと思いますか？　いじめ、不登校といった、より深刻な不適応に陥ってしまうかもしれないのです。これを二次障害といいます（尾野、2016)。

二次障害

もって生まれた障害に対する長期間にわたる不適切な対応の結果として、精神、行動などの二次的な問題が引き起こされた状態のこと。

このような事態を避けるためには、小学校入学前には保護者や保育者が子どもの発達障害に気づいていること、そのうえで小学校入学時には小学校側も子どもの障害特性や支援の方策を理解していることが望まれます。保育所・幼稚園を卒園したあとの子どもたちの長期にわたる成長まで見据えて、保育者は日々の保育を丁寧に進めていくようにしてください。

４　関係機関との連携

発達障害児の保護者は、さまざまな専門機関と連携をとりながらわが子を育てています。それは医療機関のみならず、保健所、児童相談所、療育施設など多岐にわたります。民間の療育教室や支援団体、ボランティアなどと連携をとる保護者もいます。

一方、保育者が直接的に連携をとるのは、保育所等訪問支援です。これは専門スタッフが保育所や幼稚園を定期的に訪問し、障害のある子どもや保育者に対して、指導や支援をするものです。障害のある子どもを保育していると、どのように対応してよいのかわからなかったり、戸惑うことも出てきます。そのようなときは専門スタッフに相談し、助言をもらうことができます。なお、関係機関との具体的な連携の仕方については、第８章で詳しく学びます。

この章では、発達障害児と家族支援についてみてきました。発達障害児は、適切な支援と理解があれば、発達が促進され、その子らしい人生を歩んでいけます。保育者となるみなさんにはぜひそのような視点で発達障害児の保育に携わってほしいと思います。

演習課題

① 諸外国のインクルーシブ保育について、調べて発表してみましょう。
② もしあなたが親だとして、自分の子どもに障害があるとわかったら、気持ちはどのように変化すると思いますか。お互いに発表して、話し合ってみましょう。

【引用・参考文献】

アメリカ精神医学会　『DSM-5　精神疾患の分類と診断の手引き』　医学書院　2014年

大浦賢治編著　『実践につながる　新しい保育の心理学』　ミネルヴァ書房　2019年

大浦賢治・野津直樹編著　『実践につながる　新しい幼児教育の方法と技術』　ミネルヴァ書房　2020年

太田雅代・山内慶太 「母親からみた自閉症児の養育の特徴 ――テキストマイニングを用いた探索的分析」『ストレス科学』 第31巻第４号 2017年
太田雅代・山内慶太 「自閉症児をもつ母親の障害受容過程 ――受容前と受容後の比較」『日本社会精神医学会雑誌』 第27巻第４号 2018年
尾野明美編著 『保育者のための障害児保育 ――理解と実践』 萌文書林 2016年
厚生労働省 「平成29年告示 保育所保育指針」 https://www.mhlw.go.jp/web/t_doc?dataId=00010450&dataType=0&pageNo=1（2020年５月７日アクセス）
厚生労働省 「１歳からの広汎性発達障害の出現とその発達的変化：地域ベースの横断的および縦断的研究」
https://mhlw-grants.niph.go.jp/niph/search/NIDD00.do?resrchNum=201027051B（2020年５月７日アクセス）
鷲見 聡 「発達障害の新しい診断分類について ――非専門医も知っておきたいDSM-5の要点」『明日の臨床』 第30巻第１号 2018年
内閣府 「平成29年版 障害者白書」 https://www8.cao.go.jp/shougai/whitepaper/h29hakusho/zenbun/index.html（2020年10月10日アクセス）
中田洋二郎 「障害告知に関する親の要望：ダウン症と自閉症の比較」『小児の精神と神経』第38巻 1998年
夏堀 摂 「就学前期における自閉症児の母親の障害受容過程」『特殊教育学研究』 第39巻第３号 2001年
東田直樹 『自閉症の僕が跳びはねる理由』 エスコアール 2007年
本郷一夫ほか 「「気になる」子どもの保護者支援に関する調査研究」『教育ネットワーク研究室年報』 第４号 2004年
マイノリティ先生事務局 「マイノリティ先生 ――俺みたいのだっているんだぜ」 マイノリティ先生実行委員会 2020年
水野智美 「保育者が行う絵カード作成の誤りおよび不適切な使用方法の分類 ――指示カードの誤りに着目して」 教材学研究第26巻. 2015年
文部科学省 「平成29年告示 幼稚園教育要領」
https://www.mext.go.jp/a_menu/shotou/youchien/1258019.htm(2020年５月７日アクセス)
文部科学省 「通常の学級に在籍する発達障害の可能性のある特別な教育的支援を必要とする児童生徒に関する調査」
https://www.mext.go.jp/a_menu/shotou/tokubetu/material/__icsFiles/afieldfile/2012/12/10/1328729_01.pdf（2020年５月７日アクセス）
Drotar D et al. The adaptation of parents to the birth of an infant with a congenital malformation: a hypothetical model. *Pediatrics*, 56（5） 1975年
Olshansky S. Chronic sorrow: A response to having a mentally defective child. *Social casework*, 43. 1962年

第7章

外国にルーツをもつ子どもとその家族支援

2019年4月に新たな外国人材の受入れ制度がスタートしました。近年増え続けていた外国にルーツをもつ子どもたちは今後、より増加し、保育施設にも多くの子どもたちが入園してくると見込まれています。

外国にルーツをもつ子どもが日本に馴染んでくると、自分の名前を嫌がったり、家族が母語で話すのを友だちにみられないようにしたりすることがあります。なぜ、このようなことが起こるのでしょうか。言語的・文化的に困難を抱えている外国にルーツをもつ子どもとその保護者にとって、保育施設は社会と家庭をつなげる役割を担うとともに、セーフティネットにもなっています。

この章では、外国にルーツをもつ子どもが安心して過ごすことができる環境づくりについて学びます。

第1節
外国にルーツをもつ子どもとは

学習のポイント
- 外国にルーツをもつ子どもたちの特性を学びましょう。
- 日本で暮らす外国にルーツをもつ子どもが抱える問題について理解しましょう。

1　日本で暮らす外国にルーツをもつ子どもたち

これから20年後、30年後、みなさんはどのような生活をして、社会はどのようになっているでしょうか。2000年当時、現在のようにインターネットやスマートフォンを使っている人は多くなく、ネットショッピングや電子マネーが出現し始めました。

今では、外国の商品を簡単に手に入れたり、キャッシュレスで支払ったり、外国と日本との行き来が容易になったりと、ヒト、モノ、カネが自由に移動できる時代になりました。このように国や地域を越えて地球規模で諸活動が行われることを、グローバル（global）化やボーダーレス（borderless）化といいます。国立社会保障・人口問題研究所の報告によると、2040年には外国にルーツをもつ人は7,260,732人（総人口の6.5%）と推測されています。外国にルーツをもつ人の存在が、地域によってはごく自然なことになるでしょう。

ところで、この「外国にルーツをもつ人」とは、どのような人を指すのでしょうか。一般的には「外国人」という言葉のほうが聞き慣れているでしょうか。「外国人」とはいわゆる国籍が日本ではない人のことを指しています。では、次のようなケースを想像してみてください。

+α
ネットショッピング
1997年にショッピングモール「楽天市場」、1999年に「Yahoo!ショッピング」、2000年に、「Amazon」がオープンした。

事例7－1　多文化のなかで暮らす子ども

日本で生まれたAちゃんは4人家族です。父親は日本人で、母親はペルー人です。父親は仕事で1年のうち、ほとんど日本にはおらず、子どもの世話は母親と親戚のブラジル人のお姉さんと近所に住むフィリピン人のおばさんがしています。Aちゃんには B君という兄がいます。B君の父親はペルー人で、B君も3歳になるまでペルーで暮らしていましたが、その後両親が離婚して母親と一緒に来日しました。母親は日本人と再婚し、B君には妹のAちゃんができたのでした。

この場合、Aちゃんの国籍は父親が日本人なので日本ですが、Aちゃんの言語環境や生活環境は外国の影響を強く受けています。このように国籍や生まれた場所などとは関係なく、外国で生まれたり、外国文化のなかで生活してきた親の子どもは「外国にルーツをもつ子ども」といわれています。ほかに「外国につながる子ども」や「国際児」、「多文化環境にいる子ども」など、さまざまな名称がありますが、本書では、統一して「外国にルーツをもつ子ども」と記していきます。

さて、国際化などの進展により、「多文化共生社会」や「ダイバーシティ」の実現が望まれていますが、人々に浸透するにはまだ時間がかかりそうです。外国にルーツをもつ子どもは異なる環境に溶け込めず、まわりの子どもにからかわれたり、保育現場では保育者が外国にルーツをもつ子どもへの対応がわからず戸惑ったりするケースが多々報告されています。ここでいくつか紹介します。

外国にルーツをもつ子ども
一般的に「外国籍の子ども」「日本国籍（二重国籍）の子ども」「無国籍の子ども」「外国出身の保護者とともに暮らす子ども」のことをいう。

コトバ

多文化共生社会
多様な国籍や民族の人々が、お互いの文化的な違いを認めながら対等な関係を築き、共に生きていくこと。

ダイバーシティ（diversity）
国籍や性別、年齢などにこだわらずさまざまな人の価値観を理解し、多様な考え方を受け入れていくこと。

事例7－2　国際化する保育施設1

C君の父親はガーナ人で母親は日本人です。C君は3歳までガーナで暮らしていましたが、父親が亡くなり、母親の故郷の日本で暮らすことになりました。外見はガーナ人特有の肌の色でカールした髪の毛です。C君が日本の生活に慣れてきたこともあり母親が働くことになり、5歳になってから保育施設に通うことになりました。母親は日本育ちの日本人ですから、保育施設に通うことに戸惑いはありませんでした。

ある日、C君は「明日から園には行きたくない」と泣いて母親に訴えました。母親は日本語を話すようになったC君が毎日、楽しく園に通っていると思っていました。C君はクラスの友だちに「外人なのに何で日本にいるの？」「パーマをかけたの？」「何で変な名前なの？」と聞かれ、悲しくなったのでした。

クラスの友だちは悪意なく発した言葉だったかもしれませんが、C君は大変悲しい思いをしました。母親もまたC君に起こった出来事を知り、胸を痛めたことでしょう。結果的にC君は保育施設に楽しく通えなくなりました。保育者はこのような場合、クラスの友だちやＣ君にどのように対応すればよいでしょうか。

事例７－３　国際化する保育施設２

４歳のマユミちゃんは、父親が日本人で母親がタイ人です。苗字は日本の名前で、外見も日本人らしくみえます。育児は母親が担い、入園の手続きなど書類関係は、ほとんど父親が行っていました。保育者は、マユミちゃんの家族とのやりとりについて、日々の保育で違和感がありましたが、そのままになっていました。保育参観の日、母親と会い、初めて母親が外国籍であること、母親が育児に戸惑っていることを知りました。保育者は驚いたと同時に、どのような支援が必要とされているのか、自分が何をすべきかがわからず、途方に暮れてしまったそうです。

顔立ちや名前が日本人らしくみえる場合、その外見からすぐに日本語などの支援が必要だと思われず、しばしばコミュニケーション不足や誤解が生じることがあります。

このような日本とは異なる文化のなかで暮らしている子どもたちを集団のなかでみると、見た目や行動がほかの子どもたちと違ってみえることがあります。この子どもたちが楽しく自分らしくいるためには、どのようなことが大切なのでしょうか。

その答えとなる１つのキーワードが、ESD という考え方です。ESD とは、Education for Sustainable Development の略であり、「持続可能な開発のための教育」と訳されています。文部科学省はこれを「現代社会の課題を自らの問題として捉え、身近なところから取り組む（think globally, act locally）ことにより、それらの課題の解決につながる新たな価値観や行動を生み出すこと、そしてそれによって持続可能な社会を創造していくことを目指す学習や活動です」と定義しています。この言葉を借りると、グローバル化やボーダーレス化が進んでいるこの社会を維持・発展させていくためには、まず自分自身の身近にある多様な価値観に目を向けてみることから始めてはどうでしょうか。

運動会の親子競技

日本生まれの子どもたち

2　外国にルーツをもつ子どもの母語と日本語

みなさんは自分の気持ちや意見を伝えられる言語がいくつありますか。１言語を話す人をモノリンガル（monolingual）、２言語を話す人をバイリンガル（bilingual）、３言語を話す人はトライリンガル（trilingual）、そして言語数にかかわらず、複数の言語を使う人をマルチリンガル（multilingual）といいます。日本で暮らす外国にルーツをもつ子どもたちは、日本語と母語の２言語以上の環境下にいることが多いです。事例７－１で紹介したＡちゃんのケースでは、Ａちゃんは家から外に出れば日本語にふれ、家のなかでは母親が話すスペイン語やお姉さんが話すポルトガル語、そして近所の人が話すフィリピン語にも接しています。

「母語」と似た「母国語」という言葉があります。日本で生まれ育つ日本人は母語も母国語も日本語であるため、しばしば混同されて使われることがありますが、実はそれらの定義は異なっています。「母国語」は国という文字が入っている通り、その人の国籍である国で広く使われている言語のことです。「母語」は子どもが生まれて最初に身につける言語で、一番自由に使える言葉のことです。Ａちゃんの場合、母国語は日本語で母語はスペイン語です。

さて、日本で暮らす外国にルーツをもつ子どもたちにとって、日本語と母語ではどちらが大切なのでしょうか。日本で暮らしているのですから、日本語だけ学び、家庭内でも日本語を使うべきでしょうか。母語は、その子どもにとって、自分はどこの何者なのかというアイデンティティを確立する手がかりになります。また、父母や祖父母、親戚とのコミュニケーションを取るため、そして自分のルーツに関わる文化を継承するために母語を保持していく必要があります。近年、日本語が上達し母語

コトバ

３言語を話す人

trilingual というが、「トライリンガル」とともに「トリリンガル」と訳されることもある。

母国語・母語

母国語は英語でいうと、official language や national language に該当し、母語は mother tongue に該当する。

コトバ

アイデンティティ（identity）

自己同一性と訳されている。自分自身がどこの誰でどの集団に所属しているかという意識のこと。

を喪失してしまった子どもが、自分の両親と翻訳機なしでは会話ができなくなったというケースが報告されています。さらに重大な問題は、母語を十分に習得できなかっただけでなく日本語も年齢相当のレベルに達していない、つまり両方の言語とも相応の能力が備わっていない「ダブルリミテッド」に陥っている場合です。

S.I. ハヤカワ（1985）は、「コトバは人々の考えを形づくり、人々の感じ方を導き、人々の意志と行動とを方向づけるものである」と述べています。私たちは普段あまり意識せず言語を使用していますが、何かを考え、その考えにもとづき行動する場合には言語が欠かせません。ダブルリミテッドの場合、必要な情報を得たり、感情をうまく表現したりすることができないなど社会生活に問題が生じる可能性が高くなります。また、ダブルリミテッドの保護者から生まれた子どももまた学習の機会が得られることは少なく、教育的な課題を抱えることになります。

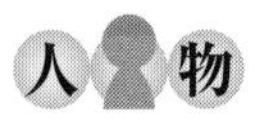

サミュエル・イチエ・ハヤカワ
Samuel Ichiye Hayakawa
（1906-1992年）
カナダ生まれの日系二世。アメリカ合衆国の言語学者であり政治家でもある。サンフランシスコ州立大学で教授および学長を務めた後、上院議員を務めた。

3　特別な配慮を必要とする子どもに対する国の取り組み

今、日本にはどのくらい在留外国人がいると思いますか。2019年末時点において約293万人で、1年前と比べて約20万人増えました（出入国在留管理庁、2020.3.27）。また、日本で働いている外国人労働者は2019年10月末時点で約166万人で、7年連続で過去最高を記録しました（厚生労働省「外国人雇用状況」）。地域によって在留外国人の国籍の割合はさまざまですが、今後、外国にルーツをもつ人々と社会生活のなかで関わることが当たり前になってくると予想されています。

在留外国人
法務省の定義では「中長期在留者」と「特別永住者」と説明されている。観光目的で来日する人は含まれず、日本で就労している人やその家族、留学生など生活の基盤が日本にある人のことを指している。

このような社会的環境の変化にともない、日本政府は外国人材を適正に受け入れ、共生社会の実現をはかることにより、日本人と外国人が安心して暮らせる社会の実現に寄与することを目的として、「外国人材の受入れ・共生のための総合的対応策」を策定しました（2018年12月外国人材の受入れ・共生に関する関係閣僚会議決定）。2019年6月に発表された「外国人材の受入れ・共生のための総合的対応策の充実について」では、外国籍の子どもに係わる対策として以下のことが示されました。

「保育所保育指針（平成29年厚生労働省告示第117号）等における保育所等における外国籍の子どもへの配慮や保育所等から小学校への切れ目のない支援について、地方公共団体に改めて周知を行い、保育所等において、外国籍家庭などに対する適切な支援が行われるよう要請する」

では、2018年に改訂（定）された就学前教育・保育の基盤である、「幼稚園教育要領」「保育所保育指針」「幼保連携型認定こども園教育・保育要領」にはどのように記載されているのかみてみましょう。

幼稚園教育要領

第1章　総説

第5節　特別な配慮を必要とする幼児への指導

2　海外から帰国した幼児等への幼稚園生活への適応

海外から帰国した幼児や生活に必要な日本語の習得に困難のある幼児については、安心して自己を発揮できるよう配慮するなど個々の幼児の実態に応じ、指導内容や指導方法の工夫を組織的かつ計画的に行うものとする。

保育所保育指針（下線は筆者による加筆）

第2章　保育の内容

4　保育の実施に関して留意すべき事項

（1）保育の全体にかかわる事項

オ　子どもの国籍や文化の違いを認め、互いに尊重する心を育てるようにすること。

第4章　子育て支援

2　保育所を利用している保護者に対する子育て支援

（2）保護者の状況に配慮した個別の支援

ウ　外国籍家庭など、特別な配慮を必要とする家庭の場合には、状況等に応じて個別の支援を行うよう努めること。

幼保連携型認定こども園教育・保育要領

第1章　総則

第2　教育及び保育の内容並びに子育ての支援等に関する全体的な計画等

3 特別な配慮を必要とする園児への指導

（2）海外から帰国した園児や生活に必要な日本語の習得に困難のある園児の幼保連携型認定こども園の生活への適応

海外から帰国した園児や生活に必要な日本語の習得に困難のある園児については、安心して自己を発揮できるよう配慮するなど個々の園児の実態に応じ、指導内容や指導方法の工夫を組織的かつ計画的に行うものとする。

第２章　ねらい及び内容並びに配慮義務
第４　教育及び保育の実施に関する配慮事項
　２　幼保連携型認定こども園における教育及び保育の全般において以下の事項に配慮するものとする。
（５）園児の国籍や文化の違いを認め、互いに尊重する心を育てるようにすること。
　第４章　子育ての支援
　第２　幼保連携型認定こども園の園児の保護者に対する子育ての支援
　７　外国籍家庭など、特別な配慮を必要とする家庭の場合には、状況等に応じて個別の支援を行うよう努めること。

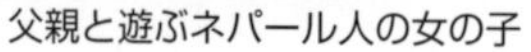
父親と遊ぶネパール人の女の子

通っている公立保育園での夏祭り

今後、日本で暮らす人や子どもたちは確実に増えていくと考えられています。もし、みなさんがこれまで外国にルーツをもつ人々と接したことがなければ、「大変そう」「どうすればよいかわからない」と不安に思うかもしれません。それは、外国にルーツをもつ子どもやその保護者も同じ気持ちなのです。友だちと仲良くしたいし、笑顔でいたいと思っています。言葉や文化が違っても子どもの成長を喜ぶ姿は同じです。国の施策にともない、保育者養成においても、特別な配慮を必要とする子どもについて学ぶ機会が増えてきました。海外研修で、現地の保育が学べる養成機関もあるようです。

保育を学ぶ学生と留学生や外国にルーツをもつ子どもとの交流

第2節
外国にルーツをもつ子どもの保育環境と支援

学習のポイント
- 保育者として、外国にルーツをもつ子どもが在籍する意義について考えてみましょう。
- 子どもたちの発達に寄り添った支援について学びましょう。

1　就園児と未就園児

みなさんは小学校入学前に幼稚園や保育所などに通っていましたか。2018年4月の時点において、全国の約300万人の3・5歳児のうち、保育所や幼稚園等に通っていない「未就園児」は、日本人と外国籍の子どもを合わせて9.5万人（約3%）いるという報告がありました（内閣府、2019.8.29）。就園は義務ではないため、違反をしているわけではありませんが、特に外国人の場合は未就園になると子どもも親も日本社会と関わるきっかけを失い、その後、小学校に通わない「不就学」になる可能性が高くなります。学校に通わない子どもたちはどこで教育を受けるのでしょうか。学ぶ機会がないまま大人になってしまったら、どのような問題が起きるのでしょうか。「未就園」や「不就学」になるには何らかの理由があるでしょう。

不就学
文部科学省は、2019年5月時点において、日本に住む義務教育相当の年齢に当たる外国籍の子ども約12万人のうち約2万人が、どの学校にも通っていない不就学の可能性があると発表した（「外国人の子供の教育の更なる充実に向けた就学状況等調査の実施及び調査結果（速報値）」2019.9.27）。

未就園に陥る場合、子どもの意思ではなく保護者の事情によるところが大きいと考えられます。未就園児になることにより子どもの成長発達に必要不可欠な機会を逃してしまうことがあります。事例をみてみましょう。

事例7－4　無国籍の子ども

1991年、外国人の母親が日本の病院で男の子を生みました。母親は出産後、行方がわからなくなり、父親も特定できなかったことから子どもは養子に出され、アンデレと名づけられました。「母親はフィリピン人のようだった」という情報から日本国内では書類上、子どもの国籍はフィリピンとされました。しかし、その後アンデレちゃんが日本から出国するためパスポートを取得しようとした際、母親が不在で身分が確認できず、子どもの国籍を示す確固たる証拠がなかったため、彼はフィリピン国民として認められず、「無国籍」になりました。その後、国籍法2条3号にもとづき、約3年後にアンデレちゃんは日本国民の地位を得ることができました。

国籍法2条3号
出生による国籍の取得
第二条　子は、次の場合には、日本国民とする。
三　日本で生まれた場合において、父母がともに知れないとき、又は国籍を有しないとき。

アンデレちゃんは日本の国籍を取ることができましたが、日本にはまだ多くの子どもたちが無国籍の状態にあると報告されています。無国籍の場合、アンデレちゃんのようにパスポートを取ることが困難であるなど、さまざまな面で不利益をこうむる場合があるのです。

2　多文化保育とは

グローバル化の進展により、私たちが住む地域においても多文化共生という考えが叫ばれてきました。多文化共生とは、「国籍や民族などの異なる人々が、互いの文化的ちがいを認め合い、対等な関係を築こうとしながら、地域社会の構成員として共に生きていくこと（総務省：多文化共生の推進に関する研究会報告書より）」です。多文化共生においてはどちらかがどちらか一方を助けるということではなく、両者それぞれが地域の一員として主体的に課題をとらえ解決していくことが大切です。

保育分野においても多文化化が進んでおり、外国にルーツをもつ多くの子どもたちが地域の保育施設に入園してきました。そのため、「多文化保育」という考えが生まれてきました。では、多文化保育のためのカリキュラムというものはあるのでしょうか。残念ながら国から示されたカリキュラムは現在のところ存在していません。園独自で試行錯誤しながら多文化保育を実践しているというのが現状です。

これまでの研究で、外国にルーツをもつ子どもがいる保育の主流は「マジョリティにマイノリティが同化する」ケースが多いということが明らかになっています（宮崎 2011、三井ほか 2017）。

つまり、外国にルーツをもつ子どもが少しでも早く園生活に慣れるようにという思いからか、多数派である日本人の子どもと同じような振る舞いをさせることが多かったのです。そして、環境の変化に柔軟に対応できる子どもは比較的早い時期に適応したとみえてしまうため、その先の段階へ進もうとする意識が生まれてこないのかもしれません。多文化共生の理念を基本とした多文化保育の本来の趣旨は、それぞれの違いを認め合い、すべての子どもが自分らしく成長していく保育の展開です。今後実現することが期待されています。

コトバ

マジョリティ（majority）
「大多数」「過半数」という意味。単に人数が多いというだけではなく、同じ価値観をもち、集団のなかで発言権があるグループを指す。

マイノリティ（minority）
マジョリティと対になる言葉で、「少数」「少数派」という意味。

日本人の子どもたちとの親子遠足

保育園でのお誕生日会

3　クラス活動

多文化保育の実践については、「必ずこれをやらなければならない」というカリキュラムがないため、実践者である保育者に委ねられています。保育者は各々自分自身の経験や保育者養成課程で学んできた学習内容、園内で行われる研修などにより実践内容や実践方法を決めていくことになります。

その意思決定の際に大切なポイントがあります。それは、保育者自身がもつ考えや常識を今一度、客観的に振り返ってみるということです。広い目でみてみると、日本の常識は世界の常識ではないことが多々あります。「おやつを食べること」「連絡帳を毎日書くこと」「園行事を行うこと」は、外国にルーツをもつ子どもと保護者にとって「当たり前」ではない場合があります。このような思い込みのことを、バイアスといいます。先入観や偏見などと説明されますが、これらを取り除いた教育を「アンチバイアス教育（Anti-bias education）」といい、多文化保育の実現のために重要視されています。「みんな一緒」「こうあるべき」という考えの対極にあるもので、「みんな違っていてこそいい」「違う自分と違う友だちを好きになろう」と多様性を認め尊重し受け入れることが大切です。

このことを文化という言葉を用いていうと、保育者個人がもつ文化、園独自の文化、その地域がもつ文化、ひいては日本文化をみつめ直すということかもしれません。また、保育者は自国の文化と同様に多様な文化の特徴について学ぶ必要があるでしょう。たとえば、日本では子どもをほめるときに頭をなでることがありますが、これはある国では完全にタブーな習慣です。頭の上には神が宿るといわれているので、決して頭に手を置いたり、なでたりしてはいけません。もし、小さな子どもが声に出さずとも困惑した表情をしていたら、止めてほしいというサインを

アンチバイアス教育

多民族国家であるアメリカで生まれた考え。詳しくは1989年に発行された『Anti Bias Curriculum』を参照されたい。

発しているのかもしれません。

世界には日本とはまったく違う習慣があります。それは、日本人からみると「まねしたいこと」もあれば「やらないほうがいいこと」、さらには「絶対にやってはいけないこと」があります。世界中の国の文化を知ることは不可能かもしれませんが、知ろうとする意欲は大切です。

教育や保育を行ううえで必要な環境の１つに人的環境がありますが、まさに保育者は多文化保育を実現するための担い手になります。保育者の言動の量や質が、子どもの認知能力や言語能力に影響を及ぼすということを踏まえておきましょう。

また、「保育者と子ども」以外に「子どもと子ども」の関係も、子どもたちの発達において重要です。子どもたちがのびのびと自分たちの思いを伝えられるような環境設定が求められています。

+α

日本語教育支援

日本語教育推進法により、これまで地域のボランティアや個人が独自で行っていた日本語教育支援が、国と自治体の責任によって行われることになった。子ども、とりわけ乳幼児に対する日本語教育は小学生以上の「国語」とも文法等を学ぶ専門領域とも違い、言語形成期という重要な時期であるということを前提に特別な配慮が必要である。

４　外国にルーツをもつ子どもたちの言葉の支援

2019年６月に「日本語教育の推進に関する法律（日本語教育推進法）」が可決、施行されましたが、誰がどこで外国にルーツをもつ子どもに対する日本語教育を行うべきなのでしょうか。日本語教育の専門家である日本語教師しか教えることはできないのでしょうか。それとも子どもの母語を話すネイティブスピーカーが、母語で日本語を教えるべきなのでしょうか。

どちらも正解ではありますが、この時期の子どもたちはきちんとした条件が備わった環境のなかにいれば、特別な学習をしなくても言語を習得できる力をもっているといわれています。もちろん、ただ言葉のシャワーのなかにいれば言語が身につくわけではありません。一方的に流されるテレビなどの映像メディアを見聞きするだけでは言語能力は高まらないことがわかっています。他者との相互的なやりとりのなかで子どもの言語能力は飛躍的に高まるのです。子どもにとって幼稚園・保育所の先生たち、クラスの友だち、家族はとても影響力の強い存在です。彼らが発する言葉を吸収し、自分のなかに取り込んでいくのです。つまり特別な言語の専門家でなくても、誰もが子どもたちの言語能力を伸ばしていく「先生」になれるのです。

では、実際にどのような支援方法があるかみてみましょう。①ICT ②絵本③絵カードを活用した方法を紹介しますが、上記で述べたように、言語は一方的に浴びるだけでは上達しません。あくまでも「ツール」として、双方向関係を保つことが大切です。また、外国にルー

ICT（Information and Communication Technology）

「情報通信技術」と訳され、多分野で活用されている。たとえば教育分野では、PCやタブレット端末、スマートフォンなどを活用してインターネットによるオンライン授業などが行われている。

ツをもつ子どものためにという思いから「学ばせよう」と一生懸命になり過ぎて、「遊びながら」「楽しみながら」を忘れがちになります。この点に注意しながら、みなさんたち自身が楽しいと思える活動を行ってみてください。そして、外国にルーツをもつ子どもだけでなく、日本人の子どもたちとも一緒に活動してみてください。子ども同士は大人に比べて国籍や言葉などの壁をつくらずに遊ぶことができます。保育者は「○○人だから」と特別視するのではなく、まわりの子どもたちと同じように接してください。そのような態度を子どもたちはみていて、お手本にするでしょう。

1 ICT を用いた活動

外国語や外国の文化を紹介するとき、ICT はとても便利なツールです。以前は必要だった PC やプロジェクターがなくても、みなさんが使っているスマートフォンとテレビがあれば、それらをつないで、映像をみたり、アプリケーションソフトでゲームをしたりすることができます。

例：子どもたちが日本語で歌える歌の外国語に翻訳された動画を流し、「これは、○○ちゃんの国の言葉だよ」と紹介する。日本語と外国語のどちらで歌ってもよい。

例：外国にルーツをもつ子どもの家庭行事や料理の写真を映し出し、様子を話してもらい、日本人の子どもたちに紹介する。

ICT を用いた活動

タブレットとテレビを使った活動

2 絵本を用いた活動

日本語であれ、外国語であれ、言語習得のための教材として絵本は最適です。外国語は読めないと思うかもしれませんが、外国にルーツをもつ子どもの保護者の都合があえば、母語で読んでもらうのもよいでしょう。また、上の1と関連しますが、多言語で書かれたインターネットのサイトがあります。動画共有サイトに「(特定の言語) 動画絵本」などと打ち込み検索すれば、多くの動画が表示されます。また多言語の絵本を集めたホームページもあります。

多言語絵本の会 (MULTILINGUAL PICTURE BOOK CLUB) Rainbow

多言語電子絵本の制作や多言語読み聞かせの実施等の活動を行っている。

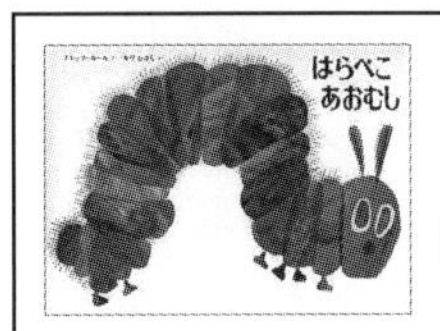

日本語

中国語

ポルトガル語

韓国語

エリック・カール作 もりひさし訳『はらぺこあおむし』偕成社 1976 年

例：ストーリーがわかっている絵本を日本語、または子どもたちの母語で読んでみる（動画で流してみる）と理解が早く、子どもたちは飽きずに参加できる。

3 絵カードを用いた活動

絵カードはフラッシュカードとして、お話づくりの題材としてなど、いくつかの使い方があります。ゲームとして数人で遊ぶ場合、かるた遊びができます。その際には日本語だけでなく、その子どもの母語など翻訳機を使って多言語で読んでみるのもよいでしょう。言語の習得には「聞く」ことが大切です。言葉をインプット（取り込む）しなければアウトプット（外に出す）はできません。子どもたちには正確な発音でたくさんの言葉を浴びせてあげるようにしましょう。

5　外国にルーツをもつ子どもたちの小学校入学に向けた支援

小1プロブレム
要録
「小1プロブレム」については第5章第3節を、「要録」については第5章第1節、第3節に詳しく説明しているので参照されたい。

保育所や幼稚園と小学校の大きな違いは何でしょうか。「小１プロブレム」という言葉があるように、小学校に入学した子どもたちは環境の変化に戸惑い適応できず、椅子に長時間座っていられないなど、行動に表れることがあります。外国にルーツをもつ子どもたちは、保護者から事前に小学校の様子を聞かされることなく、また外国人専用の保育施設から公立の小学校に入学する場合はなおさら不安になるでしょう。保育所や幼稚園と小学校の違いにはさまざまありますが最も大きな違いは、子ども自身でやらなければならないことが増えることではないでしょうか。

たとえば小学校入学までサポートをしてもらえていた「給食を食べる」「体操服や水着に着替える」「トイレへ行く」「かばんに自分の用具を入れ替えする」などの日常生活における課題は基本的に自分でやらなければなりません。それは、もちろん外国にルーツをもつ子どもにも同じことがいえます。外国にルーツをもつ子どもを対象にした取り組みには、第１節の３「特別な配慮を必要とする子どもに対する国の取り組み」で述べたように、外国にルーツをもつ子どもたちが保育所などから小学校へと途切れることなく支援をしていくことが求められています。そのためには、保育所では保育所児童保育要録、幼稚園では幼稚園幼児指導要録、幼保連携型認定こども園では幼保連携型認定こども園園児指導要録という子どもの成長記録を記したものを小学校に伝えることが大切です。外国にルーツをもつ子どもが抱える生活上の課題や困難等に応じて

愛知県プレスクール実施マニュアル
プレスクールとプレクラスに分かれて開催されて

行われてきた保育における工夫および配慮を、日本人の子ども以上に成長記録に記載することが重要だといえるでしょう。

しかし実際には、保育所等から小学校へ文書を送るだけでは、外国にルーツをもつ子どもの支援が十分だとはいえません。このようなニーズからできた保育所や幼稚園と小学校をつなぐ機関の１つに「プレスクール」があります。今や複数の自治体でプレスクールが実施されていますが、外国にルーツをもつ子どもたちが多く在籍する愛知県では、2006年からいち早くプレスクールを始め、外国にルーツをもつ多くの子どもたちの支援に取り組んできました。プレスクールでは就学前の子どもへの初期の日本語指導と学校生活指導を２本立てとして、プログラムが組まれています。

6　多言語での発達に関する支援

自分の子どもの成長発達を心配しない親はいないでしょう。それは、外国人の保護者にとっても同じです。ましてや、言語や文化が異なる日本での子育ては大変不安なものでしょう。経済学者であるヘックマンは、『幼児教育の経済学』のなかで「就学前の適切な幼児教育を受けることで、その子どもの人生の可能性を伸ばし、将来の所得や健康維持にまで影響を与える」ということと、「就学前で重要なのは、IQに代表される認知能力だけでなく、非認知能力も重要だ」と主張しています。ヘックマンの研究により、これまで感覚的にいわれていた就学前教育の重要さが、膨大なデータにより証明されました。

ここでは、外国にルーツをもつ子どもたちの発達に関する情報について紹介します。

近年、多言語による出産や育児、予防接種や健康診断などの情報が増えてきました。日本語能力が高い保護者であっても、母国とは違う制度を理解するのは困難なことです。インターネット上で検索すれば情報を得ることができますが、外国にルーツをもつ子どもの保護者からは「必要な情報にたどり着けない」との声がよく聞かれます。情報はあふれていますが、ホームページの入り口が日本語で書かれていて、役所や保健所などの公的機関の情報なのかわからなかったり、新しい情報なのか区別がつかなかったり、その情報が適切なのか判断が難しい場合があります。適切な情報にアクセスできるようなアドバイスがのぞまれます。

最近、外国にルーツをもつ子どもの言葉の問題について、次のようなトピックが話題に上がっています。

いる。プレスクールとは外国にルーツをもつ就学前の子どもたちを集め、一定期間、小学校入学のために学ぶ教室のことをいう。プレクラスとは、日本語初期指導教室ともいわれ、「外国人児童生徒等が、学校に転入する前や転入した後でも、クラスに入る前に一定期間（数か月間など）学校生活に慣れるまでの生活指導や初期の日本語指導を行うこと（ホームページより引用）」である。

コトバ

非認知能力

筆記試験などで点数化される認知能力では測定できない個人の内面の力のこと。やる気、協調性、創造力、コミュニケーション能力などが当てはまる。

人物

ジェームズ・J・ヘックマン

James J. Heckman

（1944年-）

シカゴ大学教授。1983年ジョン・ベイツ・クラーク賞受賞。2000年ノーベル経済学賞受賞。2014年に来日し、「格差是正のためには、幼少期の子どもとその親に対して働きかけをすることが大切だ」と主張した。

言語習得の発達診断において子どもに何らかの気になるふるまいがあった場合、それが障害によるものなのか、外国の文化に根差したものなのか、ただ適切な対処方法や表出方法を知らないだけなのか、キャリアの長い保育者や保健師であっても判断が困難であるという声が聞かれます。もし誤った判断により、障害をもつ子どもが普通クラスに入れられた場合、必要な医療が受けられなくなります。反対に健常児でありながら特別支援クラスに入った場合は、その子どもにとって適切な教育の機会を失うことになります。国立障害者リハビリテーションセンター「発達障害情報・支援センター」は適切なサポートにつながるよう多言語によるパンフレットを作成しています。

発達障害情報・支援センター
外国人保護者向け多言語版パンフレット「お子さんの発達について心配なことはありますか？～日本で子育てをする保護者の方へ」などを作成し、支援を行う。

教育内容や方法は子どもが置かれている環境によって異なりますので、子どもの状況や性質に合ったやり方をみつけなければなりません。それらは、子どもに関わる大人の責務といってもよいでしょう。外国にルーツをもつ子どもたちの保護者にとって、保育者はとても頼れる存在です。また、子どもたちにとっては、日本の常識や文化を教えてくれるとともに、成長を近くで見届けてくれる心強い存在であるといえます。

7　多言語でのあいさつ

もし、みなさんが海外に行って、現地の人が日本語で「コンニチハ」と声をかけてくれたら、気遣ってくれた、歓迎されたと思うでしょう。発音やイントネーションが正しいかを気にするより、嬉しさが勝るのではないでしょうか。なぜ嬉しくなるのでしょうか。それは、相手と何かを共有し「つながれた」という感覚が生まれるからかもしれません。実は、普段から子どもと接しているみなさんは無意識ながら相手に合わせた言動を取っているのです。子どもと話すとき、早口で難しい言葉を使うことはないでしょう。「相手を思いやり、相手の言葉で話す」ことが、コミュニケーションをはかるための第一歩なのかもしれません。それは、外国にルーツをもつ子どもや保護者にとっても同じです。みなさんが彼らの母語であいさつやお礼を伝えることで、受け入れられたと安心感を覚えることでしょう。

日本語の発音の特徴
母音(ぼいん)(a i u e o)もしくは子音(しいん)＋母音（ka ki ku ke ko, sa shi su se so など）で成り立っている。
すべての日本語の音は子音だけで発音することはできず、子音は必ず母音との組み合わせで発音される。

以下、簡単なあいさつなどをまとめておきますので、機会があればぜひ挑戦してみてください。なお、次のルールに従って書いています。

①発音しやすいように、音声をカタカナで表記

実は、外国語の発音をカタカナで正確に表すことは不可能です。日本語の単語の発音はすべて母音で終わるという特徴がありますが、外国語では子音で終わる単語が多くあります。本来なら、「国際音声記号」で表したほうがより正確な発音ができると思いますが、本書では、入門編として、カタカナで表記しています。

②いろいろな言い回しがあるが最もシンプルな言い方を採用

私たちは普段、何気なく人にあいさつをしています。相手が友だちの場合、職場の同僚や上司、家族と対象が変わると自然にあいさつの仕方を変えていることでしょう。たとえば、人と別れるとき、「さようなら」というのが一般的かもしれませんが、「バイバイ」といったり、「じゃあね」「またね」「お疲れ様でした」「失礼いたします」などといったりもするでしょう。このようにあいさつは決まった1つの言葉だけを使うというものではありません。英語でも、人と会ったときに“Hello”“Hey”“Hi”“What's up?”と使い分けるでしょう。そのため、本書では、さまざまな言い方があるうち、最も一般的で簡単な表現を用いて書いています。

豆知識として知っておいてほしいのですが、あいさつの仕方も国によって異なります。握手をする国、ハグをする国、お辞儀をする国、笑顔をみせない国など多種多様です。また、謝罪についても、日本は比較的すぐに「すみません」と謝罪しますが、国によっては簡単に謝らない国があります。諸外国からみると、日本人が頭を下げて謝罪している姿が不思議に感じることもあるそうです。相手の国の習慣を少しでも知って対応すれば、常識の違いから生じるトラブルを避けることができるでしょう。

10言語で、簡単なあいさつの言葉を紹介します。この10言語は日本語と英語を除き、「日本語指導が必要な外国籍の児童生徒の母語別在籍状況（文部科学、2018年5月1日時点）」と「在留外国人の構成比（国籍・地域別）（法務省、2019年末）」を参考にピックアップしました。

韓国の大学附属の保育園（オリニジップ）

オリニジップを訪問する日本人学生

コトバ

国際音声記号

国際音声記号、IPA（International Phonetic Alphabet）ともいう。音声を表す記号のことで、発音を文字で表す。たとえば、light と right はカタカナで表すと両方とも「ライト」になるが、国際音声記号を使うと、前者は [láit]、後者は [ɹáit] と表される。

【あいさつの言葉】

日　本　語	こんにちは		さようなら	
英　　　語	Hello	ハロー	Good Bye	グッバイ
中　国　語	你好	ニー ハオ	再见	ツァイ ツェン
韓　国　語	안녕하세요	アンニョン ハセヨ	안녕히 가세요※2 안녕히 계세요※3	アンニョンヒ カセヨ アンニョンヒ ケセヨ
ベトナム語	Xin chào	シンチャオ	Tạm biệt	タム ビエット
フィリピノ語	Magandang araw po※1	マガンダン アラウ ポ	Paalam po	パーラム ポ
ポルトガル語	Boa tarde	ボア・タージ	Tchau	チャオ
ネパール語	नमस्ते	ナマステ	नमस्कार	ナマスカール
スペイン語	Buenas Tardes	ブエナス タルデス	Adios	アディオス
インドネシア語	Selamat※4 sore	スラマッ ソレ	Sampai jumpa lagi	サンパイ ジュンパラギ

※１　フィリピノ語とはフィリピンの国語の名称。フィリピノ語の語尾についている「Po」は日本語でいうところ「～でございます」のように丁寧語にするときに使われる。
※２、３　見送る人はアンニョンヒ　カセヨを、見送られる人はアンニョンヒ　ケセヨを使う。
※４　10：00～16：00は スラマッ　シアン（Selamat siang）
16：00～18：00は スラマッ　ソレ　と時間帯によって言い方が異なる。

【感謝と謝罪の言葉】

日　本　語	ありがとう		ごめんなさい	
英　　　語	Thank You	サンキュー	I'm sorry	アイムソーリー
中　国　語	谢谢	シェイシェイ	对不起	ドゥイブチー
韓　国　語	감사 합니다	カムサハムニダ	죄송합니다	チェソハムニダ
ベトナム語	Cảm ơn	カム オン	Xin lỗi	シン　ロイ
フィリピノ語	Salamat po	サラマッポ	Pasensya ka na	パセンシャカナ
ポルトガル語	Obrigado※5 Obrigada※6	オブリガード オブリガーダ	Desculpe me	デスクウピ ミ
ネパール語	धन्यवाद	ダンネヴァード	माफ गर्नुस्	マフガルヌス
スペイン語	Gracias	グラシアス	Perdón	ペルドン
インドネシア語	Terima kasih	トゥリマカシ	Maaf	マアフ

※５、６　男性はオブリガードを、女性はオブリガーダを使う。

ワーク　多言語であいさつをしてみよう

１つの例を示しましたが、これらの言葉しか使わないということはありません。カジュアルな言い方や丁寧な言い方が別にありますので調べてみましょう。日本語でも「こんにちは」を「こにちは」といわれても意味は通じるでしょう。あまり発音は気にせず友だち同士で何度か練習して、いざというときに使ってみましょう。まずは２人でペアワークをして、次に４、５人でグループワークをやってみましょう。

第3節
外国にルーツをもつ子どもの家族支援

学習のポイント
●外国にルーツをもつ子どもの家族が感じる葛藤や不安要素について学びましょう。
●保育者として、どのように保護者に寄り添っていけるか考えてみましょう。

1　保護者・子どもの在留資格

1 保護者の在留資格

自分の国籍以外の外国で生活するには在留資格が必要です。そのため、日本で外国籍の人が滞在するためには、日本の在留資格を取得していなければなりません。その元となっている法律は「出入国管理および難民認定法（入管法）」です。この資格は「活動類型資格」と「地位等類型資格」に分類されます。これらはさらに細かく分類されていますが、ここでは令和元年6月末現在における在留資格別の在留人数が多かったものを取り上げ説明します。詳しくは、出入国在留管理庁の「在留資格一覧表」を参照してください。

①**永住者**：原則10年以上継続して日本に在留しているなど、永住許可を受けた人が対象。身分･地位にもとづく在留資格で活動の制限はない。
②**技能実習**：技能実習生が対象。詳しくは下記で説明します。
③**留学**：大学、専門学校、日本語学校などの学生が対象。
④**特別永住者**：入管法上の在留資格ではない。第二次世界大戦終戦前から引き続き居住している人およびその子孫が対象。
⑤**技術･人文知識･国際業務**：機械工学などの技術者、通訳、デザイナー、語学講師などが対象。
(その他)家族滞在：就労資格などで在留する外国人の配偶者、子が対象。

出入国在留管理庁
これまで外国人労働者の受け入れを管轄していた「入国管理局」は2019年4月1日、「出入国在留管理庁」となり、省と並ぶ行政機関として格上げされた。

特定技能
「技能実習」の在留期間は最長5年で、以前は実習後に日本に在留する手段はなかったが、「特定技能」の在留資格が新設され、技能実習後も日本に在留し続けることが可能になった。
参考：厚生労働省ホームページ「外国人技能実習制度について」

●コラム●「技能実習」の在留資格制度とは

外国人の技能実習の適正な実施及び技能実習生の保護に関する法律（技能実習法）1条にもとづき、1年目から労働者として在留する外国人技能実習生に与えられる在留資格である。制度の目的は、外国人を日本で一定期間（最長５年間）に限り受け入れ、OJT（On the Job Training：実務を通じて行う教育訓練）を通じて技能を移転するためで、1993年に設立された。その後、外国人の技能実習の適正な実施および技能実習生の保護をはかるための技能実習制度が新しく変わった（平成28年11月28日、公布）。

② 日本生まれの子どもの在留資格

近年、在留外国人の増加にともない、日本生まれの外国にルーツをもつ子どもたちが増えてきました。この場合、子どもたちの国籍や在留資格はどのようになるのでしょうか。

両親が外国籍の場合、その子どもは日本国籍をもつことはなく、多くの場合、「家族滞在」の在留資格によって、日本に滞在することになります。永住者の資格をもっているのであれば、その限りではありません。子どもが生まれてから行わなければならない手続きには次のようなものがあります。

①居住地の市区町村役場に出生届を提出する

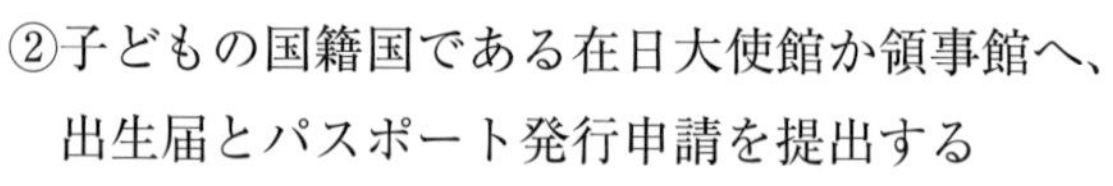

②子どもの国籍国である在日大使館か領事館へ、出生届とパスポート発行申請を提出する

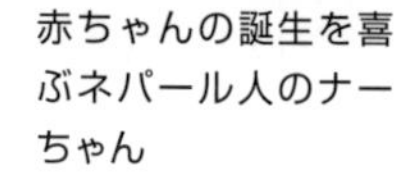

赤ちゃんの誕生を喜ぶネパール人のナーちゃん

③出入国在留管理庁に在留資格取得申請をする

出入国在留管理庁への申請は、出生後30日以内に出入国在留管理庁で行う必要があります。これを過ぎてしまうと、生まれた子どもはオーバーステイとなり、その後、健康保険や子ども手当などの行政サービスを受ける際、煩雑な手続きが必要になるので注意しましょう。

片方の親が外国人で、もう一方の親が日本人の場合、その子どもは日本国籍を取得します（出生の時に父又は母が日本国民であるとき、子は日本国民とする。「国籍法第２条１」）。そのため在留資格などの手続きを行う必要はありません。出生から14日以内に市区町村役場へ「出生届」を提出するとともに、外国籍の親の本国（もしくは日本にある本国の大使館や領事館）に出生の届を提出します。

保護者の片方もしくは両方が日本ではない国籍の場合、妊娠中や出産後に行うイベントは母国のものを取り入れることが多いです。欧米では、母親の妊娠中にベビーシャワーを行う習慣があります。元々は出産後、育児に専念しなければならないため女友だちで集まり、穏やかな楽しい時間を過ごすための集まりでしたが、近年では、お互いの両親や男女両

国籍法
国籍の取得や喪失について規定している法律。現行の国籍法は1950年（昭和25年）に施行された。社会的な背景の変化にともない、数回の改正が行われている。

ベビーシャワー (Baby shower)
「降り注ぐシャワーのようないっぱいの愛情でお祝いする」という意味があり、安定期に入った妊婦を祝うイベントのこと。アメリカが発祥だといわれている。

方の友人を招いて大々的にお祝いすることが多くなったようです。また、出産祝いにシルバースプーンやおむつケーキ（Diper cake）を送る習慣があります。

ドレスを着て嬉しいナーちゃん　　ベビーシャワーのパーティーの様子

2　保護者の不安や悩みへの対応の仕方

私たちが海外旅行や海外留学をすることになったら、楽しみな反面、次のようなことで不安に感じませんか。

・言葉が通じるか
・トラブルに巻き込まれないか
・食べ物や飲み物が合わず、体調を崩さないだろうか　etc...

日本で暮らす外国にルーツをもつ家族にとってもこれらのことは心配ごとなのです。私たちと同じように不安や悩みを抱えています。日本は比較的、治安がよい国だといわれていますが、異国の地で生活するというのは大きな負担であることに違いありません。

実際、外国にルーツをもつ子どもの保護者が感じている不安や悩み、疑問点を紹介します。

ネパールに帰国したスワ君と再会を喜ぶおじさんと祖父

事例７－５　在留資格と日本滞在

ネパール人の保護者Ａさんは留学生として来日しました。大学を卒業し、正社員として就職したことから家族を国から呼び、妻は日本で子どもを出産し育てています。Ａさんの子どもは３歳で、近所の保育所に通っていて日本人の友だちもでき、園の生活を楽しんでいます。しかし、何年かごとに必要な在留期間の更新時は、「次は何年の在留許可がもらえるのか？　もらえなかったら、どうすればいいのか？」と不安に感じているそうです。

コトバ

ビザと在留資格

「ビザ（VISA）」と「在留資格」は混同されがちであるが、厳密には別物である。日本入国に必要な許可をビザといい、日本での活動許可を在留資格という。

日本の保育所に通うベトナム人のアン君

世界教師デー

ユネスコは、10月５日は世界教師デーと定めている。教師への支援を求めることと、将来を担う世代の子どもたちに、十分な教育を施せるよう求めることを目的としており、多くの国でイベントなどが行われている。

日本で暮らす外国籍の人たちにとって在留資格は大きな問題です。もし在留期間の更新（ビザ更新）ができなければ帰国を余儀なくされます。そうなれば、日本の保育所に慣れてきた子どもにとって、大きな負担を強いることになります。この問題は社会情勢の影響などもあり、簡単に解決できることではありません。保育者としてできることは、保護者の気持ちに寄り添うことで、子どもを少しでも不安にさせないことではないでしょうか。

事例７－６　保育者への質問

ベトナム人の保護者Ａさんの子どもは保育所に通っています。いつも子どもの送り迎えをしていますが、冬になると小さな子どもたちが鼻水を垂らしたままで遊んでいることを疑問に思うそうです。鼻が詰まると苦しいはずなのに、なぜ保育士さんは子どもの鼻水を拭かないのでしょうか。日本では一般的なことなのか、園のルールなのか、保育士さんの判断なのか不思議に思うそうですが、なかなか質問できずにいます。

これを読んで、みなさんはどのように感じましたか。保育士さんに質問したり、意見をいったりすればいいと思ったかもしれません。ベトナムには、「教師の日（先生の日）」という日があります。ベトナム以外にも、中国には「教師節」、韓国には「스승의 날（ススンエナル）＝先生の日」など、さまざまな国で先生の日が設けられています。学校の先生など、教育をする人を尊敬する人を祝う日です。諸外国では、教師（先生）の地位が高く、意見がいいづらい雰囲気があるのです。保育者のほうから、保護者に「困ったことや聞きたいことがあれば、気軽に聞いてください」と声をかけるとよいでしょう。

事例７－７　難しい日本語表記のプリント

ペルー人の保護者Ｂさんは漢字が得意ではありません。４月になると園から多くのプリントをもらってきます。保護者が記入して園に提出しなければならないのか、重要なプリントはどれなのか、自分だけでは判断できないそうです。提出せずにいると、園の先生から提出するように催促されますが、どのプリントのことをいっているのか、先生との会話だけでは理解できずにいます。

園によって配布されるプリントの量や種類は違いますが、一般的に４月は多くのプリントが配布されます。連絡手段としてメール配信を行っている園では、「メールの登録の仕方」という重要なプリントをもらってくることもあるでしょう。また、「年間行事予定表」は１年間保管しておいたほうがいいかもしれません。子どものアレルギー情報や既往症などを記入する保健関係のプリントは提出しなければなりません。

どのプリントが提出書類なのか、重要書類なのかわからなければ、ただの紙です。プリントを渡す保育者としては何ができるでしょうか。「書いて、園に出してください」「３月まで捨てないでください」など、わかりやすく記してあげるなど、工夫するとよいでしょう。

事例７－８　子どものお弁当

タイ人の保護者Ｃさんは、子どものお弁当のことで困っています。タイでは、１年中暑く食べ物が傷みやすいことや、外食が安く盛んなことからお弁当を持参することは一般的ではありません。Ｃさん自身も両親からお弁当をつくってもらったことはなく、子どもの遠足時に「お弁当をもってきてください」といわれ、コンビニで弁当を買ってもたせたそうです。子どもからの訴えで、手づくり弁当をもっていくことを知りました。今ではSNS等で写真や動画を参考にしながら何度も練習しているそうです。

日本で子育てをする外国人家族

食べ物について、宗教上の禁忌事項（イスラム教は豚肉を食べない、ヒンドゥー教は牛肉を食べないなど）がある場合はわかりやすいですが、今回のケースのような習慣については、あまり理解されていません。もし子どもがコンビニ弁当をもって来たら、「保護者が手抜きをしたのかな？　子どもがかわいそうだ」と感じてしまうかもしれません。しかし、世界には、日本のように手づくりのお弁当をもって行く国のほうがむしろ少ないのです。この保護者のＣさんは、わざとコンビニ弁当をもたせたのではなく、手づくり弁当の存在を知らないだけでした。

遠足や運動会、まつりごとなど、外国籍の保護者の方が経験したことのないような活動を行うときは、写真や絵カードなどを活用して、わかりやすい説明をしてあげるとよいでしょう。

3　よりよいコミュニケーションのコツ

日本語はよくも悪くも「あいまいである」といわれていますが、日本語を母語とする人は、まわりの状況や相手の立場を察しながら使い分けています。次の会話から状況を読み取ってみてください。

①Ａさん：「重そうですね。もちましょうか？」
　Ｂさん：「大丈夫です」
②Ｃさん：「来週、食事会がありますが、一緒にどうですか？」
　Ｄさん：「大丈夫です」

どちらも返答に「大丈夫」を使っていますが、みなさんは YES ととらえましたか。NO ととらえましたか。

Ｂさんの「大丈夫」は、「もってもらわなくても結構です＝不要」といっているのでしょう。Ｄさんの「大丈夫」は、「いいですよ、行きます」という意味と、「遠慮します、行きません」と２つの意味にとれるかもしれません。実際、日本語を勉強している留学生がパーティーに誘われ、参加したかったので「大丈夫です」と答えたら、参加の案内をもらえず、それ以降誘われることがなかったというエピソードがあります。

「大丈夫」を使う意図には、断わる場合に相手にやわらかく断るという配慮や、可能、不可能の意味で使う場合は「できます」「できません」と直接的な表現を避けるという気遣いがあるのかもしれません。これは日本語のあいまい表現の一例ですが、このように暗黙の了解や省略されたメッセージを読み取って察する文化をハイコンテクスト文化といいます。それに対し、伝えたいことを明確に表現し、勘違いされないように簡潔な言葉での説明が重視される文化をローコンテクスト文化といいます。

エリン・メイヤーは、著書『異文化理解力（THE CULTURE MAP, Breaking Through the Invisible Boundaries of Global Business)』で、日本やインド、韓国、中国などのアジア圏はハイコンテクストな文化であり、アメリカ、カナダ、オーストラリア、オランダ、ドイツ、イギリスなど西欧諸国はローコンテクストな文化であると示しています。

このような大きな文化の違いから、ときおり、コミュニケーションでトラブルが起きることがあります。「空気を読む」「状況を感じ取る」「相手の気持ちを考えて行動する」という日本文化にもとづく行為は通用しないと思ったほうがいいでしょう。

大丈夫
『明鏡国語辞典　第二版』（大修館書店）には、本来の意味に加えて、俗語として、「相手の勧誘などを遠回しに拒否する語」とあり、「主に若者が使う」「本来は不適切」という解説が添えてある。

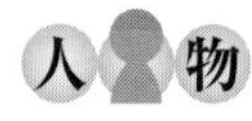

エドワード・ホール
Edward T. Hall
アメリカの文化人類学者。1976 年に著書『Beyond Culture（文化を超えて)』で、ハイコンテクスト文化（High Context＝高文脈）と、ローコンテクスト文化（Low Context＝低文脈）の概念を提唱した。

外国にルーツをもつ子どもの保護者とのコミュニケーションの難しさは言語だけではなく、このような文化の違いによる場合があります。また、保護者の出身国との学校や保育制度が大きく違う場合、日本語が理解できても、内容を理解できない場合があります。たとえば、お昼寝用の布団を持参したり、もち帰ったりした経験がない場合、金曜日に布団を渡すだけで「月曜日にまたもって来てください」というだけでは、洗わずにもって来ることが予想されます。

外国にルーツをもつ子どもの保護者に何かを伝えるとき、みなさんはどうするでしょうか。翻訳機やスマートフォンの翻訳機能を使いますか。日本語が話せる通訳や保護者に依頼しますか。保護者の母語を勉強して、自分自身が外国語で話すようにしますか。それらも有効な手段ですが、わかりやすい日本語や画像（写真や実物でも可）などを併用して伝えれば、伝わることも多いです。その際、留意する点を示しておきますので参考にしてください。

❶あいまいな表現をせず、はっきり伝えるようにする

保護者にお願いしたい場合は「～してください」、許可できない場合は「～できません」「～しないでください」というと正確に伝わります。

❷熟語（漢語）ではなく、和語を使う

「持参してください」は「もって来てください」、「保護者」は「お父さんとお母さん」など日常生活で使う言葉がわかりやすいです。

❸尊敬語・謙譲語などの敬語を使わない

年上の保護者であれば、敬語を使ったほうがいいかと思うかもしれませんが、「お越しください」「伺います」では意味が通じないことが多いかもしれません。「来てください」「行きます」とシンプルにいいましょう。

❹主語を明確にして、短文で話すようにする

日本語は主語を省くことが多いという特徴があります。「参観日は 10 時に来てください」と伝えた場合、親も子どもも 10 時に行くのか混乱します。「お母さんは 10 時に、子どもはいつもの時間に来てください」というとわかりやすいです。また、「参観日」ではなく、「お父さんとお母さんが子どもの様子をみに園に来る日」と置き換えることができます。

❺方言はなるべく使わないようにする

もし、みなさんが生まれた場所で育っていたら、方言なのか標準語なのか気づかないかもしれません。たとえば、愛知県をはじめ、多くの都道府県では、疲れたということを「えらい」といいます。標準語では「えらい」は「偉い」と訳されます。「今日はえらかったね」というと、「疲れて、大変だったね」という意味と「偉かったね、がんばったね」と２

つの意味で理解される可能性があります。通じなかったら「これって方言？」と一度調べてみてもよいかもしれません。

外国にルーツをもつ保護者と話すときには、「やさしい日本語」がキーワードになります。

コトバ

やさしい日本語
普通の日本語よりも簡単で、外国人にもわかりやすい日本語のこと。「易しい＝簡単な」と「優しい＝思いやりをもって」という意味が込められている。

４　関係機関との連携

もし、みなさんが外国にルーツをもつ子どものクラス担任になったり、地域で関わることになったりした場合、何かできることをしてあげたいと思っても「まず、何からすればいいのだろう？」と、きっと戸惑うでしょう。そのようなときは、一人で抱え込まず、園の先生方や外部のさまざまな関係機関に相談しましょう。

外国にルーツをもつ子どもたちの支援は自治体単位で行っていることが多いです。その地域が外国人集住地域なのか外国人散在地域なのか、支援に力を入れているか否かで、園に派遣される母語支援のサポートや多言語翻訳機などのツールの貸し出しに違いがあります。まずは、市(区)役所を窓口として、地域内にある国際交流協会や日本語教室などのボランティア団体に問い合わせてみるとよいでしょう。また、地域によっては、多文化ソーシャルワーカーという専門家がいることもあります。

「困った子は困っている子」という言葉があります。大人からみて「困った子」は実はその子ども自身が「困っている」のです。外国にルーツをもつ子どもと接すると、はじめは「どう対応してよいかわからない。とても困った子だ」と思うかもしれません。しかし、視点を変え、違いを楽しめるようになれば、その子どもたちの人生だけではなく、みなさんたちの人生も豊かになるのではないでしょうか。

外国人集住地域
地域に外国出身者がまとまって居住しているエリアがある地域のこと。手厚い支援が行われていることが多い。

外国人散在地域
地域内の各地に散らばって居住している、また居住している人数自体が少ない地域のこと。

多文化ソーシャルワーカー
外国人が母国と異なる文化や環境のなかで生活することによって生じる問題に対して、相談から解決まで支援する専門家のこと。

演習課題

① ３か月前に入園してきた外国籍のＡちゃん（女の子、５歳）は人見知りであるため、なかなかクラスに馴染めません。しかし、時折、クラスの子どもたちがＡちゃんに話しかけたり、Ａちゃんも遊びたいような素振りをみせたりしています。あなたは、保育者として、Ａちゃんにどのような言葉がけをしますか。
※Ａちゃんは通常の生活をするうえで、日本語での意思疎通はで

きます。

次の「　　」に入る言葉を埋め、会話を成立させてください。

あなた：「おはよう、Aちゃん」
Aちゃん：「せんせい」
あなた：「園は楽しい？」
Aちゃん：「はい。たのしい」
あなた：「今日は何をして遊ぼうか？」
Aちゃん：「・・・お人形したい」
あなた：「　　　　　　　　」
Aちゃん：「　　　　　　　　」
あなた：「　　　　　　　　」
　　続く……

② 次のような条件で行う「遊ぶ活動」を提案してください。
・年長児クラス（11月）
・子どもの人数は20名（うち、外国籍の子どもは4名）
・活動時間は30分程度
・複数の国籍の子どもがクラスに在籍している
・日本人・外国人ともに保護者の方の参加あり
・このクラスは活発な子どもが多く、運動が好きである

【引用・参考文献】

荒牧重人・榎井　縁・江原裕美・小島祥美・志水宏吉・南野奈津子・宮島　喬・山野良一『外国人の子ども白書〜権利・貧困・教育・文化・国籍と共生の視点から〜』 明石書店　2017年
石井香世子・小豆澤史絵 『外国につながる子どもと無国籍』 明石書店　2019年
エリン・メイヤー　田岡恵監訳 『異文化理解力（THE CULTURE MAP, Breaking Through the Invisible Boundaries of Global Business）』 英治出版　2015年
小島祥美 『外国人の就学と不就学』 大阪大学出版会　2016年
是川　夕 「日本における国際人口移動転換とその中長期的展望——日本特殊論を超えて」 移民政策学会編 『移民政策研究』Vol.10　明石出版　2018年
咲間まり子 『保育者のための外国人保護者支援の本』 かもがわ出版　2020年
S・I・ハヤカワ（サミュエル・イチエ・ハヤカワ） 大久保忠利訳 『思考と行動における言語』 岩波書店　1985年
ジェームズ・J・ヘックマン　古草秀子訳 『幼児教育の経済学』 東洋経済新報社　2015年
信濃毎日新聞社編集局 『ボクは日本人　アンデレちゃんの一五〇〇日』 信濃毎日新聞社　1995年
中島和子 『完全改訂版　バイリンガル教育の方法』 アルク　2016年
松井剛太 『特別な配慮を必要とする子どもが輝くクラス運営』 中央法規出版　2018年

三井真紀・韓在熙・林悠子・松山有美 「日本における多文化保育の政策・実践・研究の動向と課題」『九州ルーテル学院大学 VISIO』No. 47. 2017年
宮崎元裕 「日本における多文化保育の意義と課題――保育者の態度と知識に注目して」『京都女子大学発達教育学部紀要』 2011年
李　大義・伍　翔・谷口征子 『0から学ぶ仕事と会社――初学者・留学生のための超入門』 中部日本教育文化会 2020年
和田上貴昭・乙訓　稔・松田典子・渡辺　治・髙橋久雄・三浦修子・廣瀬優子・長谷川育代・髙橋滋孝・髙橋智宏・髙橋紘 「外国にルーツをもつ子どもの保育に関する研究」『保育科学研究』第８巻 日本保育協会保育科学研究所 2017年
国立社会保障・人口問題研究所 「日本の将来推計人口（平成29年推計）」 2017年4月10日公表 http://www.ipss.go.jp/pp-zenkoku/j/zenkoku2017/pp_zenkoku2017.asp （2020年3月25日アクセス）
法務省 出入国在留管理庁 「令和元年末現在における在留外国人数について」 令和2年3月27日発表 http://www.moj.go.jp/nyuukokukanri/kouhou/nyuukokukanri04_00003.html （2020年3月25日アクセス）
出入国在留管理庁 「令和元年11月現在の在留資格一覧表」 http://www.immi-moj.go.jp/tetuduki/kanri/qaq5.html （2020年3月25日アクセス）
総務省 「多文化共生の推進に関する研究会報告書～地域における多文化共生の推進に向けて～」 2006年3月 https://www.soumu.go.jp/kokusai/pdf/sonota_b5.pdf （2020年3月25日アクセス）
内閣府 「子ども・子育て支援新制度施行後５年の見直しに係る検討について（参考資料）」 2019年8月29日発表 https://www8.cao.go.jp/shoushi/shinseido/meeting/kodomo_kosodate/k_44/pdf/s4-1.pdf （2020年3月25日アクセス）
文部科学省 「外国人幼児等の受入れにおける配慮について」 https://www.mext.go.jp/content/20200306-mext_youji-000005738_01.pdf （2020年3月25日アクセス）
文部科学省 「外国人の子供の就学状況等調査結果（令和元年9月27日）」 https://www.mext.go.jp/content/1421568_001.pdf （2020年3月25日アクセス）
文部科学省 「ESD」 https://www.mext.go.jp/unesco/004/1339970.htm （2020年4月3日アクセス）
愛知県プレスクール実施マニュアル https://www.pref.aichi.jp/uploaded/attachment/16356.pdf （2020年4月3日アクセス）
多言語絵本の会（MULTILINGUAL PICTURE BOOK CLUB）Rainbow https://www.rainbow-ehon.com/ （2020年3月25日アクセス）
国立障害者リハビリテーションセンター 発達障害情報・支援センター 外国人保護者向け多言語版パンフレット 「お子さんの発達について心配なことはありますか？」～日本で子育てをする保護者の方へ～ http://www.rehab.go.jp/ddis/ （2020年4月3日アクセス）

保育における協働と連携の意義

これまで、年齢、発達、国籍、保護者の考え方など、子どもを取り巻くさまざまな環境の理解や子どもへの援助方法を学んできました。この章では、保育を適切に進めていくうえで、なぜ協働と連携が同職種・他職種問わず重要なのかを具体的な事例とともに学んでいきます。さらに、虐待や被災時など緊急を要する際には、どのように行動すればよいのかを考え、東日本大震災で被災した保護者や保育者の声に加えて、近年、ようやく語り始めた被災当時の子どもたちの声にも耳を傾けながら、保育の学びを深めていきましょう。

第1節
協働・連携とは

学習のポイント

●よく耳にする協働・連携とは一体何でしょうか。考えてみましょう。
●協働・連携する理由と具体的な内容を学んでみましょう。

これまでさまざまな子どもの実情を学んできました。そして、子どもが年齢を重ねるたびに、子どもを取り巻く環境はより広く、また、複雑化していくことが明らかとなりました。

それでは私たちはどのようにして子どもの背景を理解し、連携していくべきなのでしょうか。そして「連携」と似たような言葉で「協働」という言葉がありますが、それはそれぞれどのような違いがあるのでしょうか。

保育者同士で連携・協働する

1　協働・連携とは

協働と連携という言葉は、実際には同じ意味合いで使用されることが多く、明らかな違いがあるとは言い難い（中村ら、2012）とされています。しかし、それぞれの言葉の意味を改めて考えてみることで、援助の方向性がみえてきます。ここからはそれぞれの言葉の意味について考えていきましょう。

1 協働とは

まず協働とは何でしょうか。協働とは吉池ら（2009）によると、「同じ目的をもつ複数の人及び機関が協力関係を構築して目的達成に取り組むこと」を「協働」としています。

つまり保育の場面であれば、子どもに関する同じ目標に向かって支援者それぞれが主体となって協力し合い、実際に実行することをいいます（図８－１①）。

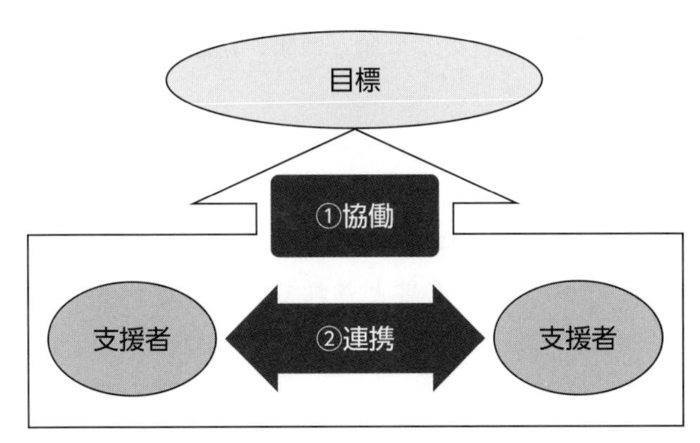

図8－1　「協働」「連携」の各概念の関係
出所：吉池ら（2009）をもとに筆者作成

2 連携とは

では次に連携とは何でしょうか。吉池ら（2009）によると「複数の人及び機関（非専門職を含む）が、単独では解決できない課題に対して、主体的に協力関係を構築して、目的達成に向けて取り組む相互関係の過程である」としています。

つまり、「協働」していくために「連携」があるということで、複数の支援者が協力して支援を実行していくという「協働」の過程やそのための手段を「連携」といいます（図8－1②）。保育は複数の支援者が情報共有などのさまざまな「連携」を通して、実際に協力しあって支援を実行していく「協働」であるといえます。

それでは、保育者自身はどのような支援をすることができるのでしょうか。改めて「保育者」とは何かを考えてみましょう。

保育者の雇用形態
保育者の雇用形態には主に正規職員と非正規職員がある。非正規職員の勤務時間は勤務先によってさまざまであり、ミーティングを行う時間の確保が難しい場合もあるため、意識して話し合う時間を設けることが望まれる。

2　保育者の役割とは

1 保育者とは

そもそも、保育とは何でしょうか。保育とは乳幼児を「保護」して「教育」するという意味ですが、「保育」は養護があって初めて成り立つということを表しています。保育所保育指針第一章総則にも「養護」に関することが示されている通り、保育において養護は大切な原理・原則の1つと位置づけられています。

養護とは「生命の保持及び情緒の安定」ということです。衛生環境など、さまざまな環境整備を通して命を守り、保育者という人的環境を維持・管理することが情緒の安定のためにもとても重要です。保育者は子どもがいま、何を必要として何を求めているのかという視点で観察し、評価、実行していく大人であり、そして命と健康、情緒の安定を保障できる存在であるといえるでしょう。

しかし、それは保育者一人で行えることではありません。保育者同士の協働が不可欠です。

2 保育者同士の協働の必要性

なぜ保育者同士の協働が必要とされているのでしょうか。まずは、2018年に改定された新「保育所保育指針」をみてみましょう。

> 第1章 総則
> 2養護に関する基本的事項
> ⑵養護に関わるねらい及び内容
> ア生命の保持
> （ア）ねらい
> ①一人一人の子どもが、快適に生活できるようにする。
> ②一人一人の子どもが、健康で安全に過ごせるようにする。
> ③一人一人の子どもの生理的欲求が、十分に満たされるようにする。
> ④一人一人の子どもの健康増進が、積極的に図られるようにする。

上記は養護に関する基本的事項だけの掲載ではありますが、新「保育所保育指針」では、上記以外にも「一人一人」という言葉が引き続き何度も用いられています。

乳児保育と1歳以上3歳未満児の保育のねらいと内容の記載も以前より充実していることから、一人ひとりの育ちに丁寧に対応していくことが求められています。そして第2章でも学んだように、乳児保育は保育のなかでもよりきめ細やかな協働を必要とされています。めまぐるしく変化する体調や、一日単位で大きく広がっていく行動範囲などさまざまな情報が乳児の生活の場において展開されています。しかし、保育者も一人で対応するには限度もあります。そのためには職員が連携し、協働することが保育の場面において不可欠であるといえるのです。

それでは、ここからは24時間乳児が生活をしている乳児院の事例から、具体的な連携方法をもとに協働の内容を学びましょう。

3 保育者同士の連携方法

乳児院保育の情報共有として、図8－2のようなボトムアップ方式がみられます。ここでいうボトムアップ方式とは、情報がほかの保育者から担当保育者や上司へ伝わることです。シフト制によって担当保育者がいない時間や日があったとしても、子どもとともに生活しているほかの保育者によって、情報はボトムアップ的に汲み上げられ、それは保育者

乳児院
乳児を入院させてこれを養育し、あわせて退院した者について相談そのほかの援助を行うことを目的とする児童福祉施設。

トップダウン
ボトムアップの反対。組織の上層部が意思決定をし、部下が上層部の指示に従うこと。

同士で日常会話のように飛び交い、師長、場合によっては乳児院の管理職へ伝えられています。

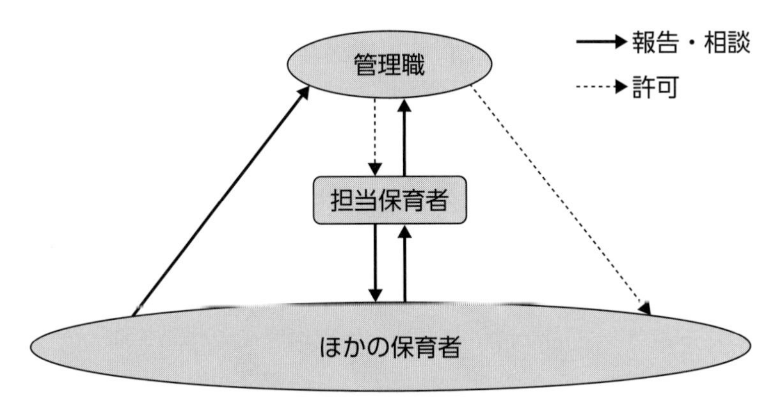

図８－２　ボトムアップ方式

出所：田名部（2016）をもとに筆者作成

また、情報は子どもの周囲にいる保育者によって常に情報更新され続けているため、ほとんどの保育者がその情報をもとにした敏感で応答的な対応が可能です。そのため、この保育者同士の日常会話のようなボトムアップ型情報共有のあり方は、体調変化や発達の著しい乳幼児にとって不可欠であると考えます。

それでは、ボトムアップ方式がみられる保育者の協働として、乳児院で実際にあった次の事例をみてみましょう。

事例８－１　Ｂ君の成長と情報共有

昼食時、早く食べ終わったＡ君は食堂を出て保育室のおもちゃをガラガラと音をたてながら出しました。いつもゆっくり食事をするＢ君は身体をねじって食堂から保育室を覗こうとしています。何のおもちゃが出されているのか気になる様子でした。

Ｂ君は月齢にしては発達がゆっくりであり、まだ立ち上がれるほどではありません。前日まではあまり動きがみられないＢ君が立ち上がろうとしたことは、保育者としては嬉しいことではありましたが、Ｂ君は落ち着かず食事もなかなか進みませんでした。他保育者らが食事介助を行い、そのときはようやく食べ終えることができました。

そこで食事介助をしていた保育者は、他児のおむつ交換の際に担当保育者と並んでそのときの様子を伝え、成長を喜び合い

管理職
乳児院によって保育士長や看護師長、主任など管理職が異なる場合がある。

ながらも、食堂の外が気にならないようにどうしたらよいのか相談を始め、看護師長に報告し対策案の許可を得ました。
　そして、夕食のときには保育室の様子がみえない場所にＢ君の席を変更することにし、それ以降Ｂ君は落ち着いて食事をゆっくり摂ることができるようになりました。また、保育室では、興味を示したおもちゃのために立ち上がるＢ君の姿もみられるようになりました。

　このボトムアップ的な情報共有は、乳児保育での体調管理・安全管理についてだけでなく、一人ひとりの子どもの学びや育ちの瞬間も保育者同士で素早く共有することができます。そして、その子ども独自の主体的な学びをどの保育者も等しく知ることで、安定した協働が行えるのです。
　また、この協働は、保育の現場の保育士だけで完結されているものではありません。子どもを取り巻く人的環境をよく見渡してみると、とても心強い専門的な職種の人々がたくさんいます。その人たちとの「協働や連携」によって、子どもや子どもを取り巻く環境をより深く理解することが可能となるでしょう。
　ただ、「連携・協働」していくなかで、ときにはほかの職種が提案する内容が保育の内容とそぐわないこともあるかもしれません。その場合はどのように対応することが望ましいのでしょうか。

3　ほかの職種との連携

　ほかの職種と「連携・協働」するなかで、たとえ目標は同じであっても、方法が異なることがあるかもしれません。次の事例をみてみましょう。

箱庭療法
心理士などのセラピストとともに、対象者が自発的に自由に砂箱の砂で表現したり、ミニチュアなどを並べたりして遊ぶことを通して行う心理療法の1つ。最終的な作品だけでなく、そこに至る過程に意味があることも多い。

事例8－2　心理士と保育士、それぞれの視点

　話すことが苦手な子どもの消極的な様子を心配していた保育士と心理士がいました。心理士がその子どもに箱庭療法を通して世界観を表現してもらおうとしていたとき、急用でどうしても数分間席を空けなければならなくなりました。数分後、心理士が急用から戻ってくると、その子どもは通りがかった保育士とともに箱庭で人形遊びをしていました。保育士は子どもが一

人で待っている間に一緒に人形遊びを通して、その子どもの気持ちを引き出そうと思ったのだそうです。しかし、箱庭の世界に保育士が入ってしまったため、心理士はその子ども本来の世界観を知ることはできなくなってしまいました。

どのような職種でも、保育の仕事と重なる部分は必ずあります。その際には、ほかの職種同士じっくりと対話を重ねることや細やかな情報共有などの「連携」が求められ、それら「連携」を通してお互いの専門性を知るということが大切です。そうして重ね合わされた部分を通してお互いの強みを知ることで、よりニーズに沿った支援を協力して実行するという「協働」ができると考えられます。

また、たくさんの職種とともに支援していくなかで、決して忘れてはならない重要なことがあります。それは、子どもや保護者がどのようなことを希望しているのかを知り、理解することです。そしてどのような社会資源を生かすことができるのかを整理しましょう。それからの「協働・連携」であるということが大前提となります。

当然のことではありますが、いま、目の前にいる子どもの思いを置きざりにしてはいけません。常に子どもの最善の利益を念頭においた支援を展開していきましょう。

第2節では、保育者が連携することになるほかのたくさんの職種「多職種」についての理解を深めていきましょう。

社会資源
利用者がニーズを充足したり問題解決するために活用される各種の制度・施設・機関・設備・資金・物質・法律・情報・集団・個人の有する知識や技術等を総称していう。

第2節
多職種や地域との協働・連携

学習のポイント

●保育の現場で出会う職種と地域連携について学びましょう。

●被災時の行動について学びましょう。

第１節では連携・協働とはどういうことなのか、また保育者としての役割や互いを知ることについての重要性について学びました。

この節では、「互いを知る」ために子どもを取り巻くさまざまな職種（多職種）について具体的に学んでいきましょう。また、被災した際の行動などについても学びましょう。

1　保護者との協働

「保護者との協働」と聞いて、専門職ではないのにと不思議に思われるでしょうか。しかし、子どもの育ちに関していちばん重要な協働者は保護者であるといえるでしょう。保育者は活動的な日中の子どもと触れ合う時間が長いため、ときとして子どもの一番の理解者であると自負してしまうことも考えられます。常に子どもの行動・言動に関して独断的な解釈にならないように、保護者とも情報共有をしてお互いの理解を深め、共感していくことが必要です。

たとえば保護者に、帰宅してから今朝までの様子を聞くことで、子どもの体調の予測ができるでしょう。また、現在は保育の様子をライブ配信している園も多くあり、保護者は保育の様子を全体的に視聴することができます。しかし、その子ども一人ひとりがもつ行動の意味や文脈までは、ライブカメラを通してではどうしても理解しづらく、またみえづらいものです。そのため、帰園する際に保育者の目からみた子ども理解を保護者と共有することが望まれます。また、さらに保護者からの視点や新しい情報を得る機会に恵まれることも考えられます。

そのなかで、保護者がもつ子どもに対する願いや期待を知ることができるでしょう。なかには願いや期待が強すぎて、子どもが失敗しないように先回りをして行動してしまう保護者もいるかもしれません。しかし、頭ごなしに「子どもが経験することの大切さ」を保護者へ向けて訴えるのではなく、協働者として尊重し合いながら時間をかけてお互いを理解し合うことが必要です。

このように、子ども理解だけではなく、保護者理解も保育を展開するうえで必要とされているのですが、蔭山（2018）は保護者のメンタルヘルスの不調が育児に与える影響として、子どもの「愛着関係の形成の困難さ」「安全確保の困難さ」「育児手技と状況判断の困難さ」「基本的生活の維持の困難さ」「子どものしつけの困難さ」「社会との関係形成の困難さ」「ヤングケアラーの問題」があると指摘しています。

現代社会は、家族や地域の状況が複雑に変化し、それぞれの家庭の現状も大変みえづらくなっています。しかし、保護者と協働していくにつれ、なかには数多くの問題点がみえてくることもあります。そして、その問題が明らかになるほど子どもの行動の理解がより深まり、子どもからの小さなSOS発信も敏感に気づくことができるはずです。そのために、保育者だけで抱え込まず、地域の他機関と連携しほかの職種と協働しながら問題解決をしていきましょう。

コトバ

ヤングケアラー

家族にケアを要する人がいる場合に、大人が担うようなケア責任を引き受け、家事や家族の世話・介護・感情面のサポートなどを行っている18歳未満の子ども。

小児がん拠点病院

小児がんの治療は、体質はもちろん見た目にも変化を及ぼす。受け入れる保育園側で迷いが生じた場合は、全国に11施設ある小児がん拠点病院へ相談するとよい。復学支援プロジェクトなどさまざまな取組が行われている。

2　医療関係者との協働

さまざまな子どもを保育していくなかで、担当していた子どもが入院してしまうこともあるかもしれません。また、医療現場に保育者として勤務することもあるかもしれません。その医療現場のなかでも、病院の病棟で働く保育士を病棟保育士といいます。この病棟保育士もほかの一般の保育士と同じで、医療行為を行ってはいけません。たとえば、薬を飲ませる行為も医療行為です。どこからが医療行為でどこまでがそうでないのかをしっかりと把握しておくことが必要です。

そして、健康な子どもの場合は少しぶつかったとしても大きなけがをすることはまれですが、入院児はときとして、ささいな出来事が症状を左右させてしまうきっかけとなることもあります。たとえば病気と治療の影響で骨が脆い状態となっている子どもが転んでしまうとします。転倒の衝撃によってヒビが入ってしまったり折れてしまった場合、非常に回復しづらいことが予想されます。

看護師が日々どんなに注意を払っていても、保育者と子どもとのやりとりのなかで、転倒転落してしまうことにより取り返しのつかない状態になることもあります。

実は、医療現場は「ヒマラヤの頂上」とたとえられることもあるほど、緊張感の高い過酷な状況であるともいえるのです。ですから、常に目の前の子どもの病状の把握と対応を考えつつも、不安な場合はすぐに看護師へ相談や報告をする、また、前もって医師や看護師と計画を立てるなど、保育者のみで行動しないように心がけましょう。保育者は病気と戦う子どもに対して、何ができるのかを医療関係者とともに考え、協働していくことが求められています。

コトバ

寛解

病気の症状がほぼ消失している状態だが、完治したという状態ではないこと。

医療的ケア児

医療的ケアや医療行為を必要とする子どもをいう。年々増加傾向にあり、平成28（2016）年6月には、「障害者の日常生活及び社会生活を総合的に支援するための法律及び児童福祉法の一部を改正する法律」が公布された。

3　地域医療との連携

ここからは、地域医療との連携に関して学びます。

日常の保育で求められる医療との連携で思い描くのは何でしょうか。保育園での健診、病気で入院していた子どもの復園、慢性疾患のある子どもの情報共有、障害児や気になる子どもの発達支援などでしょうか。

いずれの場合でも、虐待に関すること以外は個人情報に十分注意をして連携を行う必要があります。特に保育園での健診医が、気になる子どものかかりつけ医である場合は共通する話題も多いことでしょう。しかし、保護者との会話をうっかり話してしまい、信頼関係を崩してしまうことのないように十分に気をつけましょう。

ソーシャルワーカー

病気などで日常生活に問題を抱える人やその家族に対して、支援や助言を行う人。

さらに、病気で入院していた子どもの復園や、慢性疾患のある子どもの情報共有のためは、比較的大きな病院であれば「地域連携室」という部署が病院の窓口として存在しています。ソーシャルワーカーが中心となって地域の保育園や教育機関、保健・福祉機関などと連携を取っています。

コメディカルスタッフ

医師以外の医療スタッフをコメディカルスタッフという和製英語。Co（共に）Medical（医療）英語圏ではパラメディカルという。保育士もコメディカルに属する。

入院している子どもの退院後には、どのような保育が適しているのか、慢性的な疾患のある子どもにはどのように対応すべきなのか保護者を交えて具体的に検討していくことができます。たとえば、小児がんで入院していた子どもが寛解し退院したあとも、定期的に再発がないか検査に通うことが必要ですし、薬や放射線療法などの副作用など今後起こりうる問題もソーシャルワーカーや地域保健師とあらかじめ情報共有することが求められるでしょう。もし、「地域連携室」やソーシャルワーカーがいない病院だとしても、地域の保健師に相談し、保護者とともに地域の協力機関と連携することが可能です。

保育者として、今何ができるのか、そしてできない部分はどこで補うことができるのか。また、子どもの最善の利益のために次につなぐべき機関はどこなのかを、常に考えておくことが求められます。

そして、虐待に関する情報共有は医療関係も含め迅速に対応していかなければなりません。なかでも保健･福祉関係機関との連携は大切です。

４　保健・福祉関係機関との連携

ここでは保健関係機関の保健所と保健センター、そしてさらに福祉関係機関の福祉事務所と児童相談所について学びます。

1 保健所・保健センター

保健所は、都道府県、指定都市、中核市、特別区（東京23区）などに設置され広域にわたって専門的なサービスを行っている機関です。保健センターは地域住民に身近な支援を行っている市町村の機関で、保健所から技術的な支援の援助を受けています。利便性を考慮し、地域によって保健センターの設置場所や名称はさまざまです。たとえば、福祉事務所も入っている「保健福祉センター」「総合支所」などのなかに「家庭健康課」や「子ども家庭支援課」「保健福祉課」という名称で設置されているなど、地域によって異なっています。保育に関係する母子保健分野は、主に保健センターが行っています。ここでは保健師などが管轄地域のすべての母子を対象として相談支援などを行うとともに、母子手帳の交付や乳幼児健康診査などの事業を実施するなど、妊娠期から出産・子育て期にわたるまで切れ目のない支援を行っています。保護者にとって、妊娠期からの最も身近な機関であるといえるので、発達・発育・育児相談などこれら地域とともに考えていきましょう。特に保護者が最も相談しやすい機会である乳幼児健康診査では、その子どもの健診の時期に合わせて、事前に保護者と相談内容を確認しておくとよいでしょう。

市町村が必ず行わなければいけない乳幼児健診は、１歳６か月児健診と３歳児健診ですが、地域によっては３～４か月児健診、６～７か月児健診、９～10か月児健診、２歳児歯科健診や５歳児健診も行うなど、さまざまな対象時期で実施されています。５歳児健診は、少しずつ実施する自治体が増えています。この健診は、ほかの年齢の健診よりも発達障害などを発見できる可能性が高いとされ、就学相談へスムーズな橋渡しをしていくことが期待されています。

2 福祉事務所・児童相談所

福祉事務所は、児童福祉・障害福祉・母子父子福祉・生活保護など生活上のさまざまな問題を抱えている人の総合窓口です。

児童相談所は市町村援助機能、相談機能、一時保護機能、措置機能の４つの機能を担っている機関です。

１つ目の市町村援助機能とは「要保護児童対策地域協議会を市町村に設置運営する」などのように、管轄する市町村に対して必要な支援を行う働きのことです。２つ目の相談機能とは、主に養護相談、障害相談、非行相談、育成相談、いじめの相談や夫婦関係などのさまざまな相談に応じる働きのことです（表8－1参照）。場合によってはソーシャルワーク、カウンセリング、心理療法などの技法による援助を行います。３つ目の一時保護機能とは、必要に応じて子どもを家庭から離して一時的に保護する働きのことです。４つ目の措置機能とは、子どもまたはその保護者を指導し子どもを児童福祉施設や指定医療機関に入所させたり、里親に委託する働きのことです。このほかに児童相談所は、虐待をしている保護者などへ親権喪失宣告の請求を、家庭裁判所に対して行うことができるなどの大きな権限をもっています。

要保護児童
保護者に監護させることが不適当であると認められる児童（児童福祉法第６条の２第８項）。

保護者のない児童
現に監督保護している者がいない児童（児童福祉法第６条の２第８項）。

要保護児童対策地域協議会
要保護児童の適切な保護をはかるため、関係機関等により構成され、要保護児童およびその保護者に関する情報の交換や支援内容の協議を行うこと。

表8－1　児童相談所で相談できる内容一覧

相談分類	相談内容
養護相談	家庭環境の評価、虐待対応を行う
障害相談	医師の診断を基礎として調査・診断・判定をし、必要な援助に結びつける
非行相談	触法行為に係るものも含め、非行少年に関する相談と必要な調査
育成相談	性格行動、しつけ、適性、不登校などに関するもの
その他の相談	里親希望に関する相談、夫婦関係などについての相談など、上記のいずれにも含まれない相談
（いじめ相談）	上記内容の一環としてのいじめ

出所：厚労省 HP をもとに筆者作成

しかし近年、児童虐待相談や対応の急増によって、児童相談所のみで上記内容の相談を受け止めることは、必ずしも効率的とはいえない状況となってしまいました。そのため、市町村をはじめとしたさまざまな機関によるきめ細やかな対応が求められています。したがって緊急性が高い場合を除き、まずは福祉事務所、保健所や保健センターへ相談することが望まれます。

5　保健・福祉関係機関との具体的連携方法

保健・福祉関係機関との連携をするなかで、家族背景を理解し正確に伝えることは大変重要です。特に虐待など緊急を要する情報共有が必要な場合は、保健師や心理士、医師などへの情報発信を素早く行わなければなりません。そこで活躍するのが「ジェノグラム」や「エコマップ」です。これらは家族関係や問題点、またはその家族のもつ強みをみつけることができます。まずは、ジェノグラムの書き方から学びましょう。

1 ジェノグラム

ジェノグラムとは家系図のことであり、関係の深い2～3世代を描きます。家族情報が一見して理解できるため、事例検討や保育カンファレンスなどで使用できます。ジェノグラムの描き方は、地域それぞれにわかりやすいように発展した形で使用している場合が多いです。基本的な描き方に加え、筆者が保健福祉分野で多く散見したものを表8－2にまとめました。

虐待に関する個人情報

個人情報保護法第23条において、あらかじめ本人の同意を得ないで、個人データを第三者に提供してはならないと規定しているが、この例外規定として「公衆衛生の向上又は児童の健全な育成の推進のために特に必要がある場合であって、本人の同意を得ることが困難であるとき」（第23条第1項第3号）の場合には、個人情報取扱事業者はあらかじめ本人の同意を得ないで、個人データを第三者に提供できる。

表8－2　ジェノグラム一覧

性　別	男性　女性　不明	なかに名前や親族関係性など年齢を入れる例もあり △：流産などで性別が不明の場合
中心人物 （本人・相談対象者）		
死亡 （誕生年、没年わかれば添え書き）		黒塗りの例もある
婚姻関係		婚姻は二重線とし、内縁世帯と区別の例もある
離婚・別居	離婚　別居	

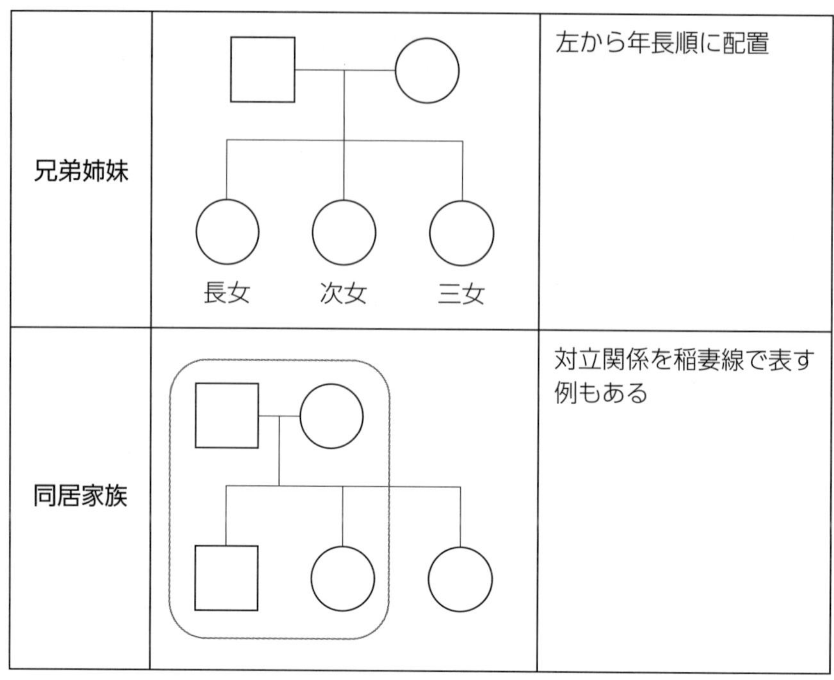

兄弟姉妹	長女　次女　三女	左から年長順に配置
同居家族		対立関係を稲妻線で表す例もある

出所：筆者作成

それでは表８－２を使って、練習問題に取り組んでみましょう。

ワーク　ジェノグラムを描いてみよう

●ジェノグラム練習１

ある男の子は、お父さんとお母さん、弟の四人暮らしです。近くにはお母さん方の祖父母が暮らしていますが、お父さん方の祖父母はどちらも他界しています。（解答は 211 ページ）

●ジェノグラム練習２

ある女の子はお母さんと二人暮らしです。その子のお父さんは再婚して奥さんとの間に兄妹がいます。（解答は 211 ページ）

２ エコマップ

エコマップは家系図の役割に加えて、その家族が属するより大きなシステムのなかでの状態を、アセスメントすることができます（図８－３）。

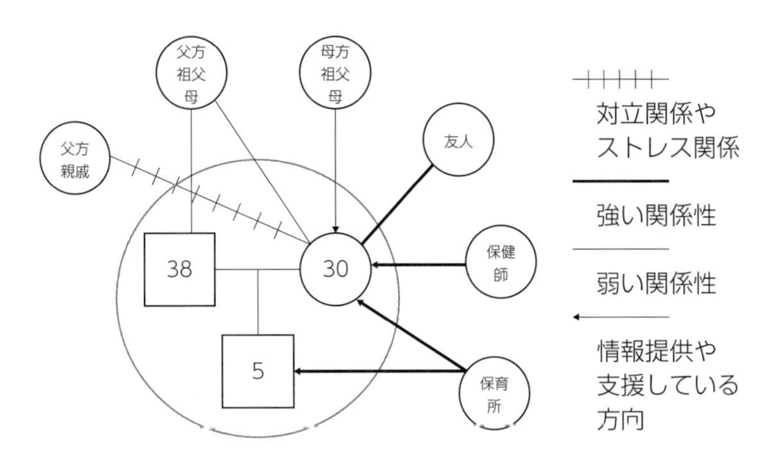

検討したい家族を中心の円の中に書き入れ、つながりのある外部との関係者を周囲に配置し、家族とのつながりの強さや関係性を線の太さや矢印の方向で表す。

図８－３　エコマップ

出所：筆者作成

このように、家族が抱える葛藤や利用可能な社会資源などが、よりわかりやすくなります。また、支援前と支援後をエコマップで描き表すことで、支援の評価も可能になります。エコマップを描くことで、その地域の自治会の協力体制を改めて知ることもあります。

次に、保育の行事や保育活動などで、日ごろから活躍している地域の自治会について理解を深めていきましょう。

6　地域の自治会との連携

夏祭りや敬老会など自治会の取り組みやその目的は、広く多岐にわたっています。自治会は、町会・町内会・部落会・常会・区会など名称がそれぞれ地域ごとに異なっていますが、近年、大都市や過疎化が進む地域では自治会が存在しないこともあります。この自治会という近隣組織は大内（2017）によると全国に約30万弱もの団体が存在し、多くの地域で活動を継続しています。

それでは、地域に多く存在する自治会にはどのような役割があるのでしょうか。大内（2017）によると大きく６つの役割が考えられます。

❶町内の親睦を深める

さまざまな活動や交流を通して、お互いを知る機会となります。

❷防犯活動

定期的に防犯活動を行うことや近隣同士を知ることで、地域内での不審者などにも気づきやすくなります。

❸防火・防災活動

防火・防災訓練の実施や被災時の避難場所の周知、定期点検などで有事に備えます。

❹資源のリサイクル活動

活動を通して、地域に貢献します。

❺子ども会や子育てサロン

子育て支援を行います。

❻広報の掲示、回覧など市役所行政のサポート

地域の実情にあった方法で情報保障を行っています。

情報保障

人間の知る権利の保障。

しかし、自治会の仕事は法に定められているわけではありません。地域の人々が自主的に行政とつながり、地域のために上記に挙げたような公共的な仕事を請け負っています。そのため、上記内容がすべてではありませんし、また反対に実施されていない地域もあります。

それでは、自治会と未就学前の子どもがいる世帯がつながる意味は一体何でしょうか。実際にあった事例を基に考えてみましょう。

事例８－３　乳児のいる家庭

「インターホンに不審者が、毎日のように映っている。警察に通報しても不審者がいなくなってから到着するため、解決に至らない」と保育者に保護者から相談がありました。地域の子ども会行事である運動会に保育園児が参加したばかりであったため、保育者が地域の様子を子ども会の保護者に相談すると、すぐに自治会に伝えてくれました。その日から、自治会のおじいさん方や子ども会の保護者が交代でパトロールにあたり、以降不審者は見当たらなくなりました。

この事例は「不審者」相談を「保育者」にしたことで「子ども会」「自治会」が地域を見回り、防犯につとめたといえます。

このように、安全を確保し安心して子育てができる地域社会をかたちづくっている自治会もあります。子どもにとって周囲の環境に安心して

関わることができるのは、社会性や非認知スキルが育つ貴重な機会ともいえます。

また最近では、「おやじの会」という主に父親が中心となって地域で活動をしている団体もあります。PTAとは異なり、それぞれの幼稚園や小中学校で有志を募り活動をしています。父親が地域の行事などに参加していることはなんとも心強いことです。非常事態の際など、女性の多い職場としては大変ありがたい存在です。

しかし、非常事態に子どもを守るのは、やはり保育者の責務なのです。保護者がすぐに迎えに駆けつけることができない自然災害など、命を預かる職種として、必要最低限の知識は連携・協働を通して身につけておきましょう。

7　災害時の連携

ここではまず、東日本大震災での事例をみていきましょう。

以下は、避難時の保護者の方の実体験です。

事例8－4　避難時の保護者の声

・母乳で育てていたが、震災のショックで出なくなった
・赤ちゃんを沐浴させてあげられなかった。おむつかぶれが大変だった
・妊娠していたが横になることができず、お腹が張ってしまって心配だった
・暖房がなかったので、生まれたばかりの我が子を布団でくるんで防寒したりカイロで温めたりした
・避難所で赤ちゃんが泣いている声に対して、まわりの人がブツブツと文句をいっていた
・救援物資の水が外国産の硬度の高いミネラル水で、消化不良を引き起こしてしまった

このようなことから乳幼児が泣いたりしても大丈夫な場所、安心して授乳ができ、おむつ交換も遠慮せずにできる場所の確保は必要です。

東日本大震災で地域と連携・協働して避難した保育園の事例として、「日ごろから地域の方と一緒に津波を想定した避難訓練を実施していた。その成果があって、震災時にご協力いただき、子どもたちを守ることが

できた」「事前に地域の方々と災害時の対応について話し合っていた。保育所から災害時は手を貸してほしいことを伝えてあった。また、日ごろから地域の方と合同で避難訓練を実施していた」ということがあります。さらに「震災前の訓練のときに、津波が来たときの対応方法について職員が消防署の方に津波が発生したときは園の２階に上がればよいということを聞いており、その通りに対応したことで安全が守られた」という記録の下線部からもわかるように、「事前に」「日ごろから」想定しておくことが望ましいと考えられます。

そして、行事などでお世話になっている自治会や近所の方との協働の事例としては「七夕祭りの笹を提供してくれている家に泊めてもらうことができ、食事を提供していただいたり、衣類、毛布を貸していただいた」というものや、「散歩車を使って高台に避難する際、坂道が急勾配で登ることに苦労したが、既に高台に避難していた地域の方々にも手伝っていただいた。子どもたちを助けるには地域の方々の助けは必要と感じた」というもの、さらに「避難する途中、保育所の近くの会社の方々が子どもたちを抱っこしてくれたり、散歩車を押してくれるなど手伝ってくれた。散歩車にたくさんの子どもを乗せると重くなってしまい簡単には押すことができないため、助かった」などの報告もあります。このように普段の近隣との交流が有事の際には、大きな力となりうることがわかりました。

なかには保育園が避難場所になるケースもあります。次の事例８－５をみてみましょう。

事例８－５　避難所になった保育園

・保育所が地域の方々の避難先となり、震災当日は、避難されてきた方と一緒に給食室の中に災害時用として備蓄していたクラッカー等を食べて過ごした。震災当日、保育所に泊られた方は、地域の方が 100 名、保育所職員 20 名であった。
・地域の町内会が運営している自主防災組織に加入するとともに、（避難場所の指定は受けていなかったが）当保育所は津波避難場所として、常日頃から地域の方を約 50 人受け入れることができる衣食住の機能を備えていた。また、自主防災組織の拠点として日頃からの地域との関係づくりができていた。

保育園を避難所として機能させていくうえで、気をつけなければならないことはたくさんあります。日ごろから備えておきたいポイントとしては、棚などの固定、照明の落下防止、窓ガラスの飛散防止、備蓄や新たな避難所へ避難するときにもち出すものの用意、避難場所と避難経路の確認、安否確認のための伝言方法、地域の防災訓練への参加の呼びかけ、近隣施設の協力応援の確認などが挙げられます。

そして避難している人々のなかにもさまざまな事情を抱えている場合があります。なかには助けてほしいと声をあげることさえためらっている人もいます。地域で、「日ごろから困ったことがあったら声をかけてください」と積極的に啓発し、避難所でも可能な限り定期的に見回りを行いましょう。

保育園を避難所として開設し最初に場所を決めるときには、乳幼児のいる世帯同士、高齢者世帯同士など状況の近い人をまとめると、連帯感や安心感を確保することができます。

また、感染症の予防のため定期的に避難スペースの換気を行い、うがい、手洗いを徹底しましょう。おむつなどの廃棄場所もきちんと明記し、知らせる必要もあります。

健康に不安のある人も多くいます。地域で再開した医療機関と診療科目は、情報を把握したら掲示板などで随時、知らせるようにしましょう。

防災ハンドブック

それぞれの地域の実情にあった防災ハンドブックが、配布されているだけではなく、インターネット上で無料でダウンロードできる。地域の防災情報を日々更新しておくとよい。

被災者にかけないほうがよい言葉の例

・いろいろあったけど命が助かったからよかったじゃない

・早く元気になって（被災者が失ったものを理解されていないと感じる）

・がんばって（がんばって疲れ切っているのに追い打ちをかける）

・早く忘れて前向きに生きよう（一生忘れられない体験をしている）

日本経済新聞　2011年3月24日より引用

8　リスクマネジメント

子どもの命を預かり守る職種として、被災時に備えた「リスクマネジメント」はとても重要です。リスクマネジメントとは、『保育施設のための防災ハンドブック』（経済産業省）によると「組織をとりまくさまざまな損失や損害が発生しないようにすること。もしも、予想できなかった規模の損失や損害が発生したときでも、その被害を最小限にし、よりすみやかに復旧するための活動」です。

私たちは自然災害が起こらないようにすることはできませんが、その被害を最小限にすることは可能です。そして、その起こりうる被害を把握、分析するときに役立つのが「SHELL モデル」です（図8－4）。

「SHELL モデル」は、被害などの原因を分析して、再発を防止するための方法です。避難訓練や非常用物資の点検の際に活用するなど、災害対策を立てるときにも役立ちます。

さまざまな災害

・「熊本地震、前震・本震と震度7(平成28年)」
・「御嶽山噴火、(平成26年)」
・「平成26年8月豪雨(平成26年)」
・「東日本大震災（平成23年)」
・新潟県中越沖地震（平成19年)」
・「三宅島噴火（平成12年)」
・「阪神·淡路大震災（平成7年)」
・「長崎県・雲仙普賢岳が大噴火（平成5年)」
・「北海道胆振東部地震(平成30年)」
・「北海道南西沖地震(平成5年)」

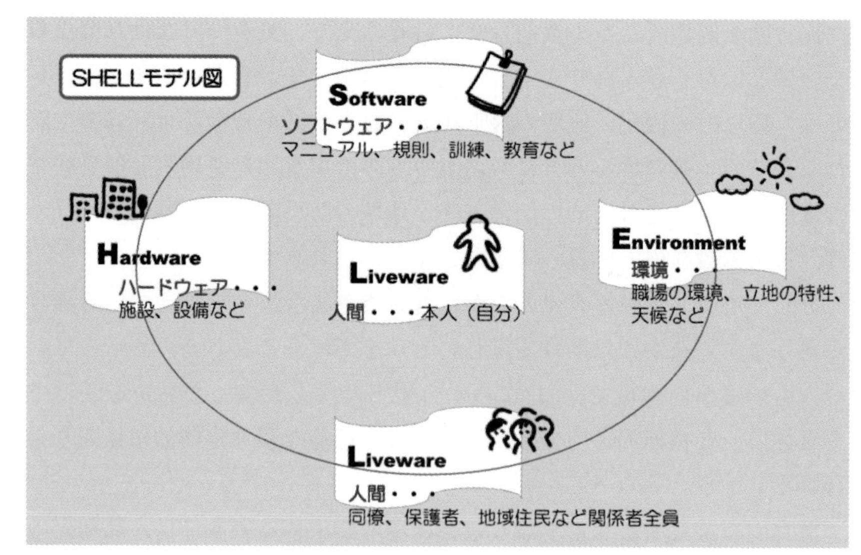

図8－4　SHELLモデル図

出所：経済産業省『保育施設のための防災ハンドブック』

また、経験を「SHELL」モデルを通して、次の有事に備えることも大切です。

このように、地域や多職種との連携・協働は保育活動のみならず、家庭支援・被災時等の有事の備えとしても大きな力を発揮します。保育士が、地域の大人とコミュニケーションをはかる姿は、子どもにとっても素晴らしいロールモデルとなることでしょう。地域の命を育み守る保育士として、活躍を期待します。

第３節
いま、ここに生きる子どもの育ちをみつめて

学習のポイント

●日常の保育のなかに深い理解が求められることを実感しましょう。

●悩みながらも子どもの成長を信じることの必要性を学びましょう。

これまで各章で、子ども理解と援助についてのさまざまな知識を学んできました。年齢ごとの発達、背景がさまざまな子ども、観察や記録について、各機関との協働や連携などに関してもふれてきました。

この第３節では、事例を用いてこれまで学んできたことの振り返りを行っていきます。

1　子どもの成長を信じるという姿勢

事例８－６　Ｋ君の成長

ある乳児院に、Ｋ君という男の子がいました。Ｋ君は生後２か月から乳児院で生活し、２歳になっても３歩歩くことがやっとの状態でした。医師からは、「先天的な障害により、歩くことは難しい。知的にもゆっくりとした発達で、コミュニケーションも難しいかもしれない」と告げられていました。担当保育士はＫ君が少しでも不安そうであれば、すぐに抱き上げるなど応答的な対応をしていました。しかし、いくら担当保育士が敏感に反応し応答的に接しても、発達のゆっくりなＫ君からは、担当保育士を求めるような行動はみられませんでした。

やっと歩き始めたそのころ、Ｋ君は２歳以上の子どもがいる大きな部屋での生活に変わりました。Ｋ君にとっては、とても大きな変化だったのでしょう。部屋が変わってからというもの、まったく歩かなくなってしまいました。担当保育士は、Ｋ君は部屋に不安を示しているから歩かなくなったのだと理解し、しばらく抱っこやおんぶで過ごしました。それでもＫ君は歩こうとはしませんでした。

担当保育士は、歩かなくなってしまったことに非常に不安を

先天的な障害
生まれる前からあるとされる障害（対義語：後天的）。

感じ、また、いまだにＫ君と愛着関係を築けていないことに悲しさも感じていました。それに加えて、乳児院の次の段階である児童養護施設での生活や就学に至るまで責任を感じはじめ、不安や焦りは日に日に募っていきました。それでも担当保育士は不安そうなＫ君をみて、今は無理に歩くことを促すのではなく、十分に肌と肌をふれ合わせることが大切だと考えました。そして、かかりつけの医師からの「今は、Ｋ君が心地よい、そして楽しいと思うことをたくさんしてあげてください」という言葉に後押しされ、肌と肌とのふれ合いとともに、積極的にコミュニケーション遊びを続けていったのです。

その様子はほかの職員にも伝わり、職員それぞれが専門書籍をもち寄り情報交換や検討会が行われました。また、本当に歩くことは難しいのか、地域の理学療法士にも相談しました。Ｋ君の一挙手一投足が地域みんなの注目の的であり、喜びの種でありました。

それから半年後、担当保育士の胸めがけて小走りで飛び込んでいく満面の笑みのＫ君と、それを見守り喜び合う地域の笑顔がそこにはありました。

現在Ｋ君は、支援学校へランドセルを背負って元気に通っているそうです。

特別支援学校の主な種類
盲・聾・知的障害・肢体不自由・病弱児を対象としている。また、これらの重複障害に対応した教育も行っている。

このＫ君の事例では、担当保育士がＫ君の主体的な変化を信じて見守り続け、タイミングを見誤らずに働きかけたことによって変化していったのです。この担当保育士は、Ｋ君を深く理解したうえで援助していたといえるでしょう。

具体的にはどうだったでしょうか。まず、Ｋ君を受け入れる際に医師や関係機関からどのような特性があるのかをしっかりと把握していました。このときにはＫ君は２か月でしたから、担当保育士はその月齢の知識はもちろんのこと（第２章）、Ｋ君の気質に関しても積極的に情報収集していました（第１章）。また、発達障害を思い描くような医師の告知もその後にありましたので、環境整備にも適宜努め、保護者へ向けて長期に渡って障害受容のための工夫も行っていました（第６章）。

さらに、Ｋ君が歩かなくなった時期がありましたが、ここで担当保育士は無理に歩かせることはせずに、信じて待つことを選びました。実際は、安心して歩ける条件は何か、歩きたいと思える条件は何かを日々の観察や記録（第５章）などから考え続け「あたたかな肌と肌とのふれ合い」という答えを導き出したのです。

担当保育士にとっては長く苦しい時間でした。K君が求めているものは本当にそうなのか……。その子どもの未来のためにどうあるべきか、どうするべきか。いま、ここでの大人との関係性（第３章）が、就学や未来（第４章・第６章）に大きく影響することを見据えて接しなければいけない。そのような担当保育士の覚悟（第１章）がみえた瞬間でした。

そして、医療や地域との連携、保育士との協働（第１章・第６章・第８章）により、K君は医師から告げられていた発達に関しての予測より、はるかに素晴らしい発達を遂げたのです。

この事例は障害のあるなしにかかわらず、外国にルーツをもつ子ども（第７章）やすべての子どもに共通していえることです。その子ども一人ひとりの背景を理解しつつも、その情報のみにとらわれず、子どもを信じて働きかけることが必要ということがわかります。

子どもは、発達や成長の階段をただ上っていくだけのものではありません。ときに停滞し後退することもあるということ。また、それは子どもから発せられた大切なサインであり、子どもの内側で起きている変化を見誤らずに、さまざまな形で励ましつづける必要があります。

子ども理解の根底には、「確かな分析」と「成長を信じるというあたたかなまなざし」が求められているのではないでしょうか。

2　援助の広がりと理解しているという誤解

事例８－６では、援助に大きな広がりがみられました。それはなぜでしょうか。

私たちは、しばしば日常生活のなかでの「問題」について、原因をレッテル貼りしてしまうことはないでしょうか。「Aちゃんはお兄ちゃんも落ち着きがないから」「Bさんは家庭に問題があるから」など相手にレッテルを貼ってしまい、その相手の内面をそれ以上みない、またはレッテ

ラベリング・レッテル貼り
無意識に相手がどんな人間か決めつけてしまうこと。

ルによる先入観により本質を見抜くことができなくなってしまってはいないでしょうか。

目の前の子どもを懸命に考えれば考えるほど、理解した気になってしまう場合もあります。しかし、理解し尽くしているというおごりはないか、子どもに向き合うたびにそう自身に問いかけて、さまざまな可能性を思い巡らせながら理解を深めていく必要があります。

深い理解は、共感することの基礎となり援助の幅を広げます。援助の幅の広がりは、その子どもの可能性を広げていくとともに共感の輪も広がります。自分のことのようにじっと待ち、一緒に喜んでくれる地域の専門家や保育士の仲間が増えていくのです。子どものすべてを知っているわけではないということを謙虚に受け止めながら、一人ひとりの成長を信じて寄り添っていくことが求められます。

3　悩み続けたその果てに

事例８－６では、担当保育士の苦悩が垣間みられたシーンがありました。保育は、人間形成における根幹であり重要部分に位置しているということは、これまでに十分学んできたと思います。だからこそ、その子どもの未来がより一層輝けるように、保育者は悩み続けるのではないでしょうか。

2011年３月11日午後２時46分。

その後の対応に、いまだ悩み続けるたくさんの保育者の声から、その責任の重さを感じざるを得ません。なぜなら、その瞬間まで確かに目の前で生きていた子どもがいたからです。その瞬間まで笑顔を輝かせた子どもが確かに存在していたからです。そのたくさんの悲劇は、大人の目からみた記憶として膨大な記録があります。しかし、子どもの目からみた記録は比較するとどうでしょうか。

これまで口を閉ざしていた子どもたちが、いま語りはじめています。その声にしっかりと耳を傾ける必要が、当時大人であった私たちにはあります。果たして私たちの守り方は正しかったのでしょうか。

その少ない語りから、辛い境遇により不調を来し続けていたと知るのもまた現実です。被災経験者や被災した際に子どもだった方々への配慮は、今後継続して必要ですが、東日本大震災の際に幼児教育を受けていた子どもたちの多くが、現在伸びやかに生活を続けていることもまた事

被災体験を無理に聞き出すことは避ける

「はき出すことですっきりする人もいるが、生々しくてとてもはき出せない状態の人もいる」精神科医で東京都精神医学総合研究所の飛鳥井望・所長代行。

「話し出したら止められなくなる場合もある。話すことが心の回復につながると思い込まないでほしい」冨永良喜・兵庫教育大教授（臨床心理学）。

実です。それはこれまでに日本中や世界中から、継続的な支援や専門的なケアがあったからこそのものでもあります。

語り始めた子どもの話から、保育者の対応を学びましょう。

事例8－7　保育園で被災したR君の語り

2011年3月11日はね、急に保育園中がグラグラ揺れたんだ。

保育園の先生たちがあわてていたけれど、

でも、友だちもみんな一緒だったし、こわくはなかったんだ。最初はね。

最初は､いつもと違うことが起きてるってワクワクしてたよ。

けど……、ひとりふたり帰っていって僕たち兄弟二人になって……。

そのときは不安だったよ。

けど、園長先生と近くのお寺に向かうときにね、忘れちゃったけど、なんか面白いことをいってくれた。

そして、お寺に着いた途端、住職さんがね、「一緒にお寺の奥にある地獄絵図みようか？」ってワハハハって笑いながら聞いてきたんだよ。僕たちに。聞かれた瞬間は「え？　地獄絵図？」って思ってこわかったけど、園長先生も笑って住職の奥さんも笑ってたから何だか安心したんだよ。お菓子もいっぱいあったしね。

ろうそくの灯りをずっとみてたよ。なんだか眠くなった記憶がある。

この兄弟は、ほかの被災地の状況よりはるかに恵まれていたことは確かです。しかし、その後、被災による別離や経済困難などさまざまな問題が降りかかりました。そのような状況下においても生きる力を培っていけたのはなぜでしょうか。支援に対して感謝をしているようなポジティブな語りさえみられたのです。

たくさんの要因が関係しているとは思いますが、考えられる1つの要因として、この兄弟は「信頼関係が築かれた大人たちのそばにいた」という、心から安心できる環境があったからではないでしょうか。そのため､この兄弟は震災によって引き起こされたであろう内側の変化と､じっくりと対峙することができたと思われます。

そしてなによりも、保育者が自身も大変な状況であるにもかかわらず、保護者がきっと迎えに来ると信じて、ユーモアを交えながら兄弟を励まし続けていたからなのです。保育者は街が悲惨な状況のなかにあっても励まし続けたのは、この兄弟の乗り越える力を信じたからなのではないでしょうか。

当時、このような保育者はきっとたくさんいたはずです。そのときの保育者の行動が「最善であった」と判断できるのは、当時の子どもしかいませんが、伸びやかに自由にこの輝く未来である「いま」を過ごしている、この兄弟のような子どもがたくさんいます。保育に正解はないとよくいいますが、心から湧き出る子どもの笑顔をみることができたとき、それは「保育の正解」としてもよいのではないでしょうか。

日々研鑽を積み、悩み、不安になりながらも信じ続け、「いま、ここに生きる子どもの育ちをみつめて」保育を行った先には、たくさんの笑顔とともに子どもの輝く未来が、きっとみなさんを待ち受けていることでしょう。

Rくんたち 2018年ワシントンD·Cにて

演習課題

① 自分自身を中心にしてエコマップを作成してみましょう。

② 自分にとっての理想の保育士とはどのような人ですか。考えてみましょう。

P.198の練習問題1／解答

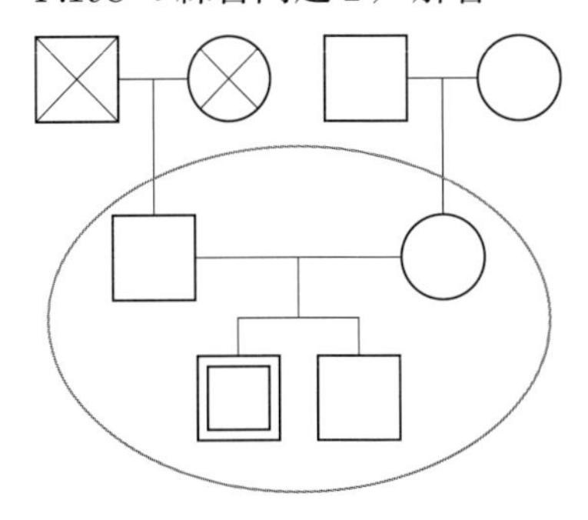

P.198練習問題2／解答

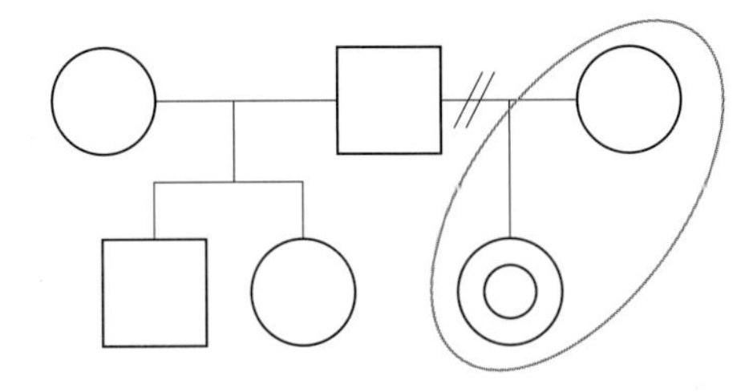

【引用・参考文献】

赤瀬川修 「精神疾患をもつ保護者とその子どもの支援に関する研究」（1） 鹿児島女子短期大学紀要　第56号　2019年

一般社団法人全国保健師教育機関協議会 「保健師の仕事」
http://www.zenhokyo.jp/foryou/shigoto.shtml （2020年5月18日アクセス）

一般社団法人日本医療保育学会 「医療保育の理念」
https://iryouhoiku.jp/philosophy/ （2020年5月6日アクセス）

一般社団法人日本精神科看護協会監修 『家族ケア』 中央法規出版　2017年

医療情報科学研究所編 『公衆衛生がみえる』 メディックメディア　2020年

大内田鶴子 「自治会・町内会の新たな役割」 江戸川大学紀要　2018年

蔭山正子 『メンタルヘルス不調のある親への育児支援』 明石書店　2018年

上出香波・齋藤政子 「小児病棟における保育士の専門性に関する検討」『保育学研究52巻』 日本保育学会　2014年

氏原　寛・亀口憲治・成田善弘・東山紘久・山中康裕 『心理臨床大辞典』 倍風館　2008年

萱間真美　野田文隆編 『精神看護学Ⅰ精神保健・多職種のつながり　改定第2版』 南江堂　2015年

経済産業省　保育施設のための防災ハンドブック 「東日本大震災被災保育所の対応に学ぶ」 2013年

公益社団法人日本医療社会福祉協会

https://www.jaswhs.or.jp/index.php　(2020年5月18日アクセス)

厚生労働省　「養育支援訪問事業の概要」
https://www.mhlw.go.jp/bunya/kodomo/kosodate09/　(2020年4月20日アクセス)

厚生労働省　「平成29年（2017）患者調査の概況」
https://www.mhlw.go.jp/toukei/saikin/hw/kanja/17/dl/01.pdf　(2020年5月3日アクセス)

厚生労働省　「病児・病後児保育制度の概要」
https://www.mhlw.go.jp/shingi/2009/09/dl/s0930-9e_0003.pdf　(2020年5月3日アクセス)

国立研究開発法人　国立成育医療研究センター　「乳幼児健康診査・身体診察マニュアル」平成29年度子ども・子育て支援推進調査研究事業 乳幼児健康診査のための「保健指導マニュアル（仮称）」及び「身体診察マニュアル（仮称）」作成に関する調査研究　2018年

国立病院機構全国心理療法士協議会監修　野村れいか　『病院で働く心理職』　日本評論社　2017年

汐見稔幸・無藤隆　『平成30年施行　保育所保育指針 幼稚園教育要領 幼保連携型認定こども園教育・保育要領　解説とポイント』　ミネルヴァ書房　2018年

社会福祉法人全国社会福祉協議会全国保育協議会　「子どもたちを災害から守るための対応事例集」　平成25年

社団法人 日本精神保健福祉士協会・日本精神保健福祉学会監修　『精神保健福祉用語辞典』　中央法規出版　2004年

澁谷智子　『ヤングケアラー　介護を担う子ども・若者の現実』　中央公論新社　2018年

仙台市　「妊産婦・乳幼児に対する支援のポイント」　2016年

高嶋景子・砂山史子　『新しい保育講座③子ども理解と援助』　ミネルヴァ書房　2019年

田名部利恵子　「転換期における乳児院保育の現状と今日的課題」　2016年

中村誠文 岡田明日香 藤田千鶴子　「「連携」と「協働」の概念に関する研究の概観：概念整理と心理臨床領域における今後の課題」『鹿児島純心女子大学大学院人間科学研究科紀要』　7巻　2012年

日本経済新聞　「被災者への接し方　専門家に聞く「気配り」のコツ　心理的経過に4段階、感情の変化に理解を」　2011年3月24日付

穂高幸枝　「看護師がとらえた病棟保育士の専門性とそれをとらえるきっかけとなった体験」『日本小児学会誌 Vol.22　No.2』　2013年

牧原　浩　「対人援助における専門職の協働」『精神療法第28巻3号』　金剛出版　2002年

山田千明・林恵津子・高橋君江・石田治雄　「病棟保育における保育士職の専門性.」『共栄学園短期大学研究紀25巻』　2009年

吉池毅志・栄セツコ　保健医療福祉領域における「連携」の基本的概念整理　2009年

横山文樹、駒井美智子編著　『[新版] 保育・教職実践演習』　大学図書出版　2018年

若井和子・小河孝則「乳児院における専門職の協働意欲に影響する要因」『川崎医療福祉学会誌 20巻2号』2011年

演習課題の模範解答

第1章 (→ P.25)

① 園庭のブランコで順番待ちをしていたAちゃんが、待ちきれなくなって前に並んでいたBちゃんを押しのけてブランコで遊んだ。このとき「早くブランコで遊びたかったんだね」とAちゃんの気持ちに寄り添うことが「受け止める」であり、「Aちゃん、強いね。Bちゃんよりも先にブランコできてよかったね」とその行為を容認することが「受け入れる」になる。

この場合の適切な対応としては、たとえばAちゃんの気持ちを受け止めながら「Bちゃんはどんな気持ちだったかなぁ」と自分がした行為について考えさせて「よくないことである」と本人が自分で気づくように関わっていくのがよい。

② たとえば「子どもが主体性を備えた人間へと健やかに成長するように傍に寄り添い、常に支える」ことなど。

第2章 (→ P.56)

① 子どもにとって絵本は体験したことのみではなく、「今・ここ」にない世界を知り、他者と世界を共有することの楽しさを体感できる大事な教材である。保育者の語りの声のトーンや話のフレーズに耳を傾けることで、子ども自身が感じ取った音の響きに合わせて自然に身体を動かしたり、思わず声が出たり、指さしをするなど、絵本から学び取ったことを他者と共感し、ヒトとしての世界を広げていく力となる。

絵本には、オノマトペを楽しむもの、ストーリー性のもの、食べ物、乗り物、動物など、さまざまな種類がある。これらから知識を得るだけではなく、自ら「知りたい」という意欲を拡大させ、自分の好きなモノ・コトをみつける力とともに、生きる力の基礎を育むのである。また、絵本を介して、他者と関わる力、言葉、表現、諸感覚の発達を促す。

〈絵本の例〉

『もこ もこもこ』たにかわしゅんたろう、『しろくまちゃんのほっとけーき』わかやまけん、『きんぎょがにげた』『かくれんぼかくれんぼ』五味太郎、『いないないばあ』松谷みよ子、『わんわん わんわん』高畠純、『ころころころ』元永定正、『にんじん』せなけいこ、『がたん ごとん がたん ごとん』安西水丸、『ごぶごぶ ごぼごぼ』駒形克己、『ぎゅっ』ジェズ・オールバラ、『くまさん くまさん なにみてるの？』エリック・カールなど。

② 動物表現遊び、積み木やブロックによる乗り物や家などの見立て遊び、砂や小麦粉粘土による食べ物の見立て遊び、子どもの好きなキャラクターがもっている道具やイメージを見立てることができる環境でのつもり遊び、料理をつくるまねや食べるふり遊び、エプロ

ンをつけてお母さんのふり遊び、自分がやってもらっていることを人形にする投影遊びなど。

第3章（→P.80）

① たとえば、「新聞紙島」という遊びは３歳児クラスで楽しめる。子どもが新聞紙の上に立ち、保育士とジャンケンをして負けた子どもは新聞紙を半分に折り、新聞紙から落ちないようにするという遊び。

ジャンケンの勝ち負け、新聞紙に乗っているかどうかなど、目で見てわかる単純なルールで遊べるので、ルールの理解につながる。友だち同士のやり取りは限定的であり複雑な役割分担・役割交代などは必要ない。

② 発達の差によってはジャンケンのルールをまだ理解していない子どもや、また、足が新聞紙がないところについたのに、「足がついていない」と言い張る子どもが出てくる可能性がある。子どもにルールを伝えつつ、その子どもを悪者扱いしないように気をつける。

第4章（→P.100）

① 子どもたちが主体的に遊びを展開できるように、保育環境を整える。保育者は子どもたちが自らアイデアを出したり、考えや思いを主張できるような雰囲気をつくり、もし、子ども同士の意見が対立しても、子どもたちが話し合って決められるように援助する。

子どもたちの考えやアイデアを一つにまとめる必要はなく、子ども自身が主体的に取り組み、対話ができるよう、子ども個人の特性や発達過程について詳細に理解する。子どもの育つ力を引き出しながら集団としての育ちを考えていく。

② アキちゃんは、滑り台に上がりたいのに上がらせてもらえなくて、思わずコウ君を叩いてしまった。上がらせてもらえなくて悔しい気持ちと、叩いてしまったことも気にしている。

コウ君は、アキちゃんを滑り台に上がらせたくない。アキちゃんに叩かれてしまって嫌な気持ちになっている。

ヨシ君は、アキちゃんの気持ちとコウ君の気持ちの両方の気持ちを推測して、どうしたらよいのか考えている。コウ君については、コウ君がアキちゃんを滑り台に上がらせないことが、よくないことだと思っている。アキちゃんに叩かれてしまい泣いていることも、はずかしいことだと考えている。アキちゃんについては、どんな理由であれ、叩く行為はよくないと思っている。しかし、滑り台に上りたいのに上らせてもらえないアキちゃんの悔しい気持ちも理解している。

ダイ君はコウ君の気持ちをくんで、アキちゃんを滑り台に上がらせないようにしていたが、コウ君が泣いてしまったり、ヨシ君の意見を聞いたりして、自分がアキちゃんをおさえ込もうとする気持ちが薄れて、アキちゃんと遊ぶ気持ちになる。

第5章 （→P.130）

① 幼稚園・保育所と小学校の目的および幼児教育と小学校教育の特徴、必要な配慮については以下の通り。

	幼児教育	小学校教育
目的	幼稚園：幼稚園は、義務教育及びその後の教育の基礎を培うものとして、幼児を保育し、幼児の健やかな成長のために適当な環境を与えて、その心身の発達を助長することを目的とする（学校教育法第二十二条）。 保育所：保育所は、保育を必要とする乳児・幼児を日々保護者の下から通わせて保育を行うことを目的とする施設とする（児童福祉法第三十九条）。	小学校は、心身の発達に応じて、義務教育として行われる普通教育のうち基礎的なものを施すことを目的とする（学校教育法第二十九条）。
特徴	遊びを通した総合的な学びを大切に、方向目標としてのねらいにもとづいて保育者が環境を構成し、子どもの主体的な活動を支えている。幼児教育で育まれた資質・能力を基盤として、小学校以上で新たな資質・能力が培われていくと考えられている。	教科書等を用いた教科指導であり、到達目標としてのねらいにもとづいた学習活動が展開されている。 幼児教育と比較し、時間割制、宿題、持ち物の管理の増加なども特徴として挙げられる。
必要な配慮	・記録等を有効に活用しながら、幼保小連携活動が計画的、継続的、組織的に積み重ねられるように配慮する。 ・指導要録・保育要録では「幼児期の終わりまでに育ってほしい姿」を活用し、子どもの具体的な育ちの姿を共有する。 ・小学校の環境に親しめるよう小学校訪問や小学生との交流活動に取り組むだけでなく、小学校入学までに身につけておくことが望ましい具体的な習慣や力について、小学校教師と積極的に意見交換を行い、保育に取り入れていく。 ・友だちと一緒に保育者の話を聞く、行動する、きまりを守る、協同的な遊びに取り組むなどの経験が十分に積み重ねられるよう配慮する。 ・教科書など文字を通した学習活動が増加するため、文字への関心を育み、親しむことができるような経験を大切にする。 ・保護者が子どもの育ちの具体的なイメージをもち、小学校入学に向け前向きに準備が進められるよう情報発信や支援を行う。　など	・記録等を有効に活用しながら、幼保小連携活動が計画的、継続的、組織的に積み重ねられるように配慮する。 ・指導要録・保育要録では「幼児期の終わりまでに育ってほしい姿」を活用し、子どもの具体的な育ちの姿を共有する。 ・幼児教育においてどのようなことを重視し、経験を積み重ねているのかについて、実際の保育の様子を見学したり保育者と意見交換を行ったりすることによって、理解を深める。 ・スタートカリキュラムを編成し、生活科を中心として合科的な指導や柔軟な時間割の設定を行う。 ・入学当初には、教室に保育室と似た環境を部分的に取り入れてみたり、授業の構成等を工夫したりする。　など

② ※エピソード記述の概要と具体例については、第５章第２節２「1エピソード記述」を参照。

〈エピソード記述の構成〉

・【背景】対象となる子どもや集団の実態、エピソードに関連するそれまでの出来事など。
・【エピソード】子どもの行動や自分自身（保育者）の関わりなどを中心とした一つの出来事。
・【考察】エピソードでの子どもの行動の意味や心情の読み取り、自分自身（保育者）の意図や願い、感じたこと、考えたことなど。

● エピソード記述の作成のポイント

・読み手に自分の経験を伝えたい、わかってほしいという思いを大切にして書く。
・自分自身がその場で感じたこと、考えたことも含めて書く。
・その場にいなかった人が記録を読んだときに、情景が浮かぶような具体的な記述になるように書く。
・事実を誇張したり、良くみせようとしたりせず、ありのままを正直に書く。

● 話し合いのポイント

・読み手は、書き手の思いを十分に受け止め尊重する
　読み手は、書き手がどのような思いで書いたのかをできるだけ汲み取ろうと努め、その思いを尊重し、理解する。
・積極的に議論を交わし、互いに考察を深める
　読み手は、対象児や状況などをどう読み取ったかなどを含めて積極的に意見を述べ、書き手と議論を交わすことによって、互いに考察を深める。
・記録の改善点を具体的に検討する
　書き手は、話し合いを通して、自分の伝えたいことが読み手に十分に伝わっているのかに気を配る。必要に応じて口頭で補足をしながら、記録のどこにどのような改善が必要なのかについて具体的に検討する。

第6章 （→ P.155）

① 例）アメリカではインクルーシブ保育が普及しており、障害のある子どもは多くの場合、障害のない子どもと共に保育を受ける。またアメリカには、IEP（Individualized Education Program）とよばれる個別教育プログラムがあり、これは障害のある子ども一人ひとりに対して必ず作成される法的文書である。IEPには指導目標、内容、方法等が詳細に記載されており、定期的に見直しが行われ、保護者はいつでも異議申し立てを行うこ

とができる。障害のある子どもの保育・教育は、IEPにのっとって行われる。

② ある学生は、ショックや悲しみといったネガティブな気持ちから適応や再起といったポジティブな気持ちへと変化すると考えるであろう。別の学生は、ネガティブな気持ちとポジティブな気持ちを行ったり来たりすると考えるであろう。これらの違いはどちらが正しいということはなく、親の性格や状況、子どもの障害の種類や程度などさまざまな要因によって規定されると考えられている。

第7章 （→P.182、183）

① あなた：「おはよう、Aちゃん」
Aちゃん：「せんせい」
あなた：「園は楽しい？」
Aちゃん：「はい。たのしい」
あなた：「今日は何をして遊ぼうか？」
Aちゃん：「……お人形したい」

例）
あなた：「お人形あそびをしようか」
Aちゃん：「せんせい、しよう」
あなた：「先生はお母さんになろうかな。Aちゃんは何になる？」
続く……この後の会話を想定して、もう少し書いてみよう。

② 例）ジェスチャーゲーム
- 1チーム4～5人程度
- 外国籍の子どもは各チーム1人
- あらかじめ絵カードを用意しておき、選んだカードの通りにジェスチャーで表現する。
- 絵カードは日本語のほかに外国にルーツをもつ子どもの母語を書いておく。
- 外国にルーツをもつ子どもの保護者に参加してもらい、可能なら母語のレクチャーをしてもらう。
- 活動の前後で行う「てあそび」に多言語で行えるものを取り入れるとよい（例：「こぶたぬきつねこ」の単語を外国語に置き換えて歌うなど）。

第8章 （→ P.210）

① 自分自身を中心にしたエコマップ（例）

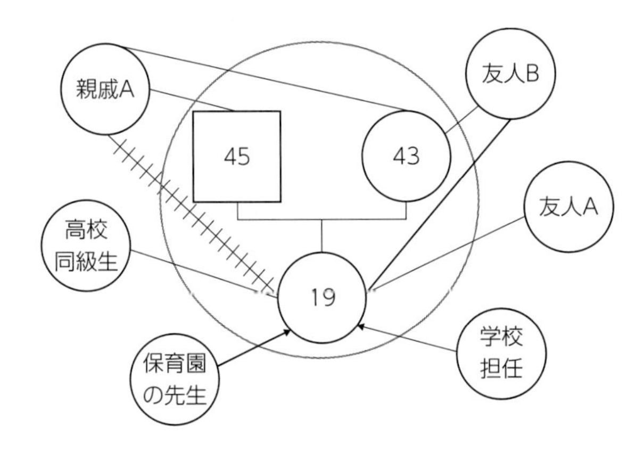

② 例）私が３歳の時の保育園の担任の先生が理想の保育士です。その先生は、いつも私の話を最後まで丁寧に聞いてくださいました。一人ひとり丁寧に向き合うことのできる先生が私の理想の先生です。

さくいん

編著者・著者紹介

●編著者

大浦 賢治（おおうら　けんじ）

三幸学園小田原短期大学 保育学科通信教育課程　准教授
保育士
［執筆担当］第１章

●著者（五十音順）

太田 雅代（おおた　まさよ）

三幸学園小田原短期大学 保育学科通信教育課程　専任講師
博士（健康マネジメント）　慶應義塾大学大学院
［執筆担当］第６章

尾山 祥子（おやま　しょうこ）

三幸学園小田原短期大学 保育学科通信教育課程　専任講師
保育士
［執筆担当］第５章

風間 みどり（かざま　みどり）

三幸学園小田原短期大学 保育学科通信教育課程　准教授
博士（生涯人間科学）　東京女子大学大学院
［執筆担当］第４章

鬼頭 弥生（きとう　やよい）

東海学院大学短期大学部　専任講師　名古屋市立大学大学院 人間文化研究科　研究員
保育士
［執筆担当］第２章

髙橋 利恵子（たかはし　りえこ）

東北大学病院小児科　臨床発達心理士
保育士　幼稚園教諭
［執筆担当］第８章

谷口 征子（たにぐち　ゆきこ）

三幸学園小田原短期大学 保育学科通信教育課程　専任講師
公立小学校講師
［執筆担当］第７章

松山 寛（まつやま　ひろ）

帝京科学大学 幼児保育学科　助教
保育士
［執筆担当］第３章

編集協力：株式会社エディット
本文イラスト：こまつちひろ・株式会社千里
レイアウト：株式会社千里

実践につながる 新しい子どもの理解と援助
——いま、ここに生きる子どもの育ちをみつめて——

2021年1月20日　初版第1刷発行　〈検印省略〉

定価はカバーに
表示しています

編著者　大　浦　賢　治
発行者　杉　田　啓　三
印刷者　中　村　勝　弘

発行所　株式会社　ミネルヴァ書房
607-8494　京都市山科区日ノ岡堤谷町1
電話代表（075）581-5191
振替口座　01020-0-8076

中村印刷・清水製本

ISBN978-4-623-09069-3

Printed in Japan